Joachim Schickel

# Im Schatten Mao Tse-tungs

## Chinas Nahe Geschichte



Fischer
Taschenbuch
Verlag

Lektorat: Walter H. Pehle

Originalausgabe
Fischer Taschenbuch 3473
November 1982

Umschlagentwurf: Jan Buchholz / Reni Hinsch
Gesamtherstellung: Hanseatische Druckanstalt GmbH, Hamburg
Printed in Germany
980-ISBN-3-596-23473-5

# Inhalt

Mao Tse-tung

**Zu lernen: Geschichte**

Der Mensch sagt dem Affen ade.
Nur ein paar Steine geschliffen, vorbei
kindliche Zeit.
Bronze, Eisen im Feuer gedreht;
frage, wann war es, erraten?
Nicht mehr als tausendmal Kälte und Hitze.
Der Mensch hat Mühe, offen zu lachen,
im Grenzland, am Kampfplatz spannt er die Bogensehne.
Vergossen ringsum
beiderseits Blut.

Eine Ära im Kopf, wie Flugschnee.
Nur Erinnern an bunte Flecken,
wenige Spuren.
Fünf Herrscher, drei Kaiser, Himmelsgetu;
betrogen die endlos Kommenden.
Wie viele Berge, Ströme von Menschen?
Tao Chih, Chuang Ch'iao verfemt bislang,
gar König Ch'en, der aufhob die Herrscheraxt.
Das Lied kaum Gesang,
wird der Osten hell.

*(Gedicht XXXXII,*
*1964, Frühjahr)*

# Vorwort

Die nachstehenden Kommentare begleiten ein Jahrfünft chinesischer Zeitgeschichte, das Mao Tse-tungs ideologisches Sterben und Teng Hsiao-p'ings politischer Rückzug markieren. Ein Lustrum hätten die Römer diesen Abschnitt genannt, ein Fünfjahr, und nach dessen Ablauf eine Lustration veranstaltet: die offizielle Reinwaschung. Die Chinesen haben dies auf ihre Weise 1981 getan, als das Zentralkomitee der KPCh die »Resolution über einige Fragen in unserer Parteigeschichte« verabschiedete. Dem Kommentator steht freilich nur an, eine Lustration im Sinne von Betrachtung, Musterung zu versuchen.

Wer seit 1966 die Politik der Volksrepublik kommentiert, hat indes Partei zu nehmen. Ich habe mich in etlichen Veröffentlichungen für die Kulturrevolution ausgesprochen, wenn auch niemals für deren Verrat durch Linke und deren Verlust an Rechte. So gerate ich in Gefahr, wie Claudie Broyelle dem China vor oder wie Charles Bettelheim dem China nach 1976 abzuschwören. Wie immer; meinen Kommentaren ist die zunehmende Betroffenheit anzumerken, eine Gesellschaft, einmal aufgebrochen, die Notdurft der Psyche zu stillen, könnte dabei anlangen, das Bedürfnis der Physis zu beunruhigen.

Daß ich meine Kommentare jahrelang und regelmäßig publizieren konnte, danke ich Leonhard Reinisch und dem Bayerischen Rundfunk, daß sie nunmehr als Buch erscheinen, Werner Berthel und dem S. Fischer Verlag. Zu danken habe ich außerdem dem Oberbaumverlag für die Genehmigung, zwei Kommentare aus meinem Buch »Große Unordnung, große Ordnung« (1978), die ebenfalls von Radio München gesendet wurden, hier aufzunehmen. Ich schulde dafür, auch diesmal (wie zuerst 1968 in »Große Mauer, Große Methode«) um ein China von innen bittend geschrieben zu haben; ein drittes Mal.

Hamburg, im Mai 1982 Joachim Schickel

# I. Kommentare

# 1. Große Unordnung und große Ordnung
Frühlings- und Herbstannalen der VR China (1977)

Im Frühling 1976 reagierte China auf den Tod Chou En-lais, im Herbst 1976 auf den Tod Mao Tse-tungs. Die Reaktionen waren so eruptiv wie die Erdbeben, die während des ganzen Jahres das Land erschütterten. Gewisse *China-watchers* spekulierten sogar, das Volk habe sich seines alten Aberglaubens entsonnen, daß die Erde sich auftue, wenn der Himmel schlechten Herrschern das Mandat entzieht. Diese Spekulation deckt *ad extrema* das Mißverhältnis zwischen Nachrichtengebung und Nachrichtenvermittlung auf, welches der Volksrepublik den eigentlichen Informationsschleier vorhängt. Einmal mehr ist um ein China von innen zu bitten, diesmal um eines von 1976/77, sind Fakten aus ihnen selbst zu analysieren; ist nicht zu *inter*polieren, sondern zu *extra*polieren, nicht hinein-, sondern herauszulesen.
»Wenn Ordnung und Unordnung, Bestehen und Untergang so deutlich voneinander geschieden wären wie ein hoher Berg von einem tiefen Tal, wie weißer Kalk von schwarzem Lack, so wäre keine Weisheit nötig, ein Narr wüßte auch Bescheid. Nun verhält es sich aber mit Ordnung und Unordnung, Bestehen und Untergang nicht also, sondern es ist so, daß man diese Unterschiede bald erkennen kann, bald nicht, bald sehen kann, bald nicht.« Sätze aus dem altchinesischen Buch »Frühling und Herbst des Lü Pu-wei« (einem Text der konfuzianischen Redaktion), Sätze, die jedermann anhalten, sich nicht zum Narren zu machen. Zu prüfen seien, was immer an Grobem, an Vordergründigem, auch »unmeßbare Einflüsse«, und ihnen unterlägen sogar die Handelnden selber. »Darum: selbst wenn weise Staatsmänner und tüchtige Fürsten sich in gemeinsamer Überlegung abmühen, um das Rechte zu erlangen, so kann es immer noch geschehen, daß Vorfälle wie die des Aufstands von Kuan Shu ... vorkommen und Verschwörungen wie die, als die acht Staaten der Ostbarbaren aufsässig wurden.«
Die Vorfälle, die Verschwörungen im Altertum sind den Vorgängen im Jahr 1976 nicht unähnlich. Damals hatte der Herzog von Chou die Regentschaft für seinen jungen König inne, seine Brüder aber erhoben sich gegen die Zentralregierung; einige Grenzländer verbündeten sich ihnen. Heute verschwören sich

›Die Vier‹, darunter die Witwe des Vorsitzenden Mao, stehen Brüder – besser: Genossen – des neuen Vorsitzenden Hua in östlichen und westlichen Provinzen gegen ihn auf. Wer darob befindet, erinnere sich der Meinung des Lü Pu-wei: »So sind die Anfänge von Unordnung und Ordnung, Bestehen und Untergang so fein wie die feinen Härchen der Herbstpelze. Wenn man diese Herbsthärchen zu beurteilen vermag, so kommen in großen Dingen keine Mißgriffe vor.« Was den Handelnden schwer fällt, das feine Urteil, wird jenen, die nicht handeln, schwerer fallen; vor der Bühne, zumal der politischen, weiß einer weniger über die Dramaturgie des Stückes als auf ihr oder hinter ihr. Dieser Satz leuchtet Europäern ein, aber das ›Herbsthärchen‹, sozusagen, ist schon vergröbert: Die Trennung in Akteure und Zuschauer gilt für Chinesen nicht; bereits die Kulturrevolution hatte es gezeigt. (Ihnen übrigens taugt die Metapher vom Theater gerade dazu, die politische Rolle der Massen, die alles andere als ›Publikum‹ sind, zu verdeutlichen. Sie beteiligen sich an der Inszenierung, indem sie – Arbeiter, Bauern, Soldaten – mit den ›oben‹ Auftretenden rechten, notfalls über jede Geste und jedes Wort.) Urteile über China werden oft dadurch beeinträchtigt, daß sie eher denjenigen, der sie abgibt, als Europäer (oder Amerikaner) charakterisieren, daß sie, als eine typisch europäische (oder amerikanische) Reaktion auf Chinesisches, dieses selber entstellen. Urteile über Fremdes, gebunden an das Begriffs- und Sprachgitter der eigenen Realität, bleiben Vorurteile. Sie immer aufzudecken, ist schwierig, manchmal jedoch möglich.

»›Pragmatisch‹ ist nun wieder eines der konventionellen Urteile der Europäer über die Chinesen.« Carl Friedrich von Weizsäkker erkannte die Unterstellung, die sich mit diesem Wort nahezu unbemerkt einschleicht, nach den wenigen Tagen seiner zwei China-Besuche; es ist aber eines der Stich- und Schlagworte im Frühling 1976. Sogar ein Chou En-lai hat dem Westen immer wieder als ›Pragmatiker‹ herhalten müssen, und der unüberhörbare Unterton schwang mit: Einer, dem Gelegenheit diebisch an Prinzipien geht. Ein halbes Lob für ihn, ein voller Tadel für andere: nämlich für die angeblichen Prinzipienreiter der Revolution, die Radikalen, die Utopisten, ja Mao Tse-tung selbst. Nun wäre nichts dagegen einzuwenden, einen Politiker – zumal einen Ministerpräsidenten – ›pragmatisch‹ zu nennen, würde das Wort in jenem guten und schlichten Sinn gebraucht, den antike Autoren ihm gewonnen und den unsere eigenen

Gebildeten ihm bewahrt haben. Danach definiert den Pragmatiker, daß er die Staatsgeschäfte betreibt und daß er in ihnen erfahren ist. Ein Jurist hieß im Altertum so, wenn er »den Rednern und Sachwaltern die Rechtsgründe an die Hand gab, auf welche sie ihre Reden gründeten«, ein Historiker heißt noch heute so, wenn er nicht nur aufschreibt, was und wie es gewesen, sondern auch dessen Ursachen und Folgen erörtert sowie »Nutzanwendungen daran knüpft«. Auch insofern war Chou En-lai wahrhaftig ein Pragmatiker, denn er handelte aus politischen Gründen und bedachte die politischen Folgen. *Cui bono?* Zu Nutzen des Staates *und* der Partei, was zugleich sagt: zugunsten der Praxis, welche sich durch den Staat, *und* der Theorie, welche sich in der Partei ausdrückt. Freilich ist hier und anderswozulande das Wort ›pragmatisch‹ entleert, wo nicht verkommen; es schlägt nur noch, aber es sticht nicht mehr. »›Pragmatisch‹ ist nun wieder eines der konventionellen Urteile der Europäer über die Chinesen; aber konventionelle Urteile spiegeln eine Realität.«

Es kommt darauf an, Weizsäckers (jetzt vollständig zitierten) Satz in seiner *ganzen* Absicht zu verstehen. Konventionelle Urteile spiegeln gewissermaßen *zwei* Realitäten: die fremde und die eigene. Macht die pejorative Belegung von ›pragmatisch‹ den Spiegel blind, dann geraten einige Politiker der Volksrepublik, die merkwürdigerweise der Kommunistischen Partei angehören, in seltsame Nähe zu einigen Politikern der Bundesrepublik, die gar nicht merkwürdigerweise der Sozialdemokratischen Partei angehören. Doch so lautet der Vorwurf von Chinesen gegen Chinesen eben nicht, sie hätten ein *piecemeal social engineering* angestrebt, wie Karl Popper es dem Westen angedeihen lassen möchte: Reformen bloß Stück für Stück, die im Stückwerk verenden, anstatt *der* großen Reform; Verzicht auf ›graue‹ Theorie, damit »des Lebens goldner Baum« grün sei. Vielmehr lautet der Vorwurf, geäußert von Mao Tse-tung und gerichtet gegen Teng Hsiao-p'ing, auf »Wind von rechts zur Revision richtiger Urteile«: »Dieser Mensch packt nicht den Klassenkampf an, über dieses Hauptkettenglied spricht er nie. Also immer noch ›weiße Katze, schwarze Katze‹, zwischen Imperialismus und Marxismus macht er keinen Unterschied. Er begreift den Marxismus-Leninismus nicht, er vertritt die Bourgeoisie. Er sagt, er werde ›das gefällte Urteil niemals umstoßen‹, darauf kann man nichts geben.«

Teng Hsiao-p'ing hatte 1967 sein Amt als Generalsekretär der Partei eingebüßt. Er wurde kritisiert, weil er versäumte, in die »von langer Hand vorbereiteten konterrevolutionären Aktionen einer probürgerlichen revisionistischen Clique« einzugreifen; weil er »seit sechs Jahren keinen Rechenschaftsbericht mehr ablegte«; weil er ein agrar-ökonomisches Programm verfaßte, ohne den Parteivorsitzenden zu konsultieren oder auch nur zu informieren; weil er, letzten Endes, vieles personifizierte, was die Kulturrevolution bekämpfte: Trennung von den Massen, Selbstgefälligkeit, Routinestil, Herrschaftsallüren, Formalismus... diese und andere der zwanzig von Mao beschriebenen Ausdrucksformen des Bürokratismus. Im April 1973 erschien Teng wieder in der Öffentlichkeit, das Zentralkomitee wählte ihn 1975 zu einem der stellvertretenden Parteivorsitzenden; als Chou En-lai schwer erkrankte, übernahm Teng die Leitung der Staatsgeschäfte. Man umschreibt seine Wiederkehr leichthin mit den Vokabeln ›Reaktivierung‹, was noch anginge, oder ›Rehabilitierung‹, was bedenklicher ist (bedeutet es doch auch soviel wie Ehrenrettung, und Teng hatte im Gegensatz zum ehemaligen Staatspräsidenten Liu Shao-ch'i oder gar zum ehemals designierten Nachfolger Lin Piao ja nicht seine Ehre verloren, ihm war aus Gründen der Theorie *und* Praxis einstweilen die Befähigung abgesprochen worden, sein Amt zu führen). Beide Vokabeln bleiben indessen dem Vorgang, der sich wirklich abgespielt haben muß, bloß äußerlich; sie sparen aus, daß Teng zweifellos auf Kritik gehört und Selbstkritik geübt hat *und* daß seine Selbstkritik, wieder im Gegensatz zu der rein formalistischen von Liu Shao-ch'i, auch angenommen wurde. Teng Hsiao-p'ing muß in seiner Arbeit, welcher immer, die er zwischen 1967 und 1973 getan hat, bewiesen haben, daß er Mao Tse-tungs Weisung gefolgt ist: »Es gibt zwei Methoden, die wir Kommunisten bei jeder Arbeit, die wir in Angriff nehmen, anwenden müssen: erstens die Verbindung des Allgemeinen mit dem einzelnen und zweitens die Verbindung der Führung mit den Massen. Historische Erfahrungen verdienen Beachtung. Eine Linie, eine Anschauung muß ständig erläutert werden, wiederholt erläutert werden. Es geht nicht an, sie lediglich einigen wenigen zu erläutern, sondern man muß sie die breiten Massen wissen lassen. Die breiten Volksmassen schützen oder unterdrücken – darin besteht ein grundsätzlicher Unterschied zwischen der Kommunistischen Partei und der Kuomintang, zwischen dem Proletariat und der Bourgeoisie, zwischen der Diktatur des Proletariats und der Diktatur der Bourgeoisie. Die Verbundenheit mit den Massen ist bei der Reform der Staatsorgane das Wesentliche.«

Am 1. Januar 1976 warnt die Pekinger »Volkszeitung«, sich auf eine neue Weisung des Vorsitzenden Mao berufend, vor »Tendenzen, unter der Losung ›Stabilität und Einheit‹ den Klassenkampf aufzugeben«. Als Chou En-lai am 8. Januar stirbt, erwartet in China wohl keiner mehr, er setzte denn seine Hoffnung darauf, was im Westen so manchem noch plausibel scheint: daß Teng Hsiao-p'ing der Nachfolger im höchsten Staatsamt wird. Eine Kampagne gegen den »rechtsabweichlerischen Wind zur Revision richtiger Urteile«, der sich 1972/73 ankündigte, bekommt mehr und mehr das Gewicht des damaligen *p'i Lin p'i K'ung* (der »Kritik an Lin Piao, Kritik an Konfuzius«); zu wehren sei, wie Mao Tse-tung im März erklärt, jeder Revision der kulturrevolutionären Politik, insbesondere in Ökonomie und Pädagogik. Mao spricht, anfangs ohne Namensnennung, wieder das berühmte Anathema aus: »Man macht die sozialistische Revolution und weiß nicht, wo die Bourgeoisie sitzt; sie sitzt mitten in der Kommunistischen Partei – es sind die Parteimachthaber, die den kapitalistischen Weg gehen.«

Daß die Parteiführung den »Kampf zwischen den zwei Linien« – der proletarischen und der bourgeoisen – in sich selber austrägt, ermutigt die Rechten zu lautstarkem und handgreiflichem Protest. Anfang April nehmen sie das alte *Ch'ing-ming* Fest, an dem früher der Toten gedacht wurde, damit sie die Lebenden beschützen, zum Vorwand eines Memorials für Chou En-lai, um ihren wahren Helden auf den Schild der Konterrevolution zu heben: den alsbald »besserungsunwillig« getadelten »Parteimachthaber auf dem kapitalistischen Weg«. (Notabene. Die Anklage sagt nicht, er *ist* Kapitalist, sie sagt, seine Theorie und Praxis führen zum Kapitalismus. Das chinesische Wort für ›Bourgeoisie‹ allerdings bezichtigt jemanden, Angehöriger der besitzenden Klasse zu sein; damit können in einem sozialistischen Staat *auch* Angehörige jener Klasse gemeint sein, die Djilas »die neue« genannt hat: die großen und kleinen Herren im Bürokratismus.) Teng Hsiao-p'ing, wohl persönlich an den Pekinger Unruhen unbeteiligt – ein chinesisches Exemplar des Horazischen *odi profanum volgus et arceo* (›Hinweg, gemeiner Pöbel! Laß mich in Ruh!‹) –, wird doch

politisch haftbar gemacht. Auf Vorschlag des Vorsitzenden Mao enthebt das Zentralkomitee ihn »aller Ämter innerhalb und außerhalb der Partei«, gestattet ihm aber, »seine Parteimitgliedschaft beizubehalten, *um zu sehen, wie er sich in Zukunft verhält«*. Die Kritik an Teng, jetzt eine an seinem Programm »Die drei Weisungen als das Hauptkettenglied betrachten«, setzt abermals ein.
»1. Studium der Theorie zur Bekämpfung und Verhütung des Revisionismus. 2. Stabilität und Einheit. 3. Vorantreiben der Volkswirtschaft.« Diese drei, in den letzten Jahren stets wiederholten Weisungen, eher Mahnungen des Vorsitzenden wiegen zweifellos, so ernst jede für sich zu nehmen ist, politisch verschieden schwer; das Hauptgewicht fällt für alle, die der proletarischen Linie folgen, der zuerst zitierten zu. Teng indes stellt gleichwertig nebeneinander, was er dem Range nach hätte ordnen müssen:
»*Über ein allgemeines Programm für die verschiedenen Aufgaben im ganzen Land und in der ganzen Partei*. Man muß diese drei Weisungen als Hauptkettenglied nehmen, die reichen Erfahrungen mit der Großen Proletarischen Kulturrevolution zusammenfassen und eine konkrete Politik für die verschiedenen Aufgaben festlegen. Dieses allgemeine Arbeitsprogramm und die verschiedenen politischen Richtlinien sollen die Arbeit in allen Bereichen leiten, damit die Arbeit in allen Bereichen reorganisiert werden kann. Die Industrie, die Landwirtschaft, Transport und Verkehr, Handel und Finanzen, Wissenschaft und Technik, Kultur, Erziehung und Gesundheitswesen, Literatur und Kunst, die Armee und auch die Partei sollen reorganisiert werden... Mit der Entwicklung von Produktion und Technik müssen auch die Regeln und Vorschriften immer strenger werden, und es wird von den Menschen immer mehr verlangt, daß sie sich streng an die Regeln und Vorschriften halten... Nicht nur in der kapitalistischen, sondern auch in der sozialistischen Gesellschaft wird es so sein.«
Ehe Teng überhaupt auf die drei Weisungen »als Hauptkettenglied« zu sprechen kommt, betont er die sogenannten »vier Modernisierungen«, nämlich der Landwirtschaft, der Industrie, der Landesverteidigung sowie der Wissenschaft und Technik –, verschärft er also den Vorhalt der Effektivität, vernachlässigt er also den Rückhalt im Politischen weiterhin. Da er außerdem ein Programm für ganz China und für die KP Chinas entwarf, trifft ihn die Kritik, er habe gegen das Parteistatut verstoßen; denn

dieses bestimme die allgemeinen Aufgaben dahin, »die Bourgeoisie und alle anderen Ausbeuterklassen restlos zu stürzen, die Diktatur der Bourgeoisie durch die Diktatur des Proletariats zu ersetzen und den Kapitalismus durch den Sozialismus zu besiegen«. In diesem Sinne wird gefragt und geantwortet: »Wollen wir die Volkswirtschaft entwickeln? Wollen wir in zwei Schritten [zuerst bis 1980 und dann] noch in diesem Jahrhundert die Landwirtschaft, die Industrie, die Landesverteidigung sowie Wissenschaft und Technik modernisieren? Natürlich wollen wir das, doch das ist nur *eine* Aufgabe in der Erfüllung des grundlegenden Programms unserer Partei. Auch wenn dies ein kolossales Ziel ist, so ist es doch nicht die grundlegende Aufgabe unserer Partei, und noch viel weniger ist es die ausschließliche Aufgabe ... Wir sagen auch, daß man in einigen Bereichen einzelne Punkte reorganisieren muß, doch nur, um die revolutionäre Linie des Vorsitzenden Mao noch besser durchzusetzen.«

Die sogenannte ›Linie‹ – ob revolutionäre oder revisionistische, ja konterrevolutionäre; ob proletarische oder bourgeoise – ist keine Metapher, sondern ein wohldefinierter Begriff. Damit von einer Linie gesprochen werden kann, müssen drei Voraussetzungen gegeben sein: eine Theorie, ein Programm und eine Organisation. Eine Organisation, die einer Theorie und eines konkreten Aktionsprogramms ermangelt, bleibt politisch wirkungslos; eine Theorie, »mag sie richtig oder falsch sein«, die eines Programms und einer Organisation ermangelt, spiegelt bloß (richtige oder falsche) Tendenzen wider. Teng Hsiao-p'ing, heißt es, habe alles drei hinter sich gehabt, sein »allgemeines Programm« habe die letzte Lücke geschlossen, so daß falsche Tendenzen zur falschen Linie wurden, mithin zur Gefahr für Staatswesen und Staatsorgane, die von Spaltung bedroht waren. Ein Machtkampf war das allemal, jedoch kein ›nackter‹ zwischen Personen – wozu sonst die landweite Öffentlichkeit, die unverhohlene Parteinahme der Kader, die geheimnislose Linien-Diskussion der Massen.

»›Geheimnislos‹ bedarf einer Erläuterung. Natürlich bleibt es uns ein Geheimnis, wie der Machtkampf der beiden Linien entschieden wird ... Aber ich werde das Empfinden nicht los, daß das, was uns im offiziellen China verborgen bleibt, ›geheimnislose Geheimnisse‹ sind. Die Prinzipien, mit denen argumentiert wird, sind von einer ganz vereinfachten, popular-aufklärerischen Rationalität.« Weizsäcker hat es im Frühling 1976 so gesehen, und der chinesische Herbst des Jahres hätte sich ihm ebenso gezeigt, obwohl inzwischen ein anderer für die Linie Mao Tse-tungs einstand, obwohl unterdes andere *persönlich*, nur unter dem Vorwand der Linientreue, nach der Macht gegriffen hatten. Tengs Programm »Die drei Weisungen als das Hauptkettenglied betrachten« kann dahin ausgelegt werden, wie seine schärfsten Kritiker meinen, er zitiere die erste, die Klassenkampf als Aufgabe impliziert, lediglich zum revolutionären, insbesondere *kultur*-revolutionären Schein. Die mildere Kritik, er leugne zwar den Klassenkampf nicht ganz und gar, verharmlose aber die Gefahr, die in dessen Vernachlässigung liegt, leuchtet eher ein; sie würde auch Tengs, von Mao selber empfohlenes Verbleiben in der Kommunistischen Partei erklären. Anders als im negativen Exempel der ›Vier Banditen‹ wird Selbstkritik erhofft und erwartet, solange sie dauert.

»Dieser Mensch packt nicht den Klassenkampf an, über dieses Hauptkettenglied spricht er nie.« Jedoch, er könnte es ja eines Tages noch tun. Daß dieser Tag bis Ende Dezember 1976 nicht gekommen war, scheint sein launiger Zuruf an die Gäste eines Pekinger Lokals zu bezeugen, sie sollten mit der Anti-Teng-Kritik nur fortfahren; der Tag könnte Mitte März 1977 schon näher liegen.) In gewisser Weise fällt Teng Hsiao-p'ing, dem einerlei ist, ob Katzen weiß oder schwarz ausschauen, sie müssen bloß Mäuse fangen, die Rolle einer Schlüsselfigur im Jahre 1976 zu. Diese zu durchschauen, sind freilich außer dem »geheimnislosen Geheimnis« auch die feinen »Herbsthärchen« zu beurteilen, damit möglichst »in großen Dingen keine Mißgriffe vorkommen« – zum Beispiel in der Frage, welcher Linie die Volksrepublik nach Mao Tse-tungs Tod eigentlich folgt. Im April 1973 veröffentlichte das Parteiorgan *Hung-ch'i* (»Rote Fahne«), anläßlich der erneuten Berufung Tengs, einen Artikel, der seinerseits als Schlüsseldokument noch für 1976 gelten darf. (Die »Rote Fahne« hat diese Argumente nie wieder aufgenommen.) »Man muß auch die Gesetzmäßigkeiten der Bewegungen und Veränderungen im revolutionären Kampf beachten, erforschen und erkennen. Die Entwicklung aller Dinge verläuft nicht gleichmäßig und geradlinig, sondern in Windungen und Wendungen, in der Form von Wellen. Ebenso ist es in der Entwicklung des revolutionären Kampfes; auch da gibt es Auf- und Abschwünge, Hoch und Tief... Die Phasen des ›Spannens‹ können im revolutionären Kampf nicht ewig

fortgesetzt werden, ebensowenig die Phasen des ›Entspannens‹.«
Durchaus ernst zu nehmende Freunde der Volksrepublik wenden gegen den Artikel ein, er habe »wohl schmackhaft [machen] sollen, daß das Wellenhoch der Kulturrevolution vorbei ist und nun eine gemäßigtere Politik zum Zuge kommen soll«. Die Berechtigung dieses Einwands hängt davon ab, ob die Argumente rechts oder links benutzt werden: Aus dem Munde des Vorsitzenden Mao, der, anders betonend, Ähnliches schon hätte sagen können, klängen sie nicht, als wären sie Teng nach dem Munde geredet (was damals der Fall gewesen sein mag). Karl August Wittfogel, ein unzweifelhaft marxistischer Anwalt Chinas in den zwanziger Jahren, hat gefragt, »ist der Kultur*revolutionär* ein grundsätzlicher Gegner der kulturellen *Reform*?«. Seine Antwort verneint solche Gegnerschaft, sie bejaht die Notwendigkeit einer Aufeinanderfolge von Revolution *und* Reform: »Die Verwirklichung der neuen Aufgaben aber vollzieht sich nun, nachdem der neue Einsatzpunkt gewonnen worden ist, wieder schwellungsmäßig evolutionär.«
Der Januar 1976 sieht nicht Teng Hsiao-p'ing, obwohl er Chou En-lais Staatsgeschäfte besorgt hat, sondern den Sicherheitsminister Hua Kuo-feng als (vorläufig amtierenden) Premier. Im April bestätigt ihn das Zentralkomitee, auf Vorschlag von Mao Tse-tung, als seinen Ersten Stellvertretenden Vorsitzenden und als Ministerpräsidenten; Hua genoß Maos Vertrauen, seit er den Staatsstreich des Lin Piao vereitelt hatte. Am 8. September stirbt der »Große Steuermann«, wie er gemäß Lins Willen und wider den eignen, genannt wurde; am 7. Oktober ernennt das ZK, einen Satz von Mao als letzte Weisung billigend, Hua zu seinem und damit der Partei Vorsitzenden: »Hast Du die Sache in der Hand, ist mir leicht ums Herz.« Wenige Tage später wird das scheinbar Unmögliche wirklich: Chiang Ch'ing, die ihrem Mann politisch und persönlich am nächsten stand (wie es jedenfalls schien), Yao Wen-yüan und Wang Hung-wen, die in Shanghai die Kulturrevolution groß gemacht hatten und durch sie in Peking groß geworden waren, Chang Ch'un-ch'iao, den manche bereits für den künftigen Premierminister (anstelle von Hua) hielten – alle Vier werden verhaftet. Sie hätten »sich ultra-*links* gebärdet«, »auf ihre [unangemessene] Weise an Teng Kritik geübt«, »das Testament des Vorsitzenden Mao verfälscht«, »mit roten Fahnen *die* Rote Fahne bekämpft«, »persönlich [und das sagt: ultra-*rechts*]

die Macht an sich reißen wollen«. Haben sie? Sind sie eine Viererbande von Verschwörern und Umstürzlern?
Sattsam gewohnte Greuelmären – vergossenes Blut, das nicht geflossen ist, Tote, die dennoch leben – löst eine Flut von sattsam gewohnten Spekulationen ab. Der Vorsitzende Hua, auch er, natürlich, ein sogenannter ›Pragmatiker‹, sei der ewigen Revolution überdrüssig. Er verfolge vorerst die Taktik, »den Maoismus zu propagieren, ohne ihn zu praktizieren«, damit die Massen, die ihre Zeit zum Umdenken brauchten, von der einen Linie zur anderen fänden. Man werde sehen, demnächst kehre Teng ein drittes Mal zurück, nähere Peking sich Moskau an. (Kein Wort, zum Beispiel, daß Chang Ch'un-ch'iao vor der Kulturrevolution und Wang Hung-wen nachher eine pro-russische Politik befürworteten, daß die konspirativen Auslandskontakte, derer die Vier bezichtigt werden, mithin so unwahrscheinlich nicht sind.) Nichts ereignet sich – kein Teng, kein Moskau –, solche Mutmaßungen über Hua zu rechtfertigen; auf seine Worte (weder auf jene vom 24. November noch auf jene vom 25. Dezember 1976) hört man trotzdem nicht. Eine Evolution von *links,* denn gewiß wird Hua Kuo-feng die Volkswirtschaft vorantreiben, auch den Lebensstandard erhöhen, wird für unmöglich erachtet; sie hätte sich ja wieder mit Revolution zu vermitteln, doch auf Dialektik, sobald sie praktisch wird, gar Klassenkampf, vermag der Westen bloß einen Wechsel auf ökonomische Ineffizienz zu ziehen. »Die ganze Partei, die ganze Armee und die Volksmassen aller Nationalitäten des ganzen Landes müssen dem Vermächtnis des Vorsitzenden Mao folgen, am Prinzip des Klassenkampfes als Hauptkettenglied, an der grundlegenden Linie der Partei und an der Weiterführung der Revolution unter der Diktatur des Proletariats festhalten ... Wir müssen an der Richtlinie ›Die Revolution anpacken, die Produktion, die Arbeit und die Vorbereitung auf einen Kriegsfall [wie auf eine Naturkatastrophe] fördern‹ festhalten.«
»Im ersten Herbstmonat ... ist es die wichtigste Frage, [die Unordnung zu beseitigen], die Menschen der Ordnung auszuzeichnen, die unordentlichen Elemente auszuschalten, die Pflichttreuen zu belohnen und die Pflichtvergessenen zu bestrafen.« Als die Volksrepublik China in ihr 28. Jahr kommt, hat sie einen Herbst ohnegleichen vor sich: Bald nach dem 8. September, dem Todestag des Vorsitzenden Mao, kurz nach dem 7. Oktober, dem Tag der Berufung von Premier Hua Kuo-feng

zum neuen Parteivorsitzenden, geht bereits die Rede von Staatsstreich. Hua selber gebraucht sie, da er bekanntgeben läßt, Wang Hung-wen, Chang Ch'un-ch'iao, Chiang Ch'ing und Yao Wen-yüan seien eines Putschversuchs überführt worden. Anderen, und viele *China-watchers* sind gerne dabei, dient dieselbe Vokabel zur Behauptung des Gegenteils: Hua habe keinen Coup d'état vereitelt, sondern einen durchgeführt. Da sie (mit Marx) nicht sagen können, »Der achtzehnte Brumaire des Idioten für den achtzehnten Brumaire des Genies!«, läuft ihre Begründung auf *Thermidor* hinaus: den Sturz von Leuten wie Robespierre, den Sieg der Nutznießer der Revolution über ihre Träger, die Disziplinierung und Bürokratisierung der Kader, die pragmatische Ordnung anstelle der revolutionären Unordnung. »Wenn Ordnung und Unordnung ... so deutlich voneinander geschieden wären wie ein hoher Berg von einem tiefen Tal, wie weißer Kalk von schwarzem Lack, so wäre keine Weisheit nötig, ein Narr wüßte auch Bescheid.«

Die Begründung unterstellt als Gegensatz zwischen Hua Kuofeng und jenen Vier den Kampf der zwei Linien, der bourgeoisen und der proletarischen; sie unterstellt sogar, daß Hua in Mao Tse-tungs Namen dessen wahre Parteigänger entmachtet habe, daß er daher zum ›maoistischen‹ Lippenbekenntnis gezwungen sei. In der Tat, der alte Vorsitzende selbst hat es gesagt: »... die Rechten [können] meine Worte benutzen, um an die Macht zu gelangen.« Von wem aber hat Mao es gesagt? Zu prüfen ist, ob sich irgendein Anhalt findet, welche Linie der neue Vorsitzende wirklich vertritt. (Sie wird übrigens kaum daran zu messen sein, ob diese, ob jene Person, Teng Hsiaop'ing zum Beispiel, über kurz oder lang oder überhaupt ein Amt bekommt.) Zu prüfen ist auch, ob sich irgendein Anhalt findet, die Vier hätten das, wessen sie bezichtigt werden, wirklich getan. Für beides sind wir keineswegs nur auf Behauptungen angewiesen, schon gar nicht auf nachträglich fingierte Indizien, die so vorbehaltlos vermutet, und auf Fiktionen zukünftiger Politik, die so haltlos verbreitet werden; vielmehr lassen sich, *extra*polierend, schlüssige Argumente angeben. Und bei beidem gilt es, sich abermals der Mahnung des altchinesischen Buches »Frühling und Herbst des Lü Pu-wei« zu erinnern: »So sind die Anfänge von Ordnung und Unordnung ... so fein wie die feinen Härchen der Herbstpelze.«

Ausgerechnet die Vier zur ›Bande‹, zur Wang-Chang-Chiang-Yao-Clique zu erklären, scheint unerhört – allerdings in China weniger als im Westen, so merkwürdig dies klingt. Eigentlich müßte der Vorgang unbesehen in ein Konzept von Kabale und Liebe passen, worin Wang Hung-wen ein ›Aufsteiger‹, Chiang Ch'ing ein ›Groupie‹, Yao Wen-yüan ein ›Pressezar‹ hieß, und einer wie der andere ›Günstling‹. (Gerade der familiären Nähe der Chiang und Yao zu Mao Tse-tung hatte man sich angelegentlich gewidmet, hatte zunächst die angebliche Protektion eines Schwiegersohns angeprangert, alsdann die Pietätlosigkeit hervorgekehrt, eine vermeintlich noch trauernde Witwe der politischen Untreue zu zeihen.) Daß hierzulande wohl niemand die Situation erkannte, hat einen doppelten Grund: ältere Anzeichen, wenig wenig, die außerhalb Chinas schon sichtbar waren, übersah man, neuere und sich mehrende, die innerhalb Chinas zwar diskutiert wurden, kannte man nicht. Die »Herbsthärchen« im Lande, wo selbst die Pelzwäsche anging, im Agieren der Vier, allen vor eigenen Augen, zu entdecken – ihre Umwege, Abwege zuwider *dem* Weg, den sie nicht nur zu gehen, sondern *voran*zugehen vorgaben –, ist zweifellos schwer gewesen, aber nicht unmöglich, es ist auch geschehen, und nicht erst postum, will sagen nach ihrem Abgang. So schickte Mao Tse-tung am 8. Juli 1966, die Kulturrevolution stand unmittelbar bevor, einen Brief an seine Frau Chiang Ch'ing. Das Schreiben ist seit 1974 in der Bundesrepublik Deutschland bekannt, seit 1973 in der Volksrepublik China. Der deutsche Übersetzer (Direktor des Instituts für Asienkunde, Hamburg) merkt an, es sei »im Zusammenhang mit der Lin-Piao-Kampagne in den Rang eines von Kadern zu studierenden ZK-Dokumentes gehoben, jedoch nicht in der offiziellen Presse veröffentlicht worden ... die Möglichkeit einer Retuschierung für die Zwecke der ... Kampagne [dürfte] ausscheiden«. Mao Tse-tung kritisiert darin, viele Jahre vor dessen Sturz, ja vor dessen Designierung zum Nachfolger, zum einen Lin Piao, zum andern eben Chiang Ch'ing: »In der ganzen Welt gibt es über hundert Parteien, die größte Zahl dieser Parteien glauben nicht mehr an den Marxismus-Leninismus. Wenn Marx und Lenin bereits von ihnen zerschmettert wurden, um wieviel eher dann wir? Ich meine, auch Du solltest dieser Frage Beachtung schenken und Dir nicht den Sieg in den Kopf steigen lassen. Häufig solltest Du über die eigenen Schwächen, Fehler und Mängel nachdenken. Diesen Punkt habe ich Dir gegenüber wer weiß wievielmal angeschnitten, im April in Shanghai habe ich Dir das noch gesagt.«

An dieser Stelle ist eine allgemeine Bemerkung am Platz, von welcher Art die Dokumente contra Vierer-Clique, pro Hua Kuo-feng sind und wie ihre Authentizität gesichert werden kann. Im wesentlichen handelt es sich um argumentativ genutzte Äußerungen von Mao Tse-tung, so daß die Kriterien gelten, nach denen auch bisher Sinologen gearbeitet haben, um das offizielle Corpus der Ausgewählten Werke zu erweitern. (Etwa in der zehnbändigen Edition »Mao Tse-tung chi«, Tokio 1970-1972; in den »Mao papers«, Oxford 1970; in »Mao intern«, München 1974, in Mao Tse-tungs »Notizen zum sowjetischen Lehrbuch Politische Ökonomie«, Hamburg 1975). Dreierlei muß geprüft sein, wobei das Gewicht der Ergebnisse von (1) bis (3) zunimmt: Ob die Texte mit »Maos Stil und vor allem seine[r] Diktion in freier Rede«, die »schlechthin unnachahmbar« sind, übereinstimmen; ob die Texte sich »in ein so feingesponnenes Netz von personellen und faktischen Bezügen« einordnen, »daß eine Fälschung nur allzu leicht nachzuweisen wäre«; ob die Texte sich vollständig oder teilweise in mehreren Quellen finden. Die zu diskutierenden Äußerungen halten in allen Fällen einer Stil- und Inhaltskritik, in manchen auch einer Quellenkritik stand.
»In diesem Film findet sich kein großer Fehler. Ich schlage vor, ihn zur Aufführung freizugeben. Man soll nicht spitzfindig herumkritteln. Und gar zehn Anschuldigungen gegen ihn zu erheben, das geht zu weit. Es ist ungünstig für die Regulierung der Literatur- und Kunstpolitik in der Partei.« Diese Empfehlung Mao Tse-tungs datiert vom 25. Juli 1975; sie betrifft »Bahnbrecher«, einen Farbfilm über die Arbeiter auf dem Erdölfeld Ta-ch'ing (Datjing), der im Februar 1975 uraufgeführt wurde; sie erwiderte öffentlich einem Brief, den Chang T'ien-min, der verantwortliche Drehbuchautor, zur Verteidigung des Films an Mao geschrieben hatte. Was verteidigte Chang gegen wen? Im September 1975 ließ Chiang Ch'ing ihn nach Ta-chai (Dadschai) kommen: »Hast du mich alte Dame also hintenherum angeschwärzt, heute wird dir die alte Dame Benehmen beibringen! ... Wenn sich auch kein großer Fehler findet, dann doch kleine ... Nicht auf meine Worte hören, heißt nicht auf die Partei hören!«
Das bekam Li Ch'un-kuang zu spüren, ein Lehrer am Konservatorium der Zentralen »7.-Mai«-Kunsthochschule Peking, weil er am 8. August 1975 eine Wandzeitung angeschlagen hatte; im Juni 1976 wurde er in Untersuchungshaft genom-

men, zum Beispiel wegen folgender Sätze: »Die ›25. Juli-Weisung‹ des Vorsitzenden Mao ist uns aus dem Herzen gesprochen... Aber was ist die Haltung des Kulturministeriums gegenüber dieser Weisung? Es gab eine Stellungnahme gewisser Leiter des Ministeriums. Mein Kommentar dazu: Leere Phrasen... Warum mobilisiert ihr nicht die Massen, damit sie euch bei der Analyse und Kritik der ›zehn Punkte‹ helfen? Meiner Meinung nach sind die ›zehn Punkte‹ theoretisch absurd, in ihrer Logik konfus, im Stil despotisch und politisch schädlich.«

Der Sachverhalt ist exemplarisch. Ein Film wird gedreht, er entspricht im großen und ganzen der Weisung Mao Tse-tungs von 1964, in der Industrie von Ta-ch'ing zu lernen. Im Dezember 1974 und im Januar 1975 erhält Chiang Ch'ing den Film viermal zur Prüfung, sie lehnt jedesmal ab, ihn anzusehen. Bei der Uraufführung fragt sie unwillig, wem »Bahnbrecher« eigentlich ein Denkmal setzen solle. Am Tage danach ergehen vier Verbote: 1. keine Herstellung weiterer Kopien, 2. keine Rundfunk- und Fernsehübertragung, 3. keine Freigabe für das Ausland, 4. keine Kommentare in der Presse. Zur Begründung halten »zehn Punkte«, »zehn Anschuldigungen« her; zum Beispiel daß »der Hintergrund« jener Szene aufzudecken sei, worin das Zentralkomitee den Arbeitern von Ta-ch'ing zwei Schriften des Vorsitzenden Mao – »Über die Praxis« und »Über den Widerspruch« – zum Geschenk macht. Das scheint absurd, solange man nicht weiß, *wer* wiederholt zum allgemeinen Studium eben dieser beiden Schriften aufgerufen hatte: Chou En-lai; er hatte übrigens auch die (im Film zitierten Richtlinien), wie Ta-ch'ing die Verbindung zwischen Stadt und Land, zwischen Arbeitern und Bauern gewährleisten solle, ausgearbeitet. (Haben die Vier den Sack geschlagen, aber den Esel gemeint?) Die Drehbuchautoren protestieren brieflich bei Mao Tse-tung, er bejaht die grundsätzliche Orientierung des Films und schlägt vor, ihn freizugeben, während Chiang Ch'ing an ihren Verboten festhält. Sie versucht sogar, die Autoren zu einem Widerruf des Beschwerdebriefes zu nötigen; als diese statt dessen einen Fortsetzungsfilm anmelden, läßt sie die Dreharbeiten verbieten. Genau dies hatte der Pekinger Hochschullehrer gemeint, den Unterschied zwischen *Vorschlag* und *Verbot,* als er vordergründig gewissen Leitern des Kulturministeriums, im Grunde jedoch Chiang Ch'ing und Yao Wen-yüan, die Kunst und Literatur sowie alle Medien beherrschten,

»stilistische Despotie« vorwarf. Mao Tse-tung selber war, viel früher, schon viel weiter gegangen.

*20. März 1974; an Chiang Ch'ing:* »Es ist besser, wenn wir uns nicht sehen. Vieles, was ich mit Dir in früheren Jahren besprochen habe, hast Du nicht durchgeführt. Wozu also soll es gut sein, wenn wir uns öfter sehen? Es gibt die marxistisch-leninistischen Klassiker, es gibt meine Bücher, aber Du willst sie einfach nicht studieren.«

*17. Juli 1974; an die Vier:* »Ihr müßt aufpassen; bildet nicht eine kleine Fraktion von vier Leuten.«

*An Chiang Ch'ing:* »Du besserst dich nur schwer.«

*Oktober 1974; von Chiang Ch'ing:* »Chiang Ch'ing hat ein machtgieriges Herz. Sie will, daß Wang Hung-wen Vorsitzender des Ständigen Ausschusses des Nationalen Volkskongresses wird, sie selbst aber Vorsitzende des ZK der Partei.«

*24. Dezember 1974; an die Vier:* »Bildet keine Fraktion, wer das tut, wird straucheln.«

*3. Mai 1975; an die Vier:* »Ihr sollt keine Viererbande bilden, laßt das sein. Warum macht ihr in dieser Weise weiter? Warum schließt ihr euch nicht mit den mehr als zweihundert Mitgliedern des ZK zusammen? Es ist nicht gut, in einem kleinen Kreis von nur wenigen Leuten zu bleiben. Das ist noch niemals gut gewesen.«

*Zum Problem der Viererbande:* »Wenn es nicht in der ersten Hälfte dieses Jahres gelöst wird, dann eben in der zweiten Hälfte; wenn nicht dieses Jahr, so nächstes Jahr; wenn nicht im nächsten, so im Jahr darauf.«

*1975; von Chiang Ch'ing:* »Nach meinem Tod wird sie Unruhe stiften.«

Zu unterstellen, diese Vorhalte und Vorwürfe seien zur Gänze erfunden oder teilweise gefälscht oder, wenigstens, vordatiert, entbehrte jeden Arguments. Mao Tse-tung hat, was er »gesagt haben soll«, vor einer kleineren oder größeren Öffentlichkeit gesagt: vor dem Politbüro, vor dem Zentralkomitee, und zumindest das ZK kann zu keiner Zeit als Forum gelten, das einheitlich in Meinungsbildung und Meinungsäußerung ist; von Linien›treue‹ ist nicht zu reden, wo Linie gegen Linie steht. Wollten die einen Protokolle sinnwidrig abändern oder ergänzen, würden die anderen intern widersprechen, ja womöglich öffentlich werden. Im Falle des 3. Mai 1975 – das Problem der Vier werde gelöst werden, früher oder später – war die Öffentlichkeit sogar von vornherein gegeben; denn es handelt sich um eine *Weisung,* und als solche war der Wortlaut zweifellos unter Parteikadern, wie hohen immer, in Zirkularen verbreitet. Im Falle des Oktober 1974 – Chiang Ch'ing wolle, »daß Wang Hung-wen Vorsitzender des Ständigen Ausschusses des Nationalen Volkskongresses wird«, mithin den greisen Chu Te ablöst – ist außerdem bekannt, worauf Mao konkret anspielt. Damals stand das Zweite Plenum des X. ZK an, das die erste, für Januar 1975 einberufene Tagung des IV. Nationalen Volkskongresses vorbereiten sollte, vor allem den Tagesordnungspunkt personelle Besetzung des Staatsapparats: »Wang, Chang, Chiang und Yao trafen auf ihre Weise ›Vorbereitungen‹, indem sie fraktionierten. Im Oktober 1974 schickten sie hinter dem Rücken des Politbüros im Alleingang Wang Hung-wen zum Vorsitzenden Mao, der sich damals nicht in Peking befand. Wang erhob falsche Anschuldigungen gegen Ministerpräsident Chou En-lai in der Absicht, die zweite Plenartagung des X. ZK und den IV. Nationalen Volkskongreß für den Zweck zu mißbrauchen, ein ›Kabinett‹ nach ihren Vorstellungen zu bilden. Doch sie wurden wiederum vom Vorsitzenden Mao scharf zurechtgewiesen.«

Zum zweiten Mal fällt der Name: Chou En-lai; in den von Chiang Ch'ing und Yao Wen-yüan kontrollierten Massenmedien fiel er nicht. Die Vier schmähten die Akazie, zeigten dabei aber auf den Maulbeerbaum. So ließen sie einen Artikel über Adolphe Thiers, den Liquidator der Pariser Kommune, schreiben; Thiers habe so wüten können, heißt es darin, weil Bismarck sein »machtvoller Hintermann« war. Das beigegebene Photo von Thiers trug Züge von Teng Hsiao-p'ing, die Attacke galt also dem eigentlichen Hintermann: Chou En-lai. Wer so handelt, bedient sich eines der 36 »hinterhältigen Strategeme«, deren Katalog *(San-shih chiu chi)* seit eineinhalb Jahrtausenden in China überliefert ist. Diese Strategeme oder Kriegslisten werden in jeweils vier Schriftzeichen formuliert, so schlagkräftige wie einprägsame Slogans der Entlarvung; »es wäre ein Kunststück«, hat man bemerkt, »eine chinesische Zeitung der letzten Zeit zu finden, in welcher nicht mindestens ein Strategem ausdrücklich... erwähnt wird«. Die Vier haben (laut Pekinger »Volkszeitung« vom 3. Januar 1977) *hun shui mo yü,* nämlich »getrübt Wasser, gefangen Fische«; will sagen, sie legten Fabriken still und inszenierten Streiks, erklärten, man dürfe »nichts für die falsche Linie produzieren«, behaupteten, »auch wenn keine Ernte eingebracht wird, macht das nichts«,

und sie taten das alles, um »Retter in der Not« des von ihnen selbst angestifteten Chaos sein zu können. Die Vier haben (laut *»Kuang-ming pao«* vom 29. Dezember 1976) *wu chung sheng yu,* nämlich »aus dem Nichts etwas erschaffen«; will sagen, sie fingierten Hunderte von Dossiers aus angeblichen Zitaten, Notizen, Daten, um mißliebigen Kadern, höheren und höchsten, gefährlich werden zu können; sie fingierten sogar einen ›letzten Willen‹ des Vorsitzenden Mao, wobei sie aus etwas Geringem (einer auf eine konkrete Situation bezogenen Direktive), das in ihre Linie paßte, etwas Gewaltiges (eine allzeit und allerorten zu befolgende Maxime) machten. Indem die Vier solche Strategeme anwendeten, taten sie gerade das, was Mao Tse-tung anläßlich des umstürzlerischen ›Projekts 571‹ von Lin Piao jedermann und ihnen angeraten hatte, nicht zu tun: »Den Marxismus und nicht den Revisionismus praktizieren; sich zusammenschließen und nicht Spaltertätigkeiten betreiben; offen und ehrlich sein und sich nicht mit Verschwörungen und hinterhältigen Strategemen befassen.«
Und auch diese *Drei Ja, drei Nein* unterliefen die Vier mit dem weiteren Strategen, »die Zikade tut ihre Goldhülle ab, sie entflieht ungesehen«: Was seit 1974 auf sie selber gemünzt war, mehr und mehr, stellten sie als Warnung an das Volk hin, Cliquen zu bilden. Sich und ihresgleichen tarnten sie außerdem, veranlaßten sie doch den Kaiser (zu hören: das Volk), das Meer zu überqueren, das sie von ihm trennte; ihr Haus am Strand, wohin sie einluden, war ein verkleidetes Schiff, die roten Fahnen, womit sie winkten, verdeckten »ihr schwarzes Herz«. Schon gar nicht versäumten die Vier, der Theorie listig beizukommen; sie wollten den einen, der sie praktizierte, mit dem Messer des anderen, der sie konzipiert hatte, morden. Die Konzeption, selber eine von Theorie und Praxis, war 1974 geeignet, die allfällige Kampagne gegen den Revisionismus zu begründen, sie geht aber auf Mao Tse-tungs Aufsätze »Über die Praxis« und »Über den Widerspruch« von 1937 zurück, »die subjektivistischen Fehler des Dogmatismus und des Empirismus in der Partei ... zu entlarven«; sie hat ihre tieferen Wurzeln bei Stalin, Lenin und Marx. »... die Theorie wird gegenstandslos, wenn sie nicht mit der revolutionären Praxis verknüpft wird, genauso wie die Praxis blind wird, wenn sie ihren Weg nicht durch die revolutionäre Theorie beleuchtet.«
Eine Theorie, nicht auf die Besonderheit des Widerspruchs

eingehend, heißt dogmatisch, eine Praxis, nicht von der Allgemeinheit des Widerspruchs ausgehend, heißt empiristisch. Dogmatiker nennt Mao »faule Kerle, die jede mühselige Forschungsarbeit an konkreten Dingen ablehnen«, sie beten »die allgemeinen Wahrheiten« wie »abstrakte Formeln« herunter. Empiristen sind ihm (mit Hegel) solche, denen »überhaupt das Äußerliche das Wahre« ist, ihr Fleiß verschließt ihnen die Augen. Die Theorie *muß* praktiziert werden, die Praxis *muß* theoretisiert werden, sonst bliebe beider Modus ohne reale Konkretion; ihr Modus wird aber, das eine und das andere Mal, als ein revolutionärer bestimmt. Wer diese ohne jene, jene ohne diese zur alleinigen Wahrheit annimmt, zerreißt den dialektischen Zusammenhang zwischen Theorie und Praxis, er fällt dem Revisionismus anheim. Nichts sonst taten die Vier, als sie dogmatisch darüber täuschten, daß Mao Tse-tungs Messer des Anti-Revisionismus *zwei*schneidig ist: gegen Empirismus und Dogmatismus zugleich zu kehren. Älteren Kadern, indirekt oder direkt auch Chou En-lai und Unzähligen außerdem, warfen sie Empirismus vor, setzten ein Handeln aus revolutionärer Erfahrung einem Handeln aus Prinzipienlosigkeit gleich, widersetzten sich, wann immer sie konnten, der umsichtigen Forderung, »Dreierverbindungen« zu bilden, in denen Kader der jungen, der mittleren und der alten Jahrgänge paritätisch vertreten sind. Mao Tse-tung sparte weder mit eindeutiger Zurechtweisung noch mit zweideutigem Spott: »Die Formulierung müßte doch wohl so lauten: Bekämpft den Revisionismus, das schließt den Kampf gegen den Empirismus und gegen den Dogmatismus in sich ein. Beide revidieren den Marxismus-Leninismus. Man sollte nicht nur das eine erwähnen und dabei das andere auslassen ... Meiner Meinung nach sind die Kritiker des Empirismus selbst Empiristen.«

Den Revisionismus anstatt des Marxismus zu praktizieren, führt womöglich dahin, Trotzkist zu sein; tatsächlich werden die politischen Vergehen der Vier gegenwärtig als »Trotzkismus in China« begriffen. Von diesen zahlreichen Fehlpositionen wiegt, gerade in einem Agrarstaat, die »Leugnung der Möglichkeit« besonders schwer, »die Hauptmassen der Bauernschaft zum Werk des sozialistischen Aufbaus auf dem Lande heranzuziehen«. Rußlands Trotzkisten nutzten die ihnen günstige, dem Lande gefährliche Krankheit Lenins, eine Erhöhung der Preise für Industrieprodukte und der Landwirtschaftssteuer vorzuschlagen; sie unterließen, konkret zu fragen, wie

Industrie und Landwirtschaft, wie der Warenumsatz, wie die Lage der Werktätigen verbessert werden könne; Trotzki selbst behauptete, eine gute Ernte würde vielleicht »zu einem Faktor, der die Ökonomie desorganisiert, der die Beziehungen zwischen Stadt und Land zuspitzt«. Chinas Trotzkisten machten sich, die Parallelität der Situation ist verblüffend, Mao Tse-tungs Krankheit ebenso zunutze. Radikal wehrten sie einer Modernisierung der Landwirtschaft, Industrie, Verteidigung, Wissenschaft und Technik, waren sie unbekümmert um Aufschwünge der industriellen und agrarischen Produktion, mißachteten sie die Frage des Lebensstandards; ihre Parole »keine Ernte, macht nichts!« hat, dem Sinne und beinah dem Worte nach, Trotzki selbst signiert. Gewiß gibt es keine Patentrezepte, schon gar keine sogenannt ›maoistischen‹, die Beziehungen – präziser: Widersprüche – zwischen Stadt und Land, Arbeitern und Bauern, Staat und Arbeiter, Staat und Bauer *marxistisch* zu regeln beziehungsweise zu lösen; indessen: »... man muß immer beiden Seiten Beachtung schenken und nicht nur einer ... Unsere Politik den Bauern gegenüber ist anders als die der Sowjetunion. Wir berücksichtigen beides, die Interessen des Staates und die der Bauern. Unsere Landwirtschaftssteuer ist seit jeher relativ niedrig. Beim Austausch von industriellen und landwirtschaftlichen Produkten verfolgen wir eine Politik des gleichwertigen oder fast gleichwertigen Austausches. Der Staat kauft landwirtschaftliche Produkte zu angemessenen Preisen. Die Bauern erleiden dabei keinen Schaden. Mehr noch, unsere Ankaufspreise werden schrittweise erhöht. Bei der Versorgung der Bauern mit Industriewaren verfolgen wir eine Politik der Vergrößerung des Absatzes bei niedriger Gewinnspanne, der Stabilisierung oder angemessenen Herabsetzung der Preise. Bei der Getreidebelieferung der Bauern in den getreidearmen Gebieten gewähren wir im allgemeinen gewisse Zuschüsse.«
Diese Sätze stammen aus der Rede »Über die zehn großen Beziehungen«, die Mao Tse-tung am 25. April 1956 vor Politbüro und ZK gehalten hat. Die Rede war, um hierzulande beliebte Falschmeldungen zu korrigieren, zunächst in Zusammenfassungen zugänglich (etwa in einer Ansprache des ehemaligen Staatspräsidenten Liu Shao-ch'i vom Mai 1958); im Dezember 1966, ja, ausgerechnet während der Kulturrevolution, gab das Pekinger Wirtschaftsinstitut den chinesischen Text »zum Zwecke des Studiums, aber nicht zum Zitieren«

heraus; zum 83. Geburtstag des verstorbenen Vorsitzenden, dem 26. Dezember 1976, druckten alle Pekinger Zeitungen den vollen Wortlaut. Mao Tse-tung entwickelt 1956, programmatisch für Theorie und Praxis, aufs neue die Lehre vom Widerspruch; einige Passagen erwidern zweifellos Chruschtschew und der seit Februar debattierten »Entstalinisierung«. Wieder begreift Mao die Allgemeinheit des Widerspruchs, nämlich sein Vorkommen überall und allezeit, als ein objektives Gesetz; er insistiert, daß kein Ding in der Welt (*notabene* kein Land, auch nicht die Sowjetunion, *notabene* keine Gesellschaft, weder eine sozialistische noch eine kommunistische) ohne Widerspruch sei. Wieder begreift Mao die Besonderheit der Widersprüche, er exemplifiziert ihrer zehn, zusammen mit der Aufgabe, sie »richtig zu behandeln«; er wird genau ein Jahr später die richtige Behandlung der Widersprüche »im Volke« hinzunehmen. Jetzt haben die Widersprüche oder »Beziehungen«, zu sehen und zu meistern, zum Beispiel die Seiten: Schwerindustrie und Leichtindustrie, Industrie und Landwirtschaft, Wirtschaftsaufbau und Landesverteidigung, Staat und Produzenten, zentrale und lokale Ebene, Revolution und Konterrevolution. Sätze, Ausländern so überraschend wie Chinesen geläufig, fallen, und sie fallen im Jahr 1956.
*Zuungunsten osteuropäischer Länder:* »Ihre einseitige Betonung der Schwerindustrie und die Vernachlässigung der Landwirtschaft und der Leichtindustrie haben Warenknappheit ... zur Folge.«
*Zuungunsten der Sowjetunion:* »[Sie] hat mit ihren Maßnahmen die Bauern zu sehr geschröpft.«
*Zugunsten und zuungunsten Stalins:* »Das Zentralkomitee ist der Ansicht, Fehler und Leistungen Stalins stehen im Verhältnis von 30 zu 70, alles in allem war er ein großer Marxist.«
*Zugunsten der Bauern:* »Du willst, daß die Henne mehr Eier legt, willst sie aber nicht füttern. Das Pferd soll schneller rennen, aber grasen darf es nicht. Das ist eine Logik!«
*Scheinbar zuungunsten der Kommunistischen Partei:* »Ich halte es für wirklich gut, wenn wir die KP und die Diktatur des Proletariats eines Tages nicht mehr brauchen. Unsere Aufgabe ist, ihr Verschwinden zu beschleunigen.«
*Zugunsten der Konterrevolutionäre:* »Allen Konterrevolutionären muß ein Ausweg für ihre weitere Existenz offengelassen werden, damit sie ein neues Leben beginnen können.«
Der neue Vorsitzende Hua Kuo-feng sagte am 25. Dezem-

ber 1976 betont, vor der Zweiten Landeskonferenz zum Lernen von Ta-chai in der Landwirtschaft, die Versammelten hätten diese Rede »gewissenhaft studiert«, nunmehr sollten Partei, Armee und Bevölkerung sie »ebenfalls gewissenhaft und eingehend studieren«. Daraus zu schließen, wie geschehen, Hua knüpfe einfach, schematisch an, wo Mao Tse-tung 1956 gestanden habe, eliminiere (quasi stillschweigend) die Kulturrevolution, plädiere (quasi verschämt) für die Aufhebung der damals gefällten Urteile, stelle die Signale auf Restauration statt auf Revolution, es wäre absurd; hieße außerdem, ihm Fähigkeit und Willigkeit abzusprechen, den Marxismus *un*dogmatisch, als Anleitung zum Handeln zu verstehen. Daß Hua die Rede 1976 konkretisiert, sie keineswegs abstrakt anwendet, zeigen die ersten Verfügungen zugunsten der Bauern, jenen 85 Prozent Chinesen, die zu ebensoviel Prozent von den Vier vernachlässigt wurden; zeigen die ersten Maßnahmen, Revisionisten (auch Teng Hsiao-p'ing), Mitläufer der Vier (nicht sie selber) *so* zu kritisieren, daß sie eine Chance zur Selbstkritik haben und, vielleicht über kurz, vielleicht über lang, öffentlich-politisch wiederkehren. Hua unterscheidet, nicht anders als Mao, zwischen Widersprüchen *im* Volk und Feinden *des* Volkes.

»Wir sind überzeugt, daß 1977 ein Jahr sein wird, in dem wir die ›Viererbande‹ vollständig zerschlagen und eine große Ordnung in China herstellen werden.« Schwerer ist davon zu überzeugen, daß es soweit, zur »großen Unordnung im ganzen Land«, erst einmal kommen mußte. Die Lehre Mao Tse-tungs, Schlechtes wandle sich in Gutes, Positives bestehe Proben auf negative Exempel, Verfehlung von Personen kläre Fehler im Sozialen, lernt man allein bei Mao Tse-tung.

## 2. Ideologie und Pragmatismus

Kontroversen um die Politik der VR China (1978)

»Eine Partei bewährt sich erst dadurch als die *siegende,* daß sie in zwei Parteien zerfällt; denn darin zeigt sie das Prinzip, das sie bekämpfte, an ihr selbst zu besitzen, und hiemit die Einseitigkeit aufgehoben zu haben, in der sie vorher auftrat.«
Diese Sätze aus Hegels »Phänomenologie des Geistes« (Abschnitt »Die Wahrheit der Aufklärung«) können helfen, und sollen daher auch helfen, die Politik der Volksrepublik China zu entschlüsseln: im Innern wie im Äußern. *In*kriminiert, zumindest *dis*kriminiert wird, seit Hua Kuo-feng die Nachfolge Mao Tse-tungs angetreten, zumal seit Teng Hsiao-p'ing seine Ämter wieder übernommen hat, ein falsches Bewußtsein, das innenpolitisch zum Pragmatismus, außenpolitisch zum Opportunismus führe. Während nun der nicht-sozialistische Westen ganz und gar nichts gegen chinesischen Pragmatismus oder Opportunismus, käme er ihm selber nur zugute, einzuwenden hätte, während der pseudo-sozialistische Osten sich hoffend und harrend genarrt wähnt, möchten die Volksrepublik Albanien und gewisse K-Gruppen (nicht nur der Bundesrepublik Deutschland) den Gral eines ›maoistischen‹ Geistes bewahren, jedenfalls beschwören, den Peking neuerdings verunreinige. Allesamt bedenken sie nicht die Dialektik politischer Prozesse, bedenken sie nicht Hegel: »Das Interesse, das sich zwischen ihr [der *siegenden* Partei] und der andern teilte, fällt nun ganz in sie und vergißt der andern, weil es in ihr selbst den Gegensatz findet, der es beschäftigt. Zugleich aber ist er in das höhere siegende Element erhoben worden, worin er geläutert sich darstellt. So daß also die in einer Partei entstehende Zwietracht, welche ein Unglück scheint, vielmehr ihr Glück beweist.«
Der Anspruch dieser Sätze ist schwer einzulösen. Gefordert wird, die KP Chinas unter dem Vorsitzenden Hua, die ihren Elften Parteitag vom 12. bis 18. August 1977 abhielt, als ›siegende‹ anzusehen – nicht deshalb, weil auf ihrer Seite die stärkeren Bataillone gestanden hätten, nicht deshalb, weil ihr sonstwie, zum Beispiel mittels eines Coup d'état, die Macht zugefallen wäre, sondern deshalb, weil sie nunmehr »das Prinzip, das sie bekämpfte, an ihr selbst zu besitzen, und hiermit die Einseitigkeit aufgehoben zu haben« scheine, »in der sie

vorher auftrat«, weil sie nunmehr in sich selber den früheren Gegensatz gefunden und, als einen geläuterten, »in das höhere siegende Element erhoben« habe. Der Anspruch jener Sätze ist desto schwerer einzulösen, als westliche Beobachtungen, sollen sie nachprüfbar, und Beurteilungen, sollen sie nachvollziehbar sein, zwar China zu einem Gegenstand der Vernunft, kaum aber zu einer Angelegenheit des Herzens machen dürfen. Die Volksrepublik liegt weder im bösen noch im guten Sinne im Schlummer eines Märchenlands, dessen politische Moral die Puristen unter Freunden und Feinden zu wecken hätten. Trotzdem werde, mit allem Respekt, die Meinung von Charles Bettelheim, obwohl eine pure Despektion, zitiert. Bettelheim ist nicht irgendwer unter den Apostaten, sowenig er irgendein Apologet der VR China war. Er doziert an vier Pariser Hochschulen und Instituten (unter ihnen die École Pratique des Hautes Études), hat Frankreich international vertreten und afrikanische Nationen beraten; zum Aufbau des Sozialismus in China schrieb er zusammen mit Jacques Charrière und Hélène Marchisio, zur Kritik der Sowjetökonomie zusammen mit Joan Robinson und Ernest Mandel. Und ausgerechnet er, dessen Analysen das China-Bild der sechziger, siebziger Jahre positiv – soll sagen: vernünftig – beeinflußt haben, hat im Sommer 1977 das Präsidium der Gesellschaft für französisch-chinesische Freundschaft niedergelegt. Am 5. Juli erklärte er in »Le Monde«, er müsse annehmen, »die propagierte Treue zur politischen Linie, wie sie von Mao Tse-tung formuliert wurde, sei nichts als ein Rauchschleier, der eine ganz andere Linie verhülle«. Bettelheim argumentiert mit angeblichen Indizien:

»In der Tat führen mich eine Prüfung der Texte, die in den vergangenen Monaten in China veröffentlicht wurden, und Kenntnisse der realen Entwicklung zur Annahme, es triumphiere gegenwärtig eine revisionistische Linie. Die Kritik an Teng wurde aufgegeben zugunsten von Appellen an den Vorrang der Produktion vor der Revolution. Ordnung und Disziplin werden in den Himmel gehoben, und es ist keine Rede mehr vom Recht auf die eigene Meinung, ganz zu schweigen vom Recht und von der Pflicht, gegen eine bürgerliche Politik zu rebellieren ... Die Frage der Existenz der Bourgeoisie in den Reihen der Partei wird weggewischt. Der Aufruf zum Klassenkampf wird ersetzt durch den Aufruf zum ›Kampf gegen die Vier‹.«

Unterbrechen wir Bettelheim, um ihm zu widersprechen. Er spekuliert, lautet eine sinnvolle Entgegnung, »daß sich seine Leser nicht selbst aus chinesischen Quellen informieren«. So zählen zu jenen, von ihm vielleicht nicht gemeinten, aber zu nennenden Texten, »die in den vergangenen Monaten in China veröffentlicht wurden«, vor allem Texte von Mao Tse-tung: sowohl Band V seiner »Ausgewählten Werke« als seine detaillierten Vorwürfe an die (erstmals von ihm selber mit diesem Anathema belegte) »Viererbande«, insbesondere an die eigene Frau Chiang Ch'ing, sie betreibe Spaltung, bilde eine Fraktion, mißachte die Mehrheit, giere nach Macht. Der übrigen Themen: der Kritik an Teng Hsiao-p'ing (die allerdings kaum »aufgegeben« wurde, sondern schlicht beendet war, als er seine stellvertretenden Ämter in Partei- und Staatsführung zurückerhielt), der Priorität von Revolution oder Produktion, auch Konsumtion, von Ordnung und Rebellion, des Rechtes auf eigene Meinung werden wir uns später annehmen. Betont sei aber, daß nirgendwo, nirgendwann das geringste Indiz zu finden ist, der Aufruf zum »Kampf gegen die Vier« könne, solle, dürfe den anderen Aufruf zum Klassenkampf ersetzen. Hua Kuo-feng hat in seinem, dem Parteitag am 12. August 1977 erstatteten »Politischen Bericht« das Gegenteil klargemacht: Die Vier zu bekämpfen, heiße, den Kampf zwischen den beiden Klassen, den beiden Linien, der proletarischen und der bourgeoisen, *zentral* zu führen, und zwar »jetzt und auch in der nächsten Zukunft«, länger nicht. Doch Bettelheim argumentiert (oder mutmaßt er nur?): »Allgemein gesprochen, wird die notwendige Kritik der Vier nicht von einem revolutionären, sondern von einem revisionistischen Standpunkt geführt. Es wird nicht unterschieden zwischen dem, was sie an Falschem haben sagen und tun können, und dem, was seinerseits richtig sein konnte. Genauer gesagt, werden ihre Irrtümer benutzt, um auch ihre richtigen Analysen zu verwerfen, was den Forderungen eines dialektischen Materialismus zuwider ist und bürgerliche Denkstrukturen stärkt.«
Wer derart ins Allgemeine geht, muß sich gefallen lassen, daß einer ihm allgemein kommt, wer den Dialektiker herauskehrt, muß selber dialektisch Einkehr halten. Solche Unterscheidung – hie Revolutionäre, hie Revisionisten – taugt überhaupt nichts, solange sie keinen Unterschied zeigt. Wir haben 1977 schon im März versucht, die Politik des Mao-Nachfolgers Hua auf eine Formel zu bringen, und wir waren gleichzeitig verzagt,

ob sie angenommen würde. »Eine Evolution von *links*«, sagten wir, »denn gewiß wird Hua Kuo-feng die Volkswirtschaft vorantreiben, auch den Lebensstandard erhöhen, wird für unmöglich erachtet; sie hätte sich ja wieder mit Revolution zu vermitteln, doch auf Dialektik, sobald sie praktisch wird, gar Klassenkampf, vermag der Westen bloß einen Wechsel auf ökonomische Ineffizienz zu ziehen.« Das sagten wir – allenfalls fürchtend, keinesfalls hoffend, wir hätten außer dem Beifall von zweiffellos Rechten auch das Mißfallen von zweifelhaft Linken abzuwehren. Wofür denn sollte die Formel »Evolution von *links*« plädieren, wo nicht dafür, daß Revolution *und* Reform, jede zu ihrer eigenen Zeit, notwendig wären, daß *E*volution ein gewissermaßen angestammtes post- oder prä-*re*volutionäres Recht besäße, daß weder Phasen der Spannung noch der Entspannung, »Auf- und Abschwünge, Hoch und Tief«, immerdar dauerten. Wenn jemand der Revolution entsagt, für diesen oder jenen politischen Moment, redet er deshalb nicht der Konterrevolution das Wort – er täte denn, wie Bettelheim anzunehmen scheint, im selben Atem- und Gedankenzug das Konterrevolutionäre. »Alles, was wir von der gegenwärtigen Entwicklung in China wissen, bestätigt die revisionistische Orientierung der derzeitigen Politik. Die Betriebsordnungen werden erneut zu Mechanismen der Unterdrückung. Die Schule bei offenen Türen ist praktisch aufgegeben. Das heißt nichts anderes, als die Errungenschaften der Kulturrevolution zu ein und derselben Zeit zu loben und sie zu liquidieren.«

Falls Fabrik- und Schulbetriebe *alles* wären, worüber »wir von der gegenwärtigen Entwicklung in China wissen«, wüßten wir erstens nur innenpolitisch etwas (und zu wenig), wüßten wir zweitens kaum genug, um die Generalanklage des Revisionismus zu erheben; wir wissen aber mehr. Lassen wir uns trotzdem auf die Methode ein, am Einzelfall zu verallgemeinern – etwa am Exempel der Pädagogik –, dann deswegen, um gegen Apostaten wie Apologeten, Eiferer beide, gerecht zu sein; weder höher noch niedriger wollen wir hängen, sondern feststellen. Also sei, einige Sätze und Absätze lang, die Erziehung in China, bisher und weiterhin begriffen als Einheit von Lernen und Produktion, unser Thema. (Ein Thema, das überdies den Vorteil hat, direkt ins Zentrum des *ersten* Vorwurfs zu führen, welcher der Volksrepublik gemacht wird; er lautet auf ›ideologischen Pragmatismus‹.) Was eigentlich wird kritisiert? Daß

Unterricht nicht länger ›bei offenen Türen‹ stattfinde – soll sagen, daß Arbeiter, Bauern, Soldaten nichts mehr dreinzureden hätten; daß Prüfungen neuerdings eingeführt würden – soll sagen, daß Lehrern aufs neue erlaubt wäre, die Schüler ›zu überfallen‹. Wir beschränken uns wieder auf einen Einzelaspekt, nämlich die Prüfungen, und zitieren die offiziöse »Peking Rundschau« vom 15. November 1977: »Vor der großen Kulturrevolution war der Vorsitzende Mao gegen eine solche Prüfungsform, bei der die Schüler und Studenten wie Feinde behandelt wurden, in der sie mit schwierigen und Fangfragen verunsichert und hereingelegt wurden.«
Mao Tse-tung hat, um soviel anzumerken, auch während der Kulturrevolution (bis Mitte der siebziger Jahre) Prüfungen qua Überfällen widersprochen, sich ihnen gar widersetzt. »Aber er hat sich niemals gegen Prüfungen schlechthin ausgesprochen. Bereits 1936 wies er die Akademie der Roten Armee an, die Überprüfungen des Bildungsniveaus als eines der wichtigsten Kriterien regelmäßiger Kontrolle anzusehen. Hinterlistig entstellte die ›Viererbande‹ die Weisungen des Vorsitzenden Mao über die Reform des Prüfungswesens, schaffte die Prüfungen schlechthin ab und sprengte damit das Aufnahmesystem... Dies führte zur Abschaffung bzw. zur Bedeutungslosigkeit der Prüfungen in Hoch-, Mittel- und Grundschulen. Ob mit oder ohne Prüfung, ob gut oder schlecht, jeder Student oder Schüler kam jedes Jahr eine Stufe höher.«
Man erinnere sich. Zu Zeiten, als die Kulturrevolution spektakulär war, Mitte bis Ende der sechziger Jahre, hieß einer der anti-chinesischen Vorbehalte, dortzulande müsse jemand erst ›rot‹ sein, um ›Experte‹ zu werden. Sollte nunmehr der Vorbehalt heißen, ein Chinese müsse ja erst ›weiß‹ (vielleicht ›schwarz‹) sein, damit er zum ›Experten‹ tauge? Was ein jeder Staat, was vor allen andern ein Staat der Dritten Welt wie China braucht, ist eine fachlich qualifizierte, politisch nicht zu disqualifizierende Intelligenz. Um diese heranzubilden, bedarf es zweifellos eines Auswahl- und Aufnahmesystems, freilich eines solchen, das in keiner Weise – weder wissenschaftlich noch politisch noch menschlich – zu verachten ist. »In den vergangenen 28 Jahren seit Gründung der Volksrepublik China wurden unter Führung des Vorsitzenden Mao bei der Hochschulaufnahme zahlreiche Erfolge erzielt... Die ›Viererbande‹ aber ignorierte all diese Erfolge, Heute, nach der Zerschlagung der ›Viererbande‹, werden positive wie negative Erfahrungen der

Hochschulaufnahme zusammengefaßt, um so das proletarische Aufnahmesystem schrittweise zu verbessern und zu vervollkommnen.«

Wir haben niemals verhehlt, wie wir chinesische Pädagogik beurteilen: zuwider der Restauration und zugunsten der Revolution. Wir haben noch 1977, als wir »La educación en China«, den Bericht des peruanischen Pädagogen Castillo Rios, für die Bundesrepublik Deutschland herausgaben, dessen progressiven Zugriff begrüßt. Wir haben auf die Frage, ob Elite- oder Massenerziehung, erwidert, wem falle die Antwort schwer, »wenn er bedenkt, daß die Republik China den Risiken elitärer Erziehung erlegen ist, daß die Volksrepublik China die Chancen revolutionärer Pädagogik bisher nicht voll hat nutzen können«. Inzwischen ist etliches anzumerken, um einem theoretischen wie praktischen Mißbrauch der Revolution zu wehren; Erziehung stehe, pars pro toto, für Weiteres ein. Was hatte Mao Tse-tung 1949, als er die Volksrepublik proklamierte, denn vorgefunden? »Mit der kulturellen Erneuerungsbewegung seit dem 4. Mai 1919 gewannen die pädagogischen Ideen [John] Deweys einen solchen Einfluß, daß 1922 das chinesische Schulwesen weitgehend dem amerikanischen angeglichen wurde: Sechs Jahre Elementarschule, drei Jahre Mittelschule, drei Jahre höhere Schule.« Wie kaum anders zu erwarten, haben die Nationalisten unter Tsiang Kai-shek 1949 das sogenannte 6-3-3=Schema nach T'aiwan *mit*genommen. Doch entgegen allen Erwartungen haben die Kommunisten 1949 das Schema 6-3-3 *über*nommen. »Trotz Versuchen, das größtenteils von den USA inspirierte Modell aufzugeben und einen einheitlichen Schultyp von zehn Jahren für die Altersgruppe von 7 bis 17 zu schaffen, hat man es bei dem 12jährigen System mit zwei Zyklen von je sechs Jahren belassen.«

Beanstandet werden weniger Jahre, obwohl die ›6-3-3‹ notorisch sind, werden vielmehr Namen: John Dewey und die USA, die stellvertretend für den Begriff ›Pragmatismus‹ herhalten. (Gemeint ist weniger, mögen auch Querlinien zu ziehen sein, was der Westen als pragmatisch, nämlich prinzipienlos am China nach Mao Tse-tung loben zu können meint; ist noch weniger, was wir selber für Premier Chou En-lai als einen Pragmatiker in Anspruch nehmen, daß er nämlich die Staatsgeschäfte betrieben habe und in ihnen erfahren gewesen sei.) Unter dem Stichwort ›Pragmatismus‹ belehrt uns vielmehr die, einer pro-chinesischen Einstellung gewiß unverdächtige DDR-

Publikation »Grundlagen der marxistischen Philosophie« (in der 7. Auflage von 1966, die ihrerseits auf die 2. russische Ausgabe von 1962 zurückgeht) –, »der Empirismus in seiner schlechtesten, idealistischen Form« werde heutzutage »von vielen Richtungen der bürgerlichen Philosophie vertreten: vom *Pragmatismus*« beispielsweise, und diese verkündeten »den Primat des Bewußtseins«, hingen sie doch einem primitiven Idealismus an. »So verfahren vor allem die Vertreter der verschiedenen Richtungen des *Pragmatismus*. Führer dieser Richtung war in der jüngsten Vergangenheit der amerikanische Philosoph John Dewey, der seine Theorie als Instrumentalismus bezeichnete.« Der Witz, der Aberwitz dieses Zitats liegt darin, daß die DDR- oder UdSSR-Autoren sich völlig im klaren sind, es sogar anmerken, »ein beliebter Trick der Kritiker des dialektischen Materialismus« bestehe in der »Vermengung des Marxismus mit dem Pragmatismus«. Denn ebensolche Vermengung beobachten wir gegenwärtig, was chinesischen Marxismus und chinesische *Praxis* angeht. Im Grunde zielt die Arglist der Unvernunft darauf ab, die Begriffe ›Praxis‹ und ›Pragmatismus‹ zu vertauschen, sie entweder für aus*tauschbar* zu halten oder für aus*getauscht* zu erklären. Der Praktiker der Theorie qua Theoretiker der Praxis – um einen Marxisten per definitionem der »Feuerbach-Thesen« einen Marxisten zu nennen – leugnet die objektive Wahrheit nicht, möge sie ihm subjektiv unbequem sein; dem Pragmatisten ist »unsere Verpflichtung, die Wahrheit zu suchen, ... lediglich ein Teil unserer allgemeinen Verpflichtung, das Lohnende zu tun«. Praktisch sein, um die Wahrheit der Theorie zu erhärten, oder pragmatisch (eigentlich: pragmatistisch) sein, um die Theorie der Wahrheit aufzuweichen, das ist eine so sehr nichtswürdige Alternative wie nichtsnutzige Konfusion.
Die Säulenheiligen der Volksrepublik nach Mao Tse-tung sollen also Pragmatisten vom Schlage eines William James in Sachen Philosophie, eines John Dewey in Sachen Pädagogik sein. Jedermann weiß aber, daß Lenin den Empiriokritizismus der Avenarius und Mach, als eine physikalistische Spielart (sogar *-un*art) des Pragmatismus, »eine reaktionäre Philosophie« geheißen hat. Der Vorwurf auf »ideologischen Pragmatismus«, den gewisse Gralshüter erheben, ob Albanier oder K-kanier, soll mithin Hua Kuo-feng und Teng Hsiao-p'ing zu Anti-Leninisten, Anti-Marxisten stempeln: russisch gesprochen, zu Bogdanows und Lunatscharskis, und deutsch gespro-

chen, zu Bernsteins und Kautskys; allemal zu Revisionsten, ja Reaktionären. Dabei nützt ihnen nicht, was sie sagen, doch schadet ihnen, was sie tun. Gesagt haben sie (auf ihrem Parteitag): »Die Große Proletarische Kulturrevolution in unserem Land *war* eine große politische Revolution, durchgeführt vom Proletariat unter den Bedingungen des Sozialismus gegen die Bourgeoisie und alle anderen Ausbeuterklassen, zur Konsolidierung der Diktatur des Proletariats und zur Verhütung einer Restauration des Kapitalismus. Revolutionen dieser Art *werden* in Zukunft noch mehrmals durchgeführt werden.« Wir haben abweichend vom Text des Parteistatuts diejenigen Wörter hervorgehoben, auf denen zu bestehen, beanstandet wird: Daß die Kulturrevolution zu Ende ist, daß Revolutionen ihrer »Art« (nicht unbedingt *Kultur*revolutionen) sich wiederholen sollen; jenes wird allzu gerne, dieses gar nicht gerne an- oder hingenommen. In Frage stehen jedoch Taten: Erhöhung der Löhne zum 1. Oktober 1977 und Einführung eines Prämiensystems im November; Aufrufe zur Arbeitssteigerung, zur Bevorzugung von Qualität vor Quantität; Maßnahmen, um Wirtschaft und Verteidigung, Wissenschaft und Technik zu modernisieren. Unsereins, der China schon aus Gründen historischer Gerechtigkeit zugetan ist, muß derlei Taten für durchaus vernünftig, und ihrer einer, die sich China erst aus Motiven politischer Rechtfertigung zugewandt haben, darf sie durchaus nicht für unvernünftig halten. Auch würde niemand außer einigen Puristen die Entscheidung, ob Revolution oder Produktion, ob Ordnung oder Rebellion, der Volksrepublik so nahezulegen wagen, hätten ›die Vier‹ nicht produktive Produktionszustände speziell für konterrevolutionär erklärt und damit ›die Zwei‹ (Hua, Teng) generell in revisionistischen Verruf gebracht. Das Vergehen Teng Hsiao-p'ings war, vielleicht, die Vernachlässigung der Revolution zugunsten eines *ob*jektiven Interesses an Wirtschaftswachstum; das Verbrechen der ›Viererbande‹ war, sicherlich, die Außerachtlassung der Produktion zuliebe einem *sub*jektiven Interesse an Revoluzzertum. Dessen ungeachtet, betreibt eine gewisse Berichterstattung noch die Geschäfte der politisch diskreditierten Nur-Rebellen, anstatt diejenigen, denen sie soviel ökonomischen Kredit als Nur-Produzenten einräumt, zu Geschäften zu ermuntern. Nach einem Zitat der »dpa« soll etwa die Pekinger Zeitung »*Kuang-ming Jih-pao*« gegen Ende November 1977 einen Eiertanz der Prämien wegen aufgeführt haben:

»Wichtigster Diskussionspunkt war dabei die Suche nach einer ideologisch vertretbaren Grundlage... Die zusätzlichen Prämien für höhere Arbeitsleistungen sollen unter der marxistischen These ›jedem nach seiner Leistung‹ gewährt werden. Der Ausdruck ›materieller Anreiz‹ bleibt verpönt, da ›nur eine oberflächliche Ähnlichkeit zwischen beiden Begriffen besteht‹. Materielle Anreize ›ruinieren die Seelen der Werktätigen‹, schrieb die Zeitung. Prämien aber seien ›materieller Ansporn zur Mobilisierung der Aktivität des einzelnen Arbeiters‹. Wer dieses Prinzip verneine, verneine gleichzeitig marxistische Thesen. ›Selbstverständlich muß die Rolle des materiellen Ansporns begrenzt werden und darf nicht Hauptmotiv sein‹, meinte das Blatt. Der neue ideologische *Unter*bau für das Prämiensystem erscheint noch sehr unsicher. Deshalb unterstrich die Zeitung die Forderung ›einiger Genossen nach ausreichenden Erklärungen der Theoretiker zur Einführung des Systems, um die Prämie zu rehabilitieren‹. Natürlich dürfe die Prämie nicht ›das Kommando übernehmen wie in der Sowjetunion, wo ›der Rubel das Kommando übernommen hat‹. Aber man könne auch nicht von Revisionismus in China sprechen.«

Wenn man diese Sätze liest, könnte man zunächst in der Laune sein, die Ironie des Korrespondenten sich selber schmecken zu lassen; Tanz um die goldene Peking-Ente. Wenn man indessen hinsieht, fallen zwei Sätze auf, die keineswegs zitieren, sondern kommentieren: »Suche nach einer ideologisch vertretbaren Grundlage«, Unsicherheit »des neuen ideologischen Unterbaus«. (Warum eigentlich *Unter*bau, was Marxisten nun einmal *Über*bau heißt?) So etwas wie Ideologie steht überhaupt nicht zur Debatte; sowohl das Parteistatut vom August als die Zeitung vom November 1977 berufen sich auf weiter nichts als genuin marxistische Definitionen: »... unter den Bedingungen des Sozialismus«, verlautet dort, »jedem nach seiner Leistung«, verlautet hier. Der Irrtum der ›Vier‹, sollte er nichts anderes sein, bestand und besteht doch darin, die Möglichkeiten des Kommunismus mit den Notwendigkeiten des Sozialismus, das notwendige Erbringen von Leistung mit der möglichen Erfüllung von Bedürfnissen zu verwechseln. Als Lenin 1917 die Lehre des Marxismus vom Staat und die Aufgaben des Proletariats in der Revolution kanonisierte, bezichtigte ihn niemand einer revisionistischen Absicht, geschweige denn Gesinnung; er sagte aber: »Bis die ›höhere‹ Phase des Kommunismus einge-

treten sein wird, fordern die Sozialisten die *strengste* Kontrolle seitens der Gesellschaft *und seitens des Staates* über das Maß der Arbeit und das Maß der Konsumtion.«
Daß die Volksrepublik China bereits ein kommunistischer Staat geworden oder in nächster Zeit einer werde, hat noch niemand behauptet – ausgenommen einige Schwärmer, die 1958 in den frühen Volkskommunen dieses Ideal verwirklicht, ausgenommen einige Utopisten, die 1967 die Pariser Kommune in Shanghai wiedererstanden sahen. Mao Tse-tung, wir haben ihn immer für die inkorporierte Vermittlung zwischen Revolution und Evolution gehalten, hat sich vorgewagt, zurückgenommen, vorgewagt; sogar die Beschlußfassung über die Kulturrevolution (vom 8. August 1966) behauptet, »daß der Weg der Revolution in einem Zickzackkurs verläuft«, und betont, »am wichtigsten ist es, etwas zu wagen«. Dieses Prinzip wird, sofern die Zeichen nicht trügen, auch zukünftig gelten, nur werden die Kontrahenten *in* Personen, *als* Personen auseinandertreten. Jene Dialektik, schon dem Einen schwer, ja schwerlich anzusehen, wird künftig noch eher in Gefahr sein, daß ihre Proponenten für Wieder*täufer* anstatt für Wider*sacher* gehalten oder ausgegeben werden. Die Sache ist der Sozialismus in China, mag er unsere Sache sein oder unsere Sache nicht; ehe Erkenntnisse gewonnen sind, bringen Bekenntnisse keinen Gewinn. Im »Bericht über die Abänderung des Parteistatuts« werden Abweichungen, Ergänzungen, Abstriche vom Statut des Zehnten Parteitags, der 1973 stattfand, klipp und klar genannt; zum Beispiel: »Die Partei kämpft konsequent gegen den Revisionismus, gegen den Dogmatismus und Empirismus.« Impliziert ist: gegen den Pragmatismus. Wir möchten es mit Carl Friedrich von Weizsäcker halten, den die wenigen Tage seiner beiden Chinaaufenthalte zu der Maxime veranlaßten, es sei »selbsterzieherisch, die Argumente fur die Linie Mao's ... zunächst einmal ernstzunehmen«. Wir nehmen also, rebus sic stantibus, die Argumente für die Linie Hua Kuo-fengs zunächst einmal ernst. Wohin verläuft diese Linie? Uns erscheint das neue Parteistatut – mit eben seinen Abweichungen, Ergänzungen, Abstrichen – als ein Lernresultat, belehrt durch das (chinesisch ausgedrückt) negative Exempel der ›Vier‹. Produktion, auch Konsumtion soll in Ordnung eingebunden, Revolution, sogar Rebellion mit Produktion vermittelt werden. Wenn überhaupt etwas, ist dies Sozialismus. (Und was Kommunismus ist, werden wir allererst und allenfalls wissen, sobald

die »Leerstellen«, von denen Ernst Bloch vorsichtig abstrakt gesprochen hat, konkret behutsam ausgefüllt sind.) Nicht, daß China uns einerlei wäre, aber wir plädieren nicht, wir konstatieren. Und festzustellen ist: Die Linie des Vorsitzenden Hua ist nicht *ver*schieden, als stünde revisionistische gegen proletarische, von der Linie des Vorsitzenden Mao. Freilich sind beide Linien *unter*schieden, und zwar ebenso, wie Dialektiker etwas ›unterschieden‹ nennen: daß nämlich die neue Linie, obwohl nach wie vor eine proletarische, die bisher von ihr *ver*schiedene, zweifellos eine solange auch revisionistische Linie, in sich aufgenommen hat – die Gattung, die (laut Hegel) sich selber und ihr Gegenteil, die Art sowie Unart, welche ihre eigene ist, in sich enthält; die übergreifende Gattung.
»Eine Partei bewährt sich erst dadurch als die *siegende*, daß sie in zwei Parteien zerfällt; denn darin zeigt sie das Prinzip, das sie bekämpfte, an ihr selbst zu besitzen, und hiemit die Einseitigkeit aufgehoben zu haben, in der sie vorher auftrat. Das Interesse, das sich zwischen ihr und der andern teilte, fällt nun ganz in sie und vergißt der andern, weil es in ihr selbst den Gegensatz findet, der es beschäftigt. Zugleich aber ist er in das höhere *siegende* Element erhoben worden, worin er geläutert sich darstellt. So daß also die in einer Partei entstehende Zwietracht, welche ein Unglück scheint, vielmehr ihr Glück beweist.«
Der Anspruch dieser Sätze sei schwer einzulösen, sagten wir. Man genügt ihm keinesfalls, wenn man über der Hegelschen »Zwietracht« das sie Einigende, über dem Hegelschen »Gegensatz« das ihn Läuternde vergißt; wenn man jeder Dialektik enträt, um bürgerlich ratlos zu werden. Einer *Koalition* nämlich, wie die »Süddeutsche Zeitung« Ende August schrieb, »in der das Militär und die Technokraten der Verwaltung den Ton angeben«, einer Koalition, wie »Die Zeit« Ende Dezember sich anschloß, in der »die Differenzen nicht ärger zu sein [scheinen] als in der Bonner« – einer Koalition also, die Linke, die keine sind, verteufelt, und Rechte, die solche sind, verharmlost, ihr steht Hua Kuo-feng sicherlich nicht vor. Zum Indiz: Der Pekinger Bürgermeister Wu Teh, der im vorletzten November noch scharfe Kritik an Teng Hsiao-p'ing geübt hat, angeblich als Fürsprecher der ›Vier‹, wurde im letzten November erst in seinem Amt bestätigt. Eine Koalition schließt Kompromisse, mehr oder minder faule, und sollte die Bestätigung Wu Tehs ein Kompromiß gewesen sein, so wären Hua und die Seinen »einer

eindeutigen und unwiderruflichen Fragestellung aus dem Wege« gegangen, hätten »sich zwischen Standpunkten hindurch [geschlängelt], die einander ausschließen«, sich »bemüht..., mit dem einen wie mit dem andern ›einverstanden zu sein‹«. Das ist, wörtlich, Lenins Charakteristik des Opportunismus oder, theoretischer, der Gleichgewichts-Irrlehre, die zwischen hauptsächlicher und nebensächlicher Seite der Widersprüche nicht zu unterscheiden vermag, nicht unterscheiden mag. »Es wäre völlig falsch, nur auf die eine Seite zu achten, die andere aber zu vergessen.«

Mit der »Peking Rundschau« müssen wir sachlich feststellen, im Fünften Band der »Ausgewählten Werke« von Mao Tsetung »gibt es viele ähnliche Aussagen«. Aber sollen wir zugleich mit gewissen Publizisten unsachlich feststellen, »die Pragmatiker in Peking« beriefen »sich auf die maßvollen Ansichten des Mao aus dem Jahre 1956«? Wir halten es lieber, und wohl besser, mit dem Vorsitzenden Mao insgesamt, der niemals – weder 1940 für seine »Neue Demokratie« noch 1956 noch 1958 im Jahr der Volkskommunen noch 1966 zu Beginn der Kulturrevolution noch irgendwann – geleugnet hat, »daß Revolution und Produktion, Politik und Ökonomie, Politik und fachliche Arbeit eine Einheit der Gegensätze bilden«; die Seiten (ob haupt- oder nebensächliche) des Gegensatzes, des Widerspruchs zwischen Innen- und Außenpolitik gehören gleichermaßen hierher. In alledem *Einheit der Gegensätze*; freilich eine, deren Seiten in ihrer Bedeutung objektiv, in ihrer Betonung und Behandlung subjektiv variieren. Wir wollen denjenigen, die einen theoretischen Pragmatismus, einen praktischen Opportunismus an Peking tadeln (wie Albanier und K-Kanier) oder an Peking loben (wie gewisse *China-watchers*), durchaus nicht näher kommen – zu nahe schon. Denn sie erliegen einer quasi selbstvergessenen Täuschung, indem sie beiderseits ungerecht, unberechtigt die Volksrepublik zu einem Gegenstand pessimistischer Abwendung oder optimistischer Zuwendung machen. Als Ceausescu, der seine Worte zu setzen weiß, zum Abschluß des Elften Parteitags an Hua Kuo-feng telegraphierte, er wünsche China »neue und wachsende Erfolge in der sozialistischen Revolution und Konstruktion«, war ihm die doppelte Verpflichtung – der Revolution an Aufbau, des Aufbaus wieder an Revolution – ohne Zweifel bewußt. Ihn allerdings, den Partei- und auch Staatschef Rumäniens, hätte die vorgeblich neue Politik der Volksrepublik China weniger

innen- als außenpolitisch betreffen müssen. Aber deren Kritiker werden sagen, gerade ihm – einem Louvoyeur sondergleichen, der sein Staatsschiffchen zickzack auf günstigstem Kurs halte – wäre lieb und teuer, daß Peking mehr denn je (oder gar erstmals) des Klassenkampfes gegen die USA vergesse, um seinen Bruderkrieg gegen die UdSSR zu schüren.
»Auf internationaler Ebene wird der Kampf gegen die beiden Supermächte nach und nach durch den Kampf allein gegen den Sozialimperialismus ersetzt. Folglich wird der amerikanische Imperialismus immer weniger angeprangert. Seine Interventionen oder die seiner Verbündeten in das Leben anderer Völker werden manches Mal sogar als ›positiv‹ betrachtet. So geschehen anläßlich der Ereignisse in Zaire. Wohingegen man, stehen zwei imperialistische Banditen einander gegenüber, nicht für den einen oder den anderen Partei ergreifen kann. Die gegenwärtige internationale Praxis der KPCh schadet dem Ansehen Chinas unter den Völkern, insbesondere in der Dritten Welt. Tatsächlich arbeitet diese Praxis dem Sozialimperialismus in die Hände.« Diese kritischen Sätze hat wiederum Charles Bettelheim in »Le Monde« geschrieben – wir haben ihn schon zur Innenpolitik zitiert –, um auch außenpolitisch zu begründen, warum er Anfang Juli 1977 das Präsidium der Gesellschaft für französisch-chinesische Freundschaft aufgekündigt hat. (Erlaubt sei die Zwischenfrage, ob eine Gesellschaft für *Völker*freundschaft davon abhängt, wie intim sie sich einer *Staats*politik zu befreunden vermag.) Bettelheim, so scheint es, argumentiert auf der Basis einer Freund-Feind-Theorie, sein Begriff des Politischen teilt die undialektische Simplizität eines Carl Schmitt; er, Mitarbeiter auch an Sartres »Temps modernes«, begibt sich auf dieselbe Stufe wie Albaniens Parteiorgan »Zeri i Populit«:
»Keinesfalls darf es geschehen, daß die Länder der sogenannten Zweiten Welt, mit anderen Worten, die in ihnen herrschende monopolistische Großbourgeoisie, zu Verbündeten der unterdrückten Völker und Nationen im Kampf gegen die beiden Supermächte und den Weltimperialismus werden. Die Länder der sogenannten Zweiten Welt [zum Beispiel das europäische Westdeutschland oder das asiatische Japan] sind die wirtschaftliche und militärische Hauptstütze der aggressiven und expansionistischen Bündnisse der beiden Supermächte... Sie sind flammende Verteidiger des Neokolonialismus und der alten Ordnung der Ungleichheit in den internationalen Wirtschafts-

beziehungen. Dadurch, daß die sogenannte Zweite Welt, zu der die meisten kapitalistischen und neokolonialistischen Länder gehören, die die Hauptstütze der beiden Supermächte darstellen, als Verbündete der Dritten Welt im angeblichen Kampf gegen den USA-Imperialismus und den sowjetischen Sozialimperialismus hingestellt wird, wird der antirevolutionäre und pseudoantiimperialistische Charakter der Theorie der ›drei Welten‹ offensichtlich.«

Wir haben sozusagen ein Kreuzwortsilbenrätsel zu lösen. Zur Senkrechten wird Antwort auf die Frage gesucht, warum Länder wie Albanien und Leute wie Bettelheim im Jahre 1977 eine Politik befeinden, deren sie im Jahre 1972 sich selber befleißigt oder befreundet haben. Zur Waagrechten wird Antwort auf die Frage gesucht, welche Politik eigentlich gemeint ist. Die Silben haben wir, um im Bilde zu bleiben, schon beisammen. Sie lauten auf »Drei Wel-ten«, so daß zu klären oder *er*klären wäre, welchem Kriterium ein Staat genügen muß – und nach wessen Anspruch –, um der Ersten, Zweiten oder Dritten Welt zugerechnet zu werden. Die Silben lauten weiter auf »Im-pe-ria-lis-mus«, einen bekannten politischen Begriff aus dreizehn Buchstaben, und auf *»So-zial-im-pe-ria-lis-mus«*, einen weniger bekannten politischen Begriff, zu dessen sinnvoller Einsetzung ins Rätsel die Anzahl seiner Buchstaben kaum verhilft. Was ist »Sozial«imperialismus? Die Chinesen antworten seit 1970 mit Mao Tse-tung:

»Nach der Usurpation der Macht in Partei und Staat durch die sowjetrevisionistische Renegatenclique hat die bürgerlich privilegierte Schicht ihre politische wie wirtschaftliche Macht beträchtlich ausgedehnt, in der Partei, der Regierung, der Armee und in ökonomischen und kulturellen Sektoren die herrschenden Positionen besetzt, und aus dieser Schicht hat sich eine bürokratische Monopolbourgeoisie gebildet, nämlich eine Großbourgeoisie neuen Typs, die den gesamten Staatsapparat beherrscht und sämtlichen gesellschaftlichen Reichtum kontrolliert. Diese Monopolbourgeoisie neuen Typs hat unter Mißbrauch der von ihr kontrollierten Staatsmacht das sozialistische Eigentumssystem in das Eigentum der den kapitalistischen Weg gehenden Machthaber, die sozialistische Wirtschaft in eine staatsmonopol-kapitalistische Wirtschaft umgewandelt.«

Die Chinesen stellten diese Antwort – wie gesagt 1970, und zwar in einem ›hoch‹offiziellen Leitartikel ihrer drei wichtigsten

Zeitungen – unter den Titel ›Leninismus oder Sozialimperialismus‹. Sie würden zur Begründung, warum sie die Sowjetunion als politischen Gegner ansehen, noch heute dieselbe Antwort geben. Die Ironie des Titels liegt freilich Ende der siebziger Jahre darin, wenn Peking von einem Land und einigen Leuten vorgeworfen wird, es entkräfte dadurch, daß es seinen Antagonismus gegen die anti-leninistische UdSSR bekräftige, das proleninistische Lager. Nun haben die Chinesen, als sie damals den Sozialimperialismus definierten, zwar *innen*politisch argumentiert, doch hatten sie längst *außen*politische Konsequenzen gezogen; auch sprechen wir jetzt über Außenpolitik, haben also Inneres und Auswärtiges in gehörige Beziehung zu setzen. Als wir 1972/73 ein außenpolitisches Dossier veröffentlichten, um »China in der Welt« zu beschreiben, merkten wir zur Dialektik dieser Beziehung an: Sinnvolle *Außen*politik setze ein begründetes Verhältnis zwischen Innen und Außen voraus, das sage aber zunächst: ein auf Begriffe gebrachtes *Selbst*verständnis. (Dieses haben wir im vorherigen zu skizzieren versucht.) Die spiegelbildliche Formulierung lautete: Sinnvolle *Innen*politik setze ein begründetes Verhältnis zwischen Außen und Innen voraus, das sage aber zunächst: ein auf Begriffe gebrachtes *Welt*verständnis. (Dieses steht nunmehr zur Diskussion.) Allein die These und ihre Antithese ermöglichten, um trivial dialektisch zu reden, eine Synthese. Das Wechselspiel werde indes dann und nur dann dialektischer Ernst, jede Trivialität hinter sich lassend, sobald die Hegelsche Kategorie des übergreifenden Allgemeinen aus Logik, wo sie angesiedelt, in Politik, wo sie angewendet ist, überführt wird – alsbald eine marxistisch verantwortete und verwertete Kategorie.

»Eine Partei bewährt sich erst dadurch als die *siegende*, daß sie in zwei Parteien zerfällt; denn darin zeigt sie das Prinzip, das sie bekämpfte, an ihr selbst zu besitzen, und hiemit die Einseitigkeit aufgehoben zu haben, in der sie vorher auftrat.« Auch Hegel hätte letzten Endes zugestimmt, daß diese Sätze – obzwar dem Geist, genauer: dem sich entfremdeten Geist, zugedacht – eminent mit Politik zu tun haben. Nämlich nichts minderes als dieses, daß die übliche Gattung ›Politik‹, als eine keineswegs sich selber übergreifende, ganz und gar nicht dazu taugt, Politik in Theorie und Praxis dialektisch zu begreifen. Vielmehr sind die herkömmlichen *Arten* ›Innenpolitik‹ und ›Außenpolitik‹ als *Gattungen* anzusehen, deren jede das jeweils Allgemeine, das es selber ist, und das Besondere, das sein Gegenteil ist, in sich

enthält. (In Klammern die Anmerkung: Allerdings wäre Politik als Gattung, und zwar als eine übergreifende, anzusehen, wenn zum Beispiel ihr begründetes Verhältnis zur Ethik in Frage stünde.) Daß die *Innen*politik einem Dialektiker *übergreifende* Gattung ist, stellt sich also bestimmter dahin dar, daß sie Gattung ihrer selbst und ihres Gegenteils, soll sagen: Gattung der Innen- *und* der Außenpolitik ist. Bemerkenswerter-, ja bedeutenderweise läßt dieser Satz sich wortwörtlich ins Gegenteil verkehren, mithin die *Außen*politik sich grammatisch zum Subjekt, logisch zum übergreifenden Allgemeinen machen; auch darin, in solcher Möglichkeit zur Ver-, zur Umkehrung spiegelt sich wiederum ein dialektischer Prozeß. Daß die Handhabung der chinesischen Innenpolitik während der Außenpolitik nach der Kulturrevolution ihre bürgerlichen, daß die Handhabung der chinesischen Außenpolitik während der Innenpolitik nach dem Tode von Mao Tse-tung ihre unbürgerlichen Kritiker überrascht, ja verwirrt hat, ist weitgehend auf deren Unvermögen, dialektisch zu denken, zurückzuführen. Diese Außenpolitik hat Hua Kuo-feng in seinem »Politischen Bericht« vor dem Elften Parteitag beschrieben und bestimmt:
»Die vom Vorsitzenden Mao im Jahre 1974 aufgestellte These von der Dreiteilung der Welt hat große, tiefgehende und weitreichende Bedeutung. Mit der Methode der Klassenanalyse hat Vorsitzender Mao die Entwicklung und Veränderung der grundlegenden Widersprüche in der heutigen Welt, die Spaltung und Umgruppierung der verschiedenen politischen Kräfte sowie die politische und wirtschaftliche Stellung der verschiedenen Länder in der Welt analysiert und aufgrund dessen die heutige strategische Weltlage wissenschaftlich ausgewertet. Die beiden Hegemonialmächte, die Sowjetunion und die USA, sind die größten internationalen Ausbeuter und Unterdrücker und die gemeinsamen Feinde der Völker der ganzen Welt. Die Länder der Dritten Welt leiden am schwersten unter der Unterdrückung und leisten daher den heftigsten Widerstand, sie bilden die Hauptarmee im Kampf gegen Imperialismus, Kolonialismus und Hegemonismus. Die Länder der Zweiten Welt haben eine zwiespältige Natur; *einerseits* unterdrücken sie die Länder der Dritten Welt, beuten sie aus und wollen sie kontrollieren, *andererseits* sind sie in verschiedenem Maße der Kontrolle, Bedrohung und Schikane durch die beiden Supermächte ausgesetzt.«
Eben dies ›einerseits – andererseits‹, also theoretische Einsicht

in beide Seiten, bevor praktische Umsicht sie verschieden gewichtet, haben die ›Vier‹ attackiert; ein Ritt über den Westsee sozusagen, auf schlecht gesatteltem Lenin. »Mit seiner These von der Dreiteilung der Welt hat der Vorsitzende Mao klar die Hauptrichtung des gegenwärtigen internationalen Kampfes gewiesen und deutlich dargelegt, wer die revolutionären Hauptkräfte, wer die Hauptfeinde und wer die Kräfte der Mitte sind, die gewonnen und vereinigt werden können. Das ermöglicht dem Weltproletariat, sich im weltweiten Klassenkampf mit allen Kräften, mit denen ein Zusammenschluß möglich ist, zusammenzuschließen und im Kampf gegen die Hauptfeinde eine breitestmögliche Einheitsfront zu bilden.« Hua Kuo-feng nennt das Schlüsselwort zu diesen Sätzen: »*Einheits*front«, was entschieden anderes bedeutet als sein scheinbarer Zwilling »*Volks*front«. Wir erwähnen, ja betonen diese Verschiedenheit, weil die Zustimmung zu einer Politik der Einheitsfront, innen- wie außenpolitisch, einer Politik zustimmt, wie Mao Tse-tung selber sie befördert und betrieben hat. (Man erinnere sich seiner Differenzen – Mitte der dreißiger Jahre – mit der Komintern und deren chinesischem Sprachrohr Wang Ming; erinnere sich seines damaligen Bündnisses mit dem Klassenfeind Tsiang Kai-shek, damit die »Aufgaben der Kommunistischen Partei Chinas in der Periode des Widerstandskampfes gegen die japanischen Aggressoren« anti-imperialistisch, erinnere sich seines späteren Bündnisses mit Klein- und Nationalbourgeoisie, damit die »inneren Widersprüche in China« pro-demokratisch gelöst würden.) Die Kritik an der Theorie der Drei Welten richtet sich ja vorerst einmal gegen die implizite Praxis der Einheitsfront, sie richtet sich aber, Euer Merkwürden, nicht gegen Mao Tse-tung, sondern gegen Hua. Sobald er, im schweren Amt des Nachfolgers, zu seiner Rechtfertigung und in aller Berechtigung publik macht, was eigentlich nach diplomatischer Gepflogenheit geheim zu bleiben hat – nämlich Äußerungen von Mao Tse-tung, die in Gesprächen mit ausländischen Besuchern, welchen immer, getan wurden –, beschuldigt ihn links propagierende, rechts agierende Kritik, er hätte die Worte des Vorsitzenden Mao erfunden und erlogen. Wir wollen einige dieser Worte, dieser Sätze – sie stammen aus dem Jahre 1974, doch lassen sich frühere oder spätere beibringen – zum Zeugnis anführen, daß Mao selber (wer denn sonst damals?) die alte Theorie der Einheitsfront neuerdings in Praxis umgesetzt hat: in jene, die strategisch, taktisch *drei* anstatt zwei Welten berücksichtigt. »Meiner Meinung nach bilden die Vereinigten Staaten und die Sowjetunion die Erste Welt. Japan, Europa und Kanada, die Kräfte der Mitte, gehören zur Zweiten Welt. Wir sind die Dritte Welt. China gehört zur Dritten Welt. Denn China kann sich politisch, wirtschaftlich usw. nicht mit den reichen Ländern oder Großmächten vergleichen. Es kann nur mit den relativ armen Ländern zusammenstehen.«

Der Begriff einer Dritten Welt – als einer irgendwie, irgendwo zwischen kapitalistischen und sozialistischen Staaten angesiedelten – scheint fragwürdig, solange ihr Klassenstatus in liberaler, schon libertiner Schwebe bleibt. Um was für Länder denn handelt es sich? Man nennt sie auch ›Entwicklungsländer‹, merkt zugleich an, »daß das Wort ... nicht glücklich gewählt sei«, befürchtet, der Ausdruck sei »zu sehr von europäischem Hochmut geprägt«, und hält es mit dem Vorschlag eines Schweizers, »den Begriff ›Entbehrungsländer‹ einzuführen, wofür vieles spricht«. Solchen Formulierungen in Vorträgen westdeutscher Offiziöser (des Ministerialdirektors Sonnenhol und des Professors Leussink) hat Walter Scheel, weiland Bundesminister für wirtschaftliche Zusammenarbeit, ein Geleitwort seinerzeit nicht vorenthalten; aber solche Formulierungen, seien sie inzwischen präsidial durch die sogenannte »*Südschiene*« verharmlost, als wäre das Problem von Arm und Reich eine Frage der Geographie, verraten doch Unbehagen. Des Bundesministers eigener Referent Sonnenhol sagte 1962: »Ein bekannter französischer Fachmann, heute Direktor der Weltbank für Afrika [gemeint ist Pierre Moussa] hat in einer der besten Arbeiten über Entwicklungshilfe unter dem Titel ›Les Nations Prolétaires‹ den internationalen Klassenkampfcharakter des Problems in den Vordergrund gestellt.« Moussa war sich bewußt, *nach* Marx (im temporären wie terminologischen Doppelsinn des Wortes) vom Proletarier zu sprechen, nämlich nicht von dem schlechthin Besitz- oder Mittellosen, sondern von dem, der aufgrund, aus Gründen seiner Klassenlage des Besitzes an Produktionsmitteln ermangelt; dieses gilt für den proletarischen Einzelmenschen sogut wie für die einzelnen proletarische Nation. Daran zu zweifeln, Mao Tse-tung hätte dem »internationalen Klassenkampfcharakter« eben des Problems, das er mittels der Begriffe ›Dritte Welt‹ und ›Drei Welten‹ analysierte, widersprochen, wäre absurd. Daran zu zweifeln, daß er 1974 nicht gesagt hätte, was 1973 der damals

wie (bis zum Tode) stets amtierende Premier Chou En-lai auch gemeint hat, wäre genauso absurd. Chou erstattete Ende August 1973, vor dem Zehnten Parteitag der KP Chinas, seinen Bericht, um zunächst innenpolitisch Kritik zu üben. Es würden »weitere Lin Piaos auftauchen, ... sich weiter Leute vom Schlage Wang Mings ... finden«, solche, »die zu den Sowjetrevisionisten überzulaufen« versuchten. Und noch einmal fällt der Name Wang Ming, als eines ›Links‹opportunisten, »für den ›der Kampf alles, die Vereinigung nichts‹ galt« (wie heute für Albanien und gewisse K-Gruppen, denen die Einheitsfront nichts gilt). Sodann folgt die außenpoltische Aufrechnung:
Die gegenwärtige internationale Lage ist durch große Unordnung auf der Erde gekennzeichnet. ›Nähert sich ein Gewitter vom Berg, pfeift der Wind durch die Burg.‹ Das beschreibt genau, wie sich die von Lenin analysierten verschiedenen Grundwidersprüche in der Welt heute zeigen ... Das Erwachen und Erstarken der Dritten Welt ist ein bedeutendes Ereignis in den internationalen Beziehungen unserer Zeit. Die Dritte Welt hat sich im Kampf gegen die Hegemoniebestrebungen und die Machtpolitik der Supermächte noch enger zusammengeschlossen und spielt eine wachsende Rolle in internationalen Angelegenheiten ... Deshalb muß unsere Partei international am proletarischen Internationalismus festhalten, ... die Einheit mit dem Proletariat, den unterdrückten Völkern und unterjochten Nationen der ganzen Welt festigen, die Solidarität mit allen jenen Ländern, die der Aggression, Subversion, Intervention, Kontrolle und Schikane seitens des Imperialismus ausgesetzt sind, verstärken *und die breitestmögliche Einheitsfront bilden*, um den Imperialismus, den neuen und alten Kolonialismus, insbesondere die Hegemoniebestrebungen der beiden Supermächte, der USA und der Sowjetunion, zu bekämpfen.«
Indessen wird gegenwärtig nicht kritisiert, daß Chou En-lai im August 1973 seine Analyse der Widersprüche in unserer Welt revolutionär *mit* Lenin zog, vielmehr, daß Teng Hsiao-p'ing im April 1974 die seinige reaktionär *ohne* Lenin gezogen habe – in demselben Jahr 1974, als Mao Tse-tung *ex*plizit von »drei« Welten sprach, nachdem Chou sechs, sieben Monate vorher *im*plizit von ihnen gesprochen hatte. Wir konnten schon im Sommer 1976 schreiben (und haben es geschrieben), wessen wir im Winter 1978 noch gewiß sind: daß Teng, in seiner damaligen Eigenschaft als Leiter der UNO-Delegation der Volksrepublik

China, die Pekinger Wertung der Widersprüche im Weltgeschehen skizziert, daß seine Rede vom 10. April 1974 in nuce das inzwischen berühmte Drei-Welten-Schema enthalten habe, daß aber dieses Schema »*an seine Person nicht gebunden ist* und daher seinen innenpolitisch bedingten Sturz überdauert«. (Inzwischen müssen wir hinzufügen: Es überdauert auch seine, ebenfalls innenpolitisch bedingte Widereinsetzung in die früheren Ämter.) Wir greifen einen Abschnitt aus Teng Hsiao-p'ings Rede auf, er betrifft die Erste Welt samt ihrem Widerspruch:

»Die beiden Supermächte, die USA und die Sowjetunion, trachten nach einer Vorherrschaft über den Erdball. Sie versuchen, jede auf ihre Weise, die Entwicklungsländer Asiens, Afrikas und Lateinamerikas unter ihre Kontrolle zu bringen, um zugleich die entwickelten Länder, die ihnen an Macht nicht gewachsen sind, zu tyrannisieren... In der Tyrannisierung anderer tut sich vor allem jene Supermacht hervor, die sich mit dem Etikett des ›Sozialismus‹ versehen hat... Da die beiden Supermächte um die Welthegemonie ringen, sind die Widersprüche zwischen ihnen unlösbar. Es gibt nur eine Alternative: die eine besiegt die andere, oder sie wird selbst besiegt. Die Kompromisse und die Zusammenarbeit zwischen ihnen sind nur partiell, zeitweilig und relativ, ihre Rivalität aber ist allumfassend, dauernd und absolut.«

Ob wir Teng Hsiao-p'ing von 1974, Chou En-lai von 1973, Teng Hsiao-p'ing von 1977 zugrunde legen – wir haben, vor wie nach seinem Tode, mit Mao Tse-tung zu tun. Dessen, die Zweite Welt betreffende – eine zwar zwingende, doch nicht aufzuzwingende – Analyse lautet darauf: Den Völkern der Zweiten Welt sei ökonomisch, ihren Nationen politisch verschleiert, daß die Zeichen auf Sturm stehen, daß ihr Hauptinteresse zu sein habe, dem Hegemonismus der Supermächte entgegenzuwirken, daß sie *Einheits*fronten (nationale im Gegensatz zu *Volks*fronten, auch internationale) bilden müßten; daß ihre Widersprüche zur Dritten Welt sie an die Seite der Ersten zwängen, so daß sie in deren Widerspruch umkommen würden; daß ihre politische Aufgabe, auch ihrer historischen Schuld wegen, an der Seite der Dritten Welt zu leisten sei. Haben wir aber mit Mao Tse-tung zu tun, erledigt sich die Frage nach der Kontinuität der Pekinger Außenpolitik von selber – mögen deren Akteure auch die Tito und Wörner en masse empfangen. Über alledem dürfen wir nicht vergessen, daß gegenwärtig nicht Außen- über Innenpolitik triumphiert, nicht

Innen- mit Außenpolitik gleichzieht, sondern der Kampf zwischen den beiden Linien auch hierin fortbesteht. Deren eine, die proletarische, hat gesiegt und soviel von ihrem Gegenteil, der solange revisionistischen, in sich aufgenommen, daß ihre womöglich schon entstandene, womöglich erst »entstehende Zwietracht, welche ein Unglück scheint, vielmehr ihr Glück beweist«.

# 3. China im Jahre Drei nach Mao Tse-tung

Innen-, außen- und kulturpolitisch
(1979)

## Die innenpolitische Restaurierung

»Die Parteipropaganda hat die Aufgabe, das Maotsetungdenken mit der Praxis der Modernisierung des Landes zu verbinden.« Ein Satz von Hu Yao-pang, dem neuen Generalsekretär des Zentralkomitees der KP Chinas, ein Satz geeignet, die Kontinuität zwischen Hergebrachtem und zu Erbringendem zu wahren. Wir können Hu Yao-pang, je nach Verständnis, ›doppelt‹ lesen: das eine Mal mechanistisch, als würden die theoretischen Forderungen des Maotsetungdenkens gegen die praktischen Erfordernisse der Modernisierung aufgewogen und für allzu leicht (oder zu schwer) befunden; das andere Mal dialektisch, dann hätten die nicht-aufgegebene Theorie und die Aufgaben der Praxis, sich miteinander verbindend, einander auch zu korrigieren. Ich bevorzuge die zweite Lesart und berufe mich auf einen Artikel im theoretischen Organ *»Rote Fahne«* (von Dezember 1978): »Durch die Zusammenfassung der praktischen Erfahrungen brachte Genosse Mao Tse-tung seine Ideen in eine feste Form und entwickelte die marxistische Theorie weiter. Mittels neuer praktischer Erfahrungen bereicherte, vervollkommnete und präzisierte er verschiedene alte Grundsätze. Einzelne Grundsätze, die sich in der Praxis als überholt erwiesen hatten, wurden durch neue ersetzt. Eben hierin liegt die Vitalität des Maotsetungdenkens.«

Wir kommen nicht umhin, was da verbunden werden soll, getrennt und genau, eben differenziert, zu betrachten. »Modernisierung«, zum ersten, ist ein Allerweltswort, das seinen präzisen Sinn für China erst erhält, wenn das Adjektiv ›sozialistisch‹ hinzugefügt wird. Chou En-lai, der im Frühjahr 1976 verstorbene Premier, hat dies bereits 1964 getan. Vor dem Dritten Nationalen Volkskongreß erklärte er Ende jenes Jahres: »Wir müssen in einer nicht allzu langen historischen Periode unser Land zu einem starken sozialistischen Land mit moderner Landwirtschaft, Industrie, Landesverteidigung sowie Wissenschaft und Technik aufbauen.« Anfang 1975, diesmal vor dem Vierten Nationalen Volkskongreß, bekräftigte Chou, daß »noch in diesem Jahrhundert allseitig die Landwirtschaft, die Industrie, die Landesverteidigung, Wissenschaft und Technik zu modernisieren« seien, »damit die materielle Grundlage des sozialistischen Systems in unserem Land weiter gefestigt wird«. Nicht anders das Dritte Plenum des XI. ZK der Kommunistischen Partei Chinas, nicht anders dessen Kommuniqué vom 22. Dezember 1978, es sei eine »erhabene Aufgabe ..., die allgemeingültigen Grundsätze des Marxismus-Leninismus und des Maotsetungdenkens mit der konkreten Praxis der sozialistischen Modernisierung zu verbinden und sie unter den neuen historischen Bedingungen weiterzuentwickeln«. Was denn, lautet die Frage, würde Genosse Mao Tse-tung dazu sagen? Nun, er sagte Ende 1964, damals noch Vorsitzender, dasselbe wie Chou En-lai; exakter: er hatte dessen Bericht vor dem Dritten Kongreß, wie wir heute wissen, wie auch stilistisch herauszuhören, überarbeitet.

»Wir können nicht ... anderen Leuten Schritt für Schritt hinterherkrauchen. Wir müssen die Konventionen sprengen, mit aller Kraft fortgeschrittene Techniken verwenden ...« Man hat diese Weisung als »einen Aufruf zu einem neuen Sprung vorwärts« interpretiert, und tatsächlich kehrt die berühmte Parole im April 1977, auf der Industriekonferenz »*Lernen von Tach'ing*« wieder; damals formuliert Vizepremier Li Hsien-nien die Anstrengung auf das Jahrhundertziel der Volksrepublik hin, ein wirtschaftlich modern entwickeltes Land zu werden, ebenfalls als einen »neuen Großen Sprung nach vorne«. Bringen wir, für einen nicht ganz wertlosen Moment, Mao Tse-tung in engere Nähe zu Revolution, seinen Nachfolger Hua Kuofeng in engere Nähe zu Produktion, sogar dann liefe beider Unterfangen auf durchaus Vergleichbares hinaus – lediglich die hauptsächliche Seite des Widerspruchs, in welchem das Widerspiel zwischen Revolution und Produktion sich geriert, wäre ausgetauscht. Freilich hat ein derartiger, nämlich dialektischer Tausch seine, übrigens leicht mißzuverstehenden und gern mißverstandenen, Konsequenzen. Das Dritte Plenum des XI. Zentralkomitees konnte, sollte, mußte sie im Dezember des letzten Jahres ziehen. »Die vier Modernisierungen [in Landwirtschaft, Industrie, Landesverteidigung sowie Wissenschaft und Technik] verlangen, daß die Produktivkräfte beträchtlich entwickelt werden. Sie erfordern folglich auch, daß jene Bereiche der Produktionsverhältnisse und des Überbaus, die der Entwicklung der Produktivkräfte nicht mehr entsprechen, und

alle Verwaltungsmethoden sowie das Denken und Handeln, die mit der Entwicklung nicht länger Schritt halten, umgestaltet werden. Das bedeutet eine umfassende und tiefgreifende Revolution. Heute gibt es in unserem Land noch eine winzige Zahl von Konterrevolutionären und Verbrechern, die der sozialistischen Modernisierung in unserem Land feindlich gesinnt sind und sie zu stören suchen. Wir dürfen unseren Klassenkampf gegen sie auf keinen Fall vernachlässigen, ebensowenig dürfen wir die Diktatur des Proletariats schwächen. Aber es ist genauso, wie Genosse Mao Tse-tung gesagt hat: Der umfassende, stürmische Klassenkampf der Massen ist im wesentlichen beendet.«
Abermals Beziehung auf Mao, abermals Berufung auf das Maotsetungdenken. Wir kämen nicht umhin, sagte ich, was da verbunden werden soll, getrennt und genau, eben differenziert, zu betrachten. »Maotsetungdenken«, zum zweiten, ist, obschon kein Allerweltswort, so doch eines, das alle Welt im Munde führt, an Mao denkend, ohne sich viel dabei zu denken. Der chinesische Ausdruck lautet *Mao Tse-tung szu-hsiang*. Darin meint *szu-hsiang* keineswegs so etwas wie »-ismus« (chinesisch *chu-i*), was ein fixiertes, mithin Orthodoxie nahelegendes Satzgebäude der Naturwissenschaften, der Mathematik und Logik, auch des Marxismus-Leninismus *(Ma-lieh chu-i)* implizieren würde. Ich konnte darüber, als ich Ende der sechziger, Anfang der siebziger Jahre zuerst diese Meinung äußerte, keine offizielle Mitteilung beibringen, behauptete aber aus Gründen, die mir sprachlich, sprachwissenschaftlich einleuchteten, daß *chu-i* (also das Suffix für -ismus) semantisch eine anerkannte, nicht länger zu bezweifelnde Lehrmeinung anzeigt. Das suffigierte *szu-hsiang* bedeutet hingegen, und zwar mit außerordentlichem Nachdruck, »denken – denken«. Der erste Bestandteil des Binoms, *szu*, steht in buddhistischer Sprechweise für das aktive Bewußtsein. (Er wird interpretiert durch *hsin so fa*, Wort für Wort »Herz, Ort, Gesetz«, und er ließe sich, etwas frei, übersetzen »sich das Gesetz zu Herzen nehmen«, was mitnichten *blinden* Gehorsam ausdrückt.) Auf Maos eigenes Denkgebäude angewendet, fordert das nicht die amtliche, seit dem IX. Parteitag der KP Chinas (1969) obligatorische Eindeutschung »Maotsetung*ideen*«, sondern involviert die ständige Aufgabe, auch und sogar Maos Denken zu überdenken. Die deutsche Formulierung ist noch unglücklicher als die englische *(Mao Tse-tung's thought)* gewählt; zu empfehlen wäre eine verbal intensivierende Übersetzung wie »Maotse-

tung*denken*«, worin »denken« klein zu schreiben ist. Falls überhaupt Mao, dann seine praktische Anwendung; Maoisten qua Dogmatiker, Doktrinäre sind nicht gefragt. Als ich 1970 durch China reiste, sah ich irgendwo in den Chingkang-Bergen die lapidare, tatsächlich in Stein gehauene Maxime des Vorsitzenden Mao: *toszu*, »viel denken«. Ich machte meinen Begleiter, dem die Inschrift entgangen war, darauf aufmerksam. Er sagte: »Ja; viel, das heißt sorgfältig denken, immer wieder denken.« Doch er setzte im Gespräch, das sich über die Unterscheidung von *chu-i* und *szu-hsiang* entspann, hinzu: »Wir pflegen *chu-i* für ausländische, *szu-hsiang* für chinesische Theorien zu verwenden.« Ich war irritiert, gleichwohl rekapitulierte ich damals: Schließt das Suffix *chu-i* die Hinnahme des Marxismus-Leninismus eo ipso ein, schließt das Suffix *szu-hsiang* die Annahme eines Maoismus eo ipso aus. *Den* Marxismus-Leninismus gibt es in China – was inzwischen, Anmerkung von 1979, das ehemals schutzbefohlene, schutzbedürftige Albanien aus eigenmächtigen, eigensüchtigen Motiven bestreiten zu müssen wähnt –, *einen* Maoismus gibt es in China nicht. Jener ist theoretische (und schon in der Praxis erwiesene), dieser ist praktische (und erst in der Theorie erweisbare) Wahrheit. Neuerdings finde ich mich bestätigt.
»Die großen Verdienste, die sich Genosse Mao Tse-tung in den langjährigen revolutionären Kämpfen erworben hat, sind unauslöschlich. Ohne seine hervorragende Führung, ohne das Maotsetung-denken hätte die chinesische Revolution höchstwahrscheinlich bis heute noch nicht gesiegt. Das chinesische Volk litte dann immer noch unter der reaktionären Herrschaft von Imperialismus, Feudalismus und bürokratischem Kapitalismus, und unsere Partei würde immer noch hart im Dunkeln kämpfen. Genosse Mao Tse-tung war ein großer Marxist. Er nahm gegenüber sich [selber] und allen anderen stets die wissenschaftliche Haltung ein, daß eins sich in zwei teilt. Von einem revolutionären Führer zu verlangen, er habe frei von Mängeln und Fehlern zu sein, ist nicht marxistisch und entspricht auch nicht der Beurteilung, die Genosse Mao Tse-tung immer von sich selber gegeben hat.«
Dieser Abschnitt des Kommuniqués vom Dezember 1978 erörtert des weiteren das Problem, ob *alle* während der Großen Proletarischen Kulturrevolution gefällten Urteile, Verurteilungen richtig gewesen, ob *einige* nicht doch zu revidieren, ob gar *einige* Personen nicht doch (wie hierzulande leichthin formu-

liert wird) zu ›rehabilitieren‹ seien; ich komme darauf anläßlich des Themas der kulturpolitischen Renovierung, zurück. Stellen die Massen, die Gremien, die Verantwortlichen auch die Kulturrevolution *als ganze* bisher nicht in Frage, so ergehen dringliche Fragen doch an jenen, der als kristallen eingesargtes Monument von Chinas neuem politischen Selbstbewußtsein auf dem T'ien-an-men Platz ruht. Beileibe kein Denkmalssturz! Mao Tse-tung wird seine Größe belassen, nur kommt Kleineres ebenfalls und erstmalig zur Sprache, etwa mit der Klausel, die er selber vor gut zwanzig Jahren auf Stalin angewendet hatte: 70% sind zu akzeptieren, 30% zu kritisieren. Daß Vizepremier Teng Hsiao-p'ing solche Einschätzung öffentlich teilt (zum Beispiel gegenüber japanischen Politikern), daß er genauso öffentlich maßlose, nämlich *nicht*-sozialistische Geringschätzung in ihre Schranken weist, ist weniger wichtig, als daß Hua Kuo-feng, Parteivorsitzender und Ministerpräsident sowie offiziell bestallter Nachlaßverwalter des Œuvres von Mao Tsetung, dessen Rede vor einer Arbeitskonferenz des Zentralkomitees (Datum: 30. Januar 1962) im Sommer letzten Jahres nachdrücklich ins Gedächtnis gerufen hat. Ohne Zweifel handelte er, indem er eine weitere Rede zum Zitieren in politischer Absicht freigab, anstatt es bei ihrem Studium in privater Rücksicht zu belassen, im Einverständnis mit Hu Yao-pang. Apropos Nachlaß eine Bemerkung zwischendurch. Zum 83. Geburtstag des Vorsitzenden Mao, dem 26. Dezember 1976, ließ Hua die Rede *»Über die zehn großen Beziehungen«* von 1956, zum 85. Geburtstag die Schrift *»Permanente Revolution«* von 1958 postum publizieren. Was für ein Titel, Revolution! sogar permanent! und ausgerechnet jetzt, als hätte der angeblich aller Revolution abholde Pragmatiker Teng überhaupt kein Sagen mehr, und wieviel hat er. Sehen wir zu, was eigentlich darin steht, dahinter steckt. Nun, etwa dies: »Von diesem Jahr an müssen wir – während wir die sozialistische Revolution im politischen und ideologischen Bereich durchführen – den Schwerpunkt unserer Parteiarbeit auf die technische Revolution legen.« Wenn aber Hua Kuo-feng im Einverständnis mit einem Vertrauten von Teng Hsiao-p'ing handelte – denn der ZK-Generalsekretär, dem außerdem die praktische Besorgung der Edition der *»Ausgewählten Werke«* übertragen ist, dient loyal als Mittelsmann zwischen Regierungsgeschäft und Parteiarbeit –, so wußte er sich zugleich im Einvernehmen mit Teng selber. Demzufolge sollte die Rede vom Januar 1962 eher Anlaß, vielleicht Anstoß geben, Maos Größe im Eingestehen möglicher und wirklicher Fehler zu beobachten, denn eine Motivation abgeben, die Kleinheit von Leuten, die liebend gerne und gerne beliebig an Denkmalen kratzen, zu bejubeln. Erinnert sei an Marxens bedeutende Äußerung, proletarische Revolutionen, gewiß auch proletarische Revolutionäre kritisierten beständig sich selber (übrigens enthält dieselbe Schrift, »*Der XVIII. Brumaire*«, eine »Permanenzerklärung« der Revolution); zitiert sei aus einem nahezu klassisch zu nennenden Dokument kommunistischer Selbstkritik, eben jener Rede von Mao Tse-tung.

»Du machst Fehler, willst sie aber nicht eingestehen und hast Angst, daß die Massen darauf hinweisen. Je größer deine Angst, desto deutlicher wird, daß du ein schlechtes Gewissen hast. Ich meine, es gibt keinen Grund, sich zu fürchten. Wovor sich denn fürchten? Unsere Haltung ist: An der Wahrheit festhalten und Fehler bereitwillig zu korrigieren. Die Frage der Unterscheidung zwischen richtig und falsch, zwischen korrekt und unkorrekt ist eine Frage der Widersprüche im Volk. Die Widersprüche im Volk darf man weder durch Beschimpfungen noch mit den Fäusten und schon gar nicht mit Messern und Gewehren lösen. Sie können nur durch Diskussion und Überzeugungsarbeit, Kritik und Selbstkritik gelöst werden, mit einem Wort, durch demokratische Methoden, und indem man die Massen sprechen läßt.«

Inzwischen, eineinhalb Jahrzehnt nach jener Rede, sprechen die Massen; seit Tagen, seit Wochen, seit Monaten beansprucht die chinesische Bevölkerung (nicht allein der Hauptstadt) so unübersehbar wie unüberhörbar ihr in Artikel 45 der Verfassung von 1978 garantiertes Recht auf »freie Meinungsäußerung, freie Aussprache, große Debatten und das Anschlagen von Wandzeitungen«, ein Recht übrigens, das letzten, das guten Endes auf die 66er Deklaration der Kulturrevolution zurückgeht. Den Opponenten zum Partei- und Regierungskurs, die allerdings keine Dissidenten sind, mögen einige auch die Vokabel ›Menschenrechte‹ im Munde führen, werden zwar Grenzen gesetzt, doch stimmen diese Grenzen im allgemeinen mit jenen überein, die ein sozialistisches Selbstverständnis sich selber auferlegt. Immerhin hat massive und massenhafte Kritik erreicht, daß der sogenannte Zwischenfall auf dem T'ien-an-men Platz umgewertet wird: galt er bislang für *konter*revolutionär, gilt er neuerdings für *pro*revolutionär. Helfen

wir der Erinnerung auf. Anfang April 1976, Chou En-lai war drei Monate tot, demonstrierten Millionen Pekinger – ja, für wen eigentlich? Sie demonstrierten am traditionellen *Ch'ing-ming* Fest, an dem früher der Toten gedacht wurde, damit sie die Lebenden schützen. Ihr Protest geriet so lautstark, so handgreiflich, daß der Verdacht kaum auszuschließen war, Rechte nähmen *Ch'ing-ming* zum Vorwand eines Memorials für Chou, um ihren – besser: den nach ihrer Meinung – wahren Helden auf den Schild der Konterrevolution zu heben: den damals von Mao Tse-tung selber als »besserungsunwillig« getadelten Teng Hsiao-p'ing. Die noch agierende, noch amtierende Ultralinke, und von demselben Mao als solche erkannte »Bande« der Vier machte sich diesen Verdacht nur allzu gern zunutze, um ihr Feuer zu schüren. Doch weder ging es wirklich um Teng, sondern wahrhaft um Chou, noch hätte Teng der Rede von 1962 widersprochen; eine Umwertung *aller* Werte widerstrebt ihm. Als Kommunist stimmt er Mao Tse-tung zweifellos im folgenden zu: »Die Probleme müssen ganz offen dargelegt werden, und die Massen müssen sich äußern können. Ihr solltet den anderen erlauben, sich zu äußern, auch wenn sie euch beschimpfen. Schlimmstenfalls führen diese Beschimpfungen dazu, daß du gestürzt wirst, deinen Posten verlierst und degradiert oder versetzt wirst. Ist das denn so schlimm? Darf man etwa nur befördert, nicht aber degradiert werden? Kann man nur an diesem Ort arbeiten, nicht auch an einem anderen? Meiner Meinung nach können Degradierung und Versetzung – gleich, ob sie richtig oder falsch sind – durchaus von Vorteil sein. Sie können den revolutionären Mut stählen, geben einem die Möglichkeit, Neues zu untersuchen und zu studieren und sich mehr nützliche Kenntnisse anzueignen. Ich selbst habe in dieser Hinsicht Erfahrungen gemacht, die für mich sehr von Nutzen waren.«
Mao Tse-tungs Satz, er selber »habe in dieser Hinsicht Erfahrungen gemacht« und sie hätten ihm genützt, ist keineswegs eine rhetorische Floskel. Unvergessen seine Schwierigkeiten mit dem Zentralkomitee während der zwanziger Jahre und der ersten Hälfte der dreißiger, ehe seine Strategie (zum Beispiel die des Langen Marsches) sich auf der Tsunyi-Konferenz 1935 durchsetzte; unvergessen auch, daß er Ende der fünfziger Jahre sein Amt als Staatspräsident abgab und sich auf den Parteivorsitz beschränkte. Wir haben hier nicht zu diskutieren, schon der geforderten Knappheit wegen, ob die Fragen, die gegenwärtig

an Mao gestellt werden, die Kritik, die gegenwärtig an ihm geübt wird, tatsächlich auf Fehler hinauslaufen, und auf welche. Warum etwa Lin Piao unter seinen Augen so hoch habe steigen dürfen, bevor er putschte; warum etwa die eigene Frau Chiang Ch'ing unter seinen Augen die Kultur, die Künste Chinas habe vergewaltigen können, warum Mao sie lediglich privat oder vor kleinen Zirkeln zurechtwies, nicht aber öffentlich dazu half, sie zu degradieren; warum etwa der Zwischenfall auf dem T'ien-an-men Platz unter seinen Augen erstickt wurde, wenn er doch revolutionär gewesen sein soll. Daß große Unordnung im ganzen Land zu großer Ordnung führe, ist einer von jenen Sätzen des Vorsitzenden, deren theoretische Wahrheit eher einleuchtet als deren Bewahrheitung in der Praxis. »Wir sind überzeugt«, gab Hua Kuo-feng zur nachmaoschen Parole aus, »daß 1977 ein Jahr sein wird, in dem wir... eine große Ordnung in China herstellen werden.« Schwerer sei davon zu überzeugen, sagte ich seinerzeit, daß es soweit, zur »großen Unordnung im ganzen Land«, erst einmal kommen mußte. Die Lehre Mao Tse-tungs, Schlechtes wandle sich in Gutes, Positives bestehe Proben auf negative Exempel, Verfehlung von Personen kläre Fehler im Sozialen, lerne man allein bei Mao Tse-tung. Heute habe ich hinzuzufügen: Man konnte sie immer auch *an* Mao Tse-tung lernen, entsprechend seinen Worten von 1962.

»In dieser Rede habe ich einige Erscheinungen und einige Genossen kritisiert, aber nicht namentlich, ich habe nicht diesen oder jenen beim Namen genannt. Ihr wißt genau, was ich meine. Für die Mängel und Fehler bei unserer Arbeit in den letzten Jahren muß zuerst das Zentralkomitee die Verantwortung tragen, und im ZK zuallererst ich.«

Ich hätte es mir leichtmachen und diese China-Analyse mit »Die innenpolitische *Modernisierung*« überschreiben können; statt dessen habe ich die verfänglichere – weil in Ungewißheit, ja Verwirrung verstrickende – Vokabel ›Restaurierung‹ gewählt. Nicht zu verwechseln mit ›Restauration‹, was politisch die Wiedereinsetzung einer durch Revolution oder Usurpation vertriebenen Dynastie beinhaltet; man denke der englischen Stuarts 1660, der französischen Bourbonen 1814. Gemeint ist keinesfalls, die Innenpolitik der Mao-Nachfolger sagte der Kulturrevolution *en gros* ab, mag sie *en detail* schon einiges zurechtrücken. »Die Plenartagung ist der Ansicht«, verlautet im Dezember 1978: »Auch die große Kulturrevolution muß historisch, wissenschaftlich und den Tatsachen gemäß eingeschätzt werden. Diese von Genossen Mao Tse-tung initiierte große Revolution zielte hauptsächlich auf die Bekämpfung und Verhütung des Revisionismus ab ... Es ist nötig, die in ihrem Verlauf aufgetretenen Mängel und Fehler zu einer angemessenen Zeit zusammenzufassen, um Lehren daraus zu ziehen, Erfahrungen zu sammeln und die Erkenntnis der ganzen Partei und des ganzen Volkes zu vereinheitlichen. Aber man sollte das nicht übereilt tun.«

Restaurierung also; darunter versteht man im heutigen Sprachgebrauch, soweit wir der »*Brockhaus Enzyklopädie*« (Band XV von 1972) uns überlassen, »die Wiederherstellung oder Erhaltung ... beschädigter oder durch spätere Hinzufügungen entstellter Gemälde, Skulpturen, Plastiken und anderer Kunstwerke«. Sodann der aufschlüsselnde Satz: »Die neuzeitliche Restaurierung ist bestrebt, den Originalzustand möglichst zurückzugewinnen.« Übertragen wir, die Analogie zum Ästhetischen (auch Kulinarischen) uns zunutze, die Vokabel aufs Politische. Welcher Originalzustand soll möglichst zurückgewonnen werden? Mehr oder minder doch wohl jener, den Mao selber zu all seinen Zeiten – bald Revolution fordernd, bald Produktion fördernd – angestrebt hat. Noch einmal sei hier eine Erinnerung an Sätze erlaubt, die ich 1978 in meinen Kommentaren geäußert habe. Mao Tse-tung, wir hätten ihn immer für die inkorporierte Vermittlung zwischen Revolution und Evolution gehalten, sagte ich, er habe sich vorgewagt, zurückgenommen, vorgewagt. Und ich fügte hinzu: Produktion, auch Konsumtion, solle in Ordnung eingebunden, Revolution, sogar Rebellion, mit Produktion vermittelt werden; und wenn überhaupt etwas, sei dies Sozialismus. Wozu also die Klage von links, in China würden Leistungsprämien gezahlt? Ist »Jedem nach seinen Leistungen« doch ein sozialistisches Prinzip; die mögliche Befriedigung von Bedürfnissen steht im Kommunismus erst zur Diskussion. Wozu also die Freude von rechts, die Emissäre der Volksrepublik kauften in aller Welt? Gilt die Freude dem angebbaren materiellen Gewinn oder dem angeblichen ideologischen Ruin? Wer außer Vizepremier Teng Hsiao-p'ing, unvergessen sein spektakulärer Besuch in den USA, bereist denn die Industrienationen – wenn nicht Vizepremier Fang Yi, Vorsitzender der Staatskommission für Wissenschaft und Technik, ergo »hauptverantwortlich«, wie unsere Gazetten anläßlich seines Bonn-Aufenthalts im Herbst 1978 meinten, »für Chinas neue ›wissenschaftliche‹ [auch tech-

nische] Revolution«. Aber Minister für Forschung und Technik Fang Yi, siebzig Jahre alt, hat einen untadeligen, soll sagen: revolutionären, Lebenslauf. Nur einige Stationen: 1934/35 Langer Marsch; 1953 stellvertretender Finanzminister; 1958 Kandidat des Zentralkomitees; 1961 stellvertretender Vorsitzender der Staatlichen Planungskommission; 1966/70, während der Kulturrevolution, unangefochten als Experte für Afrika und internationaler Unterhändler, Mitarbeiter von Chou En-lai; 1977, inzwischen ZK-Mitglied, ins Politbüro gewählt. Im September 1978 duldete (oder befürwortete) er, daß Experten, unbezweifelbar »rote«, ökonomische Tabus durchbrächen: »Sie sollten nicht bei den von Marx, Lenin und dem Vorsitzenden Mao gezogenen Schlüssen haltmachen, sondern im Rahmen der neuen historischen Bedingungen neue Theorien finden, um den Marxismus zu entwickeln.«
Halten wir uns, zugunsten und zuliebe auch des zweiten Teils unserer Analyse, an die fortwährende Hintergrundfigur Teng. Ihm, dem ehemaligen Generalsekretär der KP Chinas, der dieses Amt von Mitte der fünfziger bis Mitte der sechziger Jahre bekleidete, es dann einbüßte, der 1973 zum zweiten, seit 1977 zum dritten Mal hohe Ämter einnimmt, ihm gab sein Vater um 1900 den Vornamen *Hsiao-p'ing,* deutsch »kleiner Frieden«. Man sollte nicht viel daraus machen, jedoch wissen, daß China seit langem den Begriff *t'ai-p'ing,* »großer Frieden«, kennt. Ob Hsiao-p'ing, mit Nachnamen Teng, ihm gerecht wird? *T'ai-p'ing* meint einen kosmischen Frieden, die Natur selber nach ihren Gütern und Mängeln auswägend, einen Weltfrieden, von Menschen ihr abgetrotzt, die Gnade und Ungnade der Erde neu zu verteilen. Nur wäre *t'ai-p'ing* kein chinesisches Wort, meinte es nicht, und zwar seit alter Zeit, zugleich »die soziale Harmonie, die mit den weisen Herrschern heraufkam«; ja, erst die ausgeglichene Sozietät verbürgt auch den Augleich im Großen.

## Die außenpolitische Arrondierung

*5. Januar 1979.* Vizepremier Teng Hsiao-p'ing gibt 27 amerikanischen Journalisten anläßlich der Aufnahme diplomatischer Beziehungen zwischen der Volksrepublik China und den USA in Peking ein Interview. Auf eine Frage von Mr. Laurie *(»American Broadcasting Corporation«)* antwortet er: »Wir haben wiederholt erklärt, daß die Rückkehr T'aiwans und die

Wiedervereinigung des Landes allein eine innere Angelegenheit Chinas ist. Eben auf dieser Grundlage haben wir die Beziehungen zwischen China und den USA normalisiert.«
Ich stelle diese Erklärung an den Anfang, weil sie wie keine andere den Zusammenhang zwischen Innenpolitik, chinesisch verfaßt, und Außenpolitik, westlich aufgefaßt, zum Vorschein bringt. Teng hat tatsächlich als erstes Ziel erreicht, daß die Auffassung einer der beiden Supermächte der Verfassung der VR China nicht länger im Wege steht: Washington anerkennt Peking und beläßt seiner bisher diplomatischen Vertretung in T'aipeh nur den nichtamtlichen Status eines »Amerikanischen Instituts«, das allenfalls eingeschränkte konsularische Aufgaben wahrnimmt. Das zweite Ziel – formuliert in der Präambel zur Konstitution von 1978 – mag eines, obzwar noch nicht datierbaren Tages erreicht werden: »T'aiwan zu befreien und so das große Werk der Vereinigung des Vaterlandes zu vollenden.« Anstatt das Pathos des Völkerrechts zu beschwören, macht der Realist Teng ein konkretes Angebot: Volle ökonomische und soziale Autonomie sowie eigene Streitkräfte für T'aiwan; auch solle die Bevölkerung selber entscheiden, welches Gesellschafts- und Wirtschaftssystem sie wünscht. Gewalt werde die Volksrepublik lediglich in zwei Fällen anwenden: Falls T'aiwan sich der Aufnahme von Verhandlungen über dic Wiedcrvereinigung »unbegrenzt widersetzen«, falls die andere Supermacht, die UdSSR, sich in diese Frage »einmischen« werde. Die Senatoren der Vereinigten Staaten sind darüber uneins; die einen zustimmend, Teng Hsiao-p'ing (laut »*Time*« der Mann des Jahres 1978) habe »die bislang weitestgehende positive Klarstellung des künftigen Status von T'aiwan« gegeben, und sie erhoffen ein zweites Hongkong; die anderen (um Barry Goldwater) abwiegelnd, Präsident Carter dürfe das Verteidigungsabkommen mit der Kuomintang-Regierung nicht aufkündigen, und sie beklagen das Opfer Nationalchina. Indes impliziert eine Politik pro T'aiwan, den dortigen Machthabern die Souveränität über *ganz* China mindestens *de jure* zuzugestehen (*de facto* wäre es sowieso ein Witz); denn »nach nationalchinesischer Auffassung besteht ein internationales Problem T'aiwan überhaupt nicht, sondern ausschließlich das innenpolitische Problem einer legitimen Regierung, die sich um die Wiederherstellung der Demokratie im Bereich ihrer Jurisdiktion, also auch auf dem chinesischen Festland bemüht« – die Auffassung einer zweifelhaft legitimierten, zweifellos undemo-

kratischen Regierung. Der Alleinvertretungsanspruch, uns Bundesrepublikanern wohlvertraut, wird von chinesischen Politikern – beherrschen jene das Festland, diese eine Insel; ein Verhältnis der BR Deutschland zu einer DDR in helgoländer Format – beiderseitig erhoben; weder Peking noch T'aipeh huldigen einer Zwei-Staaten-Theorie. Mögen T'aiwans Herrschende die Angebote offiziell und öffentlich auch zurückweisen, verhandelt wird dennoch, insgeheim und mit Unterbrechungen, seit spätestens Anfang der sechziger Jahre. Edgar Snow zitiert in seinem Buch »*Gast am anderen Ufer, Rotchina heute*« (deutsch 1964) die Artikel einer Zeitung in Hongkong, »die auf das Vorhandensein von Verhandlungen hinweisen«. Am 29. Juli 1962 veröffentlichte diese Zeitung – sie gehört übrigens dem gegenwärtigen Staatspräsidenten T'aiwans, Tsiang Ching-kuo, einem Sohn von Tsiang Kai-shek –, die »*Cheng Pao*« also brachte einen Bericht, »nach dem Mao [Tsetung] dem Politbüro empfohlen haben sollte, T'aiwan bessere Bedingungen anzubieten«. Es wurden auch Bedingungen genannt, aber T'aipeh »dementiert sie natürlich«, wie Edgar Snow anmerkt, »in dieser Phase des Spiels«. Die Bedingungen von damals erinnern auffällig an Teng Hsiao-p'ings neuerliches Angebot, sie sind durchaus als Indiz für Kontinuität im Verhandeln zu werten; freilich hat die Pekinger Position sich verbessert, so daß vielleicht nach einer (sagen wir) »Trotzpause« eine neue Phase beginnt, Ernst anstatt des Spiels, und keine Dementis mehr. Bedingungen, unter anderen, von 1962:
»1. Dauernde Anerkennung T'aiwans als einer autonomen Region innerhalb des chinesischen Staates; 2. Abzug der nationalistischen Streitkräfte von den Küsteninseln, während sie auf T'aiwan verbleiben; 3. Übernahme aller diplomatischen Vertretungen im Ausland durch die Volksrepublik; 4. T'aiwan solle zehn Jahre lang seine eigenen Verteidigungsstreitkräfte behalten, sie aber allmählich auf den Stand von Streitkräften einer Provinz reduzieren; 5. eine begrenzte Zeit hindurch (zehn, zwanzig Jahre?) werde Peking keine Streitkräfte nach T'aiwan schicken, aber die dort bestehenden Einheiten ausbilden und versorgen.«
Gleichsam als »Kleingedrucktes« meldete die Nachrichtenagentur »*Associated Press*« unter dem 18. Januar 1979 – und die Weltpresse, mit ein zwei Ausnahmen, unterschlug diese Meldung –, daß T'aiwan »nach Aussagen informierter Kreise in der Hauptstadt T'aipeh zu einer gewissen Form von Koexistenz

mit der Volksrepublik China bereit zu sein« scheine: T'aiwan wünsche von Peking »als eine separate Einheit mit einem internationalen Status« anerkannt zu werden. Teng Hsiao-p'ing hat dazu in seinem »*Time*«-Interview vom 5. Februar noch nichts gesagt oder sagen können; im Gegenteil beklagte er, daß T'aiwans Regierende gegenwärtig Unterhandlungen ablehnten. »Das ist schlecht«, meinte er, doch fügte er hinzu: »Aber ihr Beharren darauf, daß es nur *ein* China gibt, ist gut. Außerdem sagen sie nicht, die chinesische Hauptstadt solle T'aipeh sein. Das ist ebenfalls eine gute Sache.«
Irgendwann – Teng sind freilich zehn Jahre zu lang, er möchte die »Wiedervereinigung« schon dieses Jahr, räumt indes ein, er sei »wahrscheinlich zu ungeduldig« –, irgendwann wird also mit der T'aiwan-Frage, so innenpolitisch wie eben möglich, so außenpolitisch wie gerade nötig zu stellen und zu lösen, ein *Welt*problem aus der Politik entfernt sein. (Ich nehme die Spekulation getrost auf meinen Kopf, ohne mich allerdings auf Daten zu kaprizieren, spiegelt sie doch sowohl Wünschbares als Erreichbares wider.) Der Friedensvertrag mit Japan, 1978 endlich unter Dach und Fach; die Beziehungen zwischen Peking und Washington, Januar 1979 endlich normal und Februar 1979 sogar spektakulär; die nähere oder fernere Aussicht auf ein einziges China – diese Fakten, meinethalben Faktoren, eröffnen ein abermaliges Wechselspiel von Land und Meer, mit neuen Freunden und alten Feinden; Stichwort »Befriedung des pazifischen Raumes«. Nur, die mögliche Rechnung, eine der Koexistenz, scheint ohne einen der betroffenen Wirte aufgemacht zu werden: ohne die Sowjetunion. Moskau tut, als wäre es wenig irritiert; Washington hält Balance, als lasse es keinen der Partner abstürzen; allein Peking sticht, und benutzt keine Akupunkturnadeln, auf russische wie amerikanische Nerven ein. Dies, natürlich, haben die Agenturen und Gazetten groß gedruckt: Tengs unverhüllten – manche meinen: unziemlichen – Antrag auf eine Dreierallianz gegen den »Polarbären«. Ich zitiere Fragen und Antworten aus dem »*Time*«-Interview vom 5. Februar:
»*Frage:* ›Betrachtet man die Dreieckssituation zwischen Ihnen, der Sowjetunion und den USA, muß es Sie beruhigen, daß sowohl China als die USA sehr enge Beziehungen zu einer sehr bedeutenden vierten Macht haben: zu Japan. Für die Sowjets gibt es, auf ihrer Seite des Gleichgewichts, kein Äquivalent.‹
*Antwort:* ›Die Frage ist: Nachdem diese Beziehungen zwischen

China, Japan und den Vereinigten Staaten hergestellt sind, müsen wir sie weiter entwickeln und vertiefen. Wenn wir wirklich imstande sein wollen, den Polarbären im Zaume zu halten, ist es das einzig Realistische für uns, uns zu vereinen. Daß wir uns allein auf die Stärke der USA verlassen, ist nicht genug. Daß wir uns allein auf die Stärke Europas verlassen, ist nicht genug. Wir sind ein unbedeutendes, armes Land, aber wenn wir uns vereinen, nun, dann wird das Einfluß haben.‹

*Frage:* ›Zurück zu Japan. Berührt das nicht die Dreiecksbalance?‹

*Antwort:* ›Es ist nicht nur von Interesse für China, sondern auch von großer Bedeutung für den Frieden der Welt, die Sicherheit der Welt, die Stabilität der Welt, daß freundschaftliche Beziehungen zwischen China und den Vereinigten Staaten, Europa und Japan existieren.‹«

Im Verlauf seines Interviews berief Teng Hsiao-p'ing sich ausdrücklich auf den verstorbenen Vorsitzenden Mao. Freilich hatten die Journalisten von »*Time*« ihn herausgefordert, als sie unverblümt von ›Entmaoisierung‹ sprachen, als sie respektlos fragten, wie weit er sich eigentlich von Maos Vermächtnis entfernt habe. Teng konterte – zwar eher außen- als wirtschaftspolitisch (ich komme nachher auf Ökonomisches kurz zurück), doch durchaus in unserem Sinne, daß ein *Mao Tsetung szu-hsiang* das Be-denken, jedenfalls Weiter- und möglicherweise Um-denken fordere –, der Vizepremier contercarrierte gar, die Politik einer Wiederannäherung Pekings an Washington hätte Mao Tse-tung selber theoretisch, Chou Enlai praktisch betrieben, nur hätten beide gewisse Entwicklungen, Konstellationen, Modalitäten zu ihren Lebzeiten nicht voraussehen können. Mit außerordentlichem, so diplomatischem wie staatsmännischem Geschick verband Teng, der angeblich »Porzellan zerschlug«, die Ansätze von ehedem mit der Fortsetzung von heute. »Dies geschah auf der Basis unserer Globalstrategie einer Teilung der Welt in drei Welten; gemäß unserer Sicht der drei Welten, besteht die erste Welt aus den USA und der UdSSR. Aber in diesem Konzept unseres Denkens in drei Welten gehen wir von der Errichtung einer Einheitsfront *gegen* Hegemonismus und *für* die Verteidigung von Frieden, Sicherheit und Stabilität der Welt aus – und diese Einheitsfront schließt die Vereinigten Staaten ein.«

Amerikanische Zeitungen begleiteten die US-Reise des Vizepremiers mit einem griffigen Slogan: »Teng's Great Leap

outward«, als ob jener legendäre Große Sprung *vorwärts*, den sein Begleiter Fang Yi, Minister für Forschung und Technik, genau zwei Jahrzehnte nach 1959 aufs neue herbeiruft, gegen ihn, der Große Sprung *auswärts* indes durch ihn geschähe. Aber Teng hat 1979 in Washington dieselbe Konzeption wie 1974 in New York (vor der UNO-Vollversammlung) vorgetragen, er hat lediglich eine temporär unabweisbare Konsequenz so mutig betont, daß seine, ihm immer noch für ›imperialistisch‹ geltenden Vertragspartner in gespielten Unmut, seine, ihm immer noch für ›sozialimperialistisch‹ geltenden Vertragsgegner in gespielte Mutlosigkeit verfielen. Die Konzeption lautet auf ›Drei Welten‹, die Konsequenz auf ›Einheitsfront‹; und eines wie das andere waren damals durch Mao Tse-tung und Chou En-lai, sind heute durch Hua Kuo-feng und Teng Hsiao-p'ing – einverständig mit Politbüro und Zentralkomitee – rational abgesichert, freilich nicht irrational ›abgesegnet‹. Für das lange berühmte Drei-Welten-Schema der Pekinger Analyse mögen Sätze einstehen, welche Mao *und* Teng in beinah austauschbaren Wendungen formuliert haben: 1974.
*Mao Tse-tung:* »Meiner Meinung nach bilden die Vereinigten Staaten und die Sowjetunion die Erste Welt. Japan, Europa und Kanada, die Kräfte der Mitte, gehören zur Zweiten Welt. Wir sind die Dritte Welt. China gehört zur Dritten Welt.«
*Teng Hsiao-p'ing:* »Sieht man sich die Änderung der internationalen Beziehungen an, so gibt es heute in der Welt drei Teile, *drei Welten«,* die sowohl voneinander abhängig sind, als auch in Widerspruch zueinander stehen. Die USA und die Sowjetunion bilden die Erste Welt. Die Entwicklungsländer in Asien, Afrika und Lateinamerika sowie in anderen Gebieten bilden die Dritte Welt. Und die entwickelten Länder, die sich zwischen diesen beiden Welten befinden, bilden die Zweite Welt.«
Wir müssen ein Schlüsselwort in Tengs Sätzen, das eher beiläufig fällt, ernst nehmen: *Widerspruch.* Mao Tse-tung hat, vor allem in einer Schrift von 1937, die speziell explizit *Mao-tun lun* (»Über den Widerspruch«) handelt, seine, den Marxismus-Leninismus ergänzende Lehre dazu ausgeführt. Er redet, vielleicht fast scholastisch, von Haupt- und Nebenwidersprüchen, von der hauptsächlichen und der nebensächlichen Seite des einen oder anderen, wie immer gearteten Widerspruchs, und die analytische Aufgabe habe zu sein, konkret den jeweiligen Hauptwiderspruch unter anderen Widersprüchen zu bestimmen, konkret die jeweils hauptsächliche Seite herauszufinden.

Sogar Philosophen hierzulande, soweit sie Mao überhaupt zur Kenntnis nehmen, sofern sie Mao überhaupt zur Kenntnis bringen, schreiben solchen Unterscheidungen »einen mehr als bloß pragmatischen Charakter« zu, betrachten sie vielmehr »als ein Glied im Aufbau eines streng logischen Gefüges von Kategorien«; ich erinnere nur an Philosophen wie den Marburger Hans Heinz Holz, den Erlanger Manfred Riedel. Doch fordert die Theorie, um erwiesen zu werden, ihre Praxis, und glücklich die Praxis, die ihre erweisbare Theorie hat. Einen Hauptwiderspruch der internationalen Beziehungen findet Teng Hsiao-p'ing heutzutage (und fand ihn damals) zwischen den beiden Supermächten der Ersten Welt, den USA und der UdSSR; mit seinen eigenen Worten von 1974:

»Die beiden Supermächte... trachten nach einer Vorherrschaft über den Erdball. Sie versuchen, jede auf ihre Weise, die Entwicklungsländer Asiens, Afrikas und Lateinamerikas unter ihre Kontrolle zu bringen, und zugleich die entwickelten Länder, die ihnen an Macht nicht gewachsen sind, zu tyrannisieren... In der Tyrannisierung anderer tut sich vor allem jene Supermacht hervor, die sich mit dem Etikett des ›Sozialismus‹ versehen hat... Da die beiden Supermächte um die Welthegemonie ringen, sind die Widersprüche zwischen ihnen unlösbar. Es gibt nur eine Alternative: die eine besiegt die andere, oder sie wird selbst besiegt. Die Kompromisse und die Zusammenarbeit zwischen ihnen sind nur partiell, zeitweilig und relativ, ihre Rivalität aber ist allumfassend, dauernd und absolut.«

Diese Worte sind 1979 unwiderrufen. Ob gültig oder nicht, sie erklären, warum Peking sich an Washington anlehnt, wie lange immer, warum Teng in den USA geäußert hat, er setze eher in amerikanische als in russische Zusicherungen sein Vertrauen, und warum er die Vereinigten Staaten für wohlberaten hielte, würden sie nicht unbedingt auf SALT I oder II oder III sich verlassen. Diese Worte erklären aber auch, warum die Sowjetunion – theoretisch das Maotsetung-denken zwar abwertend, es praktisch doch in Rechnung stellend – sich überspielt wähnt. Denn hinter alledem, was scheinbar akademisch Drei-Welten-Schema und Lehre vom Widerspruch zur Konzeption einer chinesischen Globalstrategie verbindet, steht handfest der zweifellos realistische (und gegenwärtig zweifellos realisierbare) Wunsch nach einer *Einheitsfront*. Sie hat Teng Hsiao-p'ing in seinem »*Time*«-Interview, Anfang Februar 1979, sie hat Hua Kuo-feng in seinem »Politischen Bericht« vor dem

Elften Parteitag, Mitte August 1977, heraufbeschworen. Und beider Sätze – berücksichtigt man die jeweilige, bald innen- bald außenpolitische Szene – stimmen mit analogen Erklärungen des Vorsitzenden Mao überein. Ich beschränke mich auf Hua Kuo-feng: »Mit seiner These von der Dreiteilung der Welt hat Vorsitzender Mao klar die Hauptrichtung des gegenwärtigen internationalen Kampfes gewiesen und deutlich dargelegt, wer die revolutionären Hauptkräfte, wer die Hauptfeinde und wer die Kräfte der Mitte sind, die gewonnen und vereinigt werden können. Das ermöglicht dem Weltproletariat, sich im weltweiten Klassenkampf mit allen Kräften, mit denen ein Zusammenschluß möglich ist, zusammenzuschließen und im Kampf gegen die Hauptfeinde eine breitestmögliche Einheitsfront zu bilden.«

Mao Tse-tung hat sich häufig Kritik eingehandelt, wenn er Bundesgenossen, die keine Genossen waren, in Einheitsfronten aufnahm oder Bundesgenossen für Volksfronten, die schon Genossen waren, zurückwies. (Man erinnere sich seiner Differenzen, Mitte der dreißiger Jahre, mit der Komintern und deren chinesischem Sprachrohr Wang Ming; erinnere sich seines damaligen Bündnisses mit dem Klassenfeind Tsiang Kai-shek, damit die »Aufgaben der Kommunistischen Partei Chinas in der Periode des Widerstandskampfes gegen die japanischen Aggressoren« anti-imperialistisch, erinnere sich seines späteren Bündnisses mit Klein- und Nationalbourgeoisie, damit die »inneren Widersprüche in China« pro-demokratisch gelöst würden.) Als ich diese Nebenbemerkung in meinem Kommentar von 1978 machte, setzte ich hinzu, die Kritik an der Theorie der Drei Welten richte sich vorerst einmal gegen die implizite Praxis der Einheitsfront, sie richte sich aber, Euer Merkwürden, nicht gegen Mao Tse-tung, sondern gegen Hua. Warum eigentlich? Als ob einer nicht 1973/74 hätte voraussehen können, daß theoretische Konzeptionen, wird an ihnen festgehalten, irgendwann zu praktischen Konsequenzen führen müssen. Wer einen Hauptwiderspruch zu erkennen meint, etwa den zwischen den beiden Supermächten, wer als dessen hauptsächliche, ergo ihm selber gefährlicher erscheinende Seite die Sowjetunion zu erkennen meint, wird alles daran setzen, sich eines möglichst baldigen Tages auf die nebensächliche, ergo ihm selber ungefährlicher erscheinende Seite, nämlich der USA, zu schlagen. Einer auf Zeit geschlossenen Einheitsfront, die solchen Widerspruch aufnimmt und ausnutzt, kommen die

Sowjets kaum bei, zumindest auf Zeit nicht; die politischen und ökonomischen Interessen der Volksrepublik China stimmen gegenwärtig mit den politischen und ökonomischen Interessen der Vereinigten Staaten – samt denen ihrer atlantischen Verbündeten – überein. Trotzdem: daß Washington die ›größere‹ Détente mit Moskau zugunsten oder gar zuliebe der ›kleineren‹ mit Peking aufs Spiel setzen werde, obzwar gewisse Risiken einkalkulierend, ist ein russisches Trauma, aber kein chinesischer Traum, obzwar Teng Hsiao-p'ing einen festeren Stand der USA gegenüber der UdSSR zu erhoffen scheint und zu bewirken sucht. »*Time*« fragte, Teng antwortete:
»*Frage:* ›... Präsident Carter, Staatssekretär Vance und verschiedene Kongreßmitglieder denken, es sei möglich, zur gleichen Zeit gute Beziehungen mit der Sowjetunion und China zu haben. Wie reagieren Sie darauf?‹
*Antwort:* ›Jedes Einzelwesen kann nur seinen eigenen Standpunkt zum Ausdruck bringen. Kein Land kann seinen Standpunkt einem anderen aufdrängen. Aber wir glauben daran, was Vorsitzender Mao Tse-tung und Premier Chou En-lai wiederholt gesagt haben: Daß wir unter dem Aspekt globaler Strategie und internationaler Politik, gerade wenn es keine Normalisierung zwischen China und den Vereinigten Staaten gäbe, mit einer rauhen Realität konfrontiert wären. Realitäten können nicht durch subjektive Ansichten von Personen geändert werden.‹«
Kein Vertrauen auf Gott oder stärkere Bataillone, eher ein Vertrauen, kein blindes, daß Mao wie Chou die richtige Einsicht, hegelsch gesprochen, in die objektiven Absichten des Weltgeistes schon gehabt hätten. China *arrangiere* sich, klagen die Linken, jubeln die Rechten, mit den Mächten der Stunde. Die Kritiker, von welcher Seite immer, spielen Kassandra (meinte ich 1973). Bald nähmen sie tatsächlich oder angeblich Aktivitäten der VR China in Vietnam, Afrika, Europa zum Anlaß, wehe zu schreien, die chinesischen Revolutionstruppen stünden ante portas. Bald sähen sie sich veranlaßt, über behauptete oder beweisbare Aktivitäten der VR China in Vietnam, Ceylon, Pakistan zu jammern, Peking verrate die Revolution. Der Chinabesuch Nixons und die Offerten an Bonn hätten die Verwirrung vollständig gemacht. 1979, die Verwirrung scheint noch heilloser geworden, meine ich nicht anders als damals, wennschon *politicis mutatis mutandis:* China arrangiert sich nicht, es *arrondiert* vielmehr sein west-östliches Gelände,

streicht ab oder gründet zu, entsprechend Vollkommenheit oder Unvollkommenheit der eigenen Macht – und gemäß seinen Bedürfnissen, nicht länger ohnmächtig zu bleiben. Dies alles geschieht aber aus Prinzipien, sowohl Innen- als Außen- als Wirtschaftspolitisches bezweckend, eine Trias, deren Widersprüche immerfort aufbrechen können, indes nicht zu beruhigen, sondern auszutragen sind. (In Klammern: Eine Politik, eine Weltpolitik gar, die auf Widerspruch aufbaut, wird sich nolens volens auch in Widersprüche verwickeln.) Noch einmal Fragen und Antworten:

»*Frage:* ›Wie wird die neue Beziehung zwischen China und den Vereinigten Staaten Ihrer Kampagne der Vier Modernisierungen helfen?‹

*Antwort:* ›Wir glauben, die Normalisierung der Beziehungen wird uns instand setzen, viel wissenschaftliches und technologisches know-how zu bekommen. Vom Standpunkt der USA denken auch wir, es wird vorteilhaft sein. Unter der weiteren Perspektive globaler Politik wird es sogar noch größere Vorteile haben.‹

*Frage:* ›Sind die Hindernisse [die Vorsitzender Mao nicht völlig beseitigen konnte] vollständig aus dem Wege geräumt?‹

*Antwort:* ›Ja... Aber wir haben hinsichtlich Erziehung, Wissenschaft und Technologie eingeschlossen, eine ganze Generation verloren. Wir benötigen einige Zeit und viele Anstrengung, um das aufzuholen.‹«

Das Ökonomische steht, abschließend, zur Debatte, und wir wollen uns dessen ›westlichen‹ Zwängen nicht entziehen; sprechen wir deswegen, anstatt über *Wissenschafts*politik oder die Alternative ›hie Techno*logie* hie Techno*kratie*‹, so wesentlich diese Themen sind, über Wirtschaftsinteressen, Märkte, Kosten und Nutzen. China soll, nicht eben unzuverlässigen Meldungen zufolge, für die nächsten fünf bis sieben Jahre einen technischen Einkauf von rund 600 Milliarden DM beabsichtigen, damit die Volksrepublik ums Jahr 2000 in etwa mit den großen Industrienationen gleichgezogen hat. Eine phantastische Summe, aufzuwenden für Maschinen, Energieausrüstung, sogar für Kernkraft. Ja, lesen wir nur Hua Kuo-fengs Bericht vom Februar 1978; den einen Satz: »Wir müssen... Atomkraftwerke bauen.«

Welche Probleme sich stellen, sobald sie gebaut sind – Gefährdung der Bevölkerung, ›Entsorgung‹ etwa –, wie solche Probleme gelöst werden sollen, ist ein anderes Thema, freilich keines, das sich lange aufschieben läßt. Uns interessiert im Moment, weil es Chinas Handelspartner (zum Beispiel die USA oder die Europäische Gemeinschaft) angeht, woher die VR China ihre Finanzmittel nehmen zu können glaubt; denn sogar Kredite, zu denen sie sich bereit gefunden hat, lösen die Rückzahlungstermine keineswegs in Nichts auf; im Gegenteil. Nun, Peking gedenkt in Öl zu bezahlen. Die Ölreserven Chinas, einschließlich der *off-shore*-Vorkommen, wurden schon 1975 auf 50 Mrd. t, vorsichtiger auf 35 Mrd. Tonnen geschätzt. Und wären es bloß 17,5 Mrd. t, sie würden immer noch mit Saudi-Arabien konkurrieren. 1975 erklärte Senator Humphrey vor dem Wirtschaftsausschuß des Kongresses, gestützt auf Expertisen aus Japan und China selbst, die Voksrepublik werde 1980 zu den fünf »führenden erdölexportierenden Ländern« gehören. Chinas Außenhandelsvolumen soll, nach amerikanischer Schätzung, bis 1985 auf etwa 53 Mrd. Dollar steigen. Welche Sorgen soll sich Washington, welche Peking machen – jedenfalls in *dieser* Hinsicht?

## Die kulturpolitische Renovierung

»Auch die große Kulturrevolution muß historisch, wissenschaftlich und den Tatsachen entsprechend eingeschätzt werden. Diese von Genossen Mao Tse-tung initiierte große Revolution zielte hauptsächlich auf die Bekämpfung und Verhütung des Revisionismus ab... Es ist nötig, die in ihrem Verlauf aufgetretenen Mängel und Fehler zu einer angemessenen Zeit zusammenzufassen, um Lehren daraus zu ziehen, Erfahrungen zu sammeln und die Erkenntnis der ganzen Partei und des ganzen Volkes zu vereinheitlichen. Aber man sollte das nicht übereilt tun.«
Dieser Ansicht war das Dritte Plenum des XI. Zentralkomitees der KP Chinas, es bestätigte sie in seinem Kommuniqué vom 22. Dezember 1978. Im Verlauf des Plenums wurden auch, so wörtlich, »die falschen Entscheidungen über die Genossen P'eng Te-huai, T'ao Chu ... sowie andere Genossen« überprüft und korrigiert, wurden »ihre Beiträge für die Partei und das Volk« anerkannt. Lassen wir P'eng, den Marschall und Verteidigungsminister der Volksrepublik, der 1959 über seiner öffentlichen Polemik gegen die Volkskommunen stürzte, außer acht, merken indessen an, daß Mao Tse-tung, den P'eng

persönlich angegriffen hatte, ihm alle Möglichkeiten anbot, auf Kritik zu hören und Selbstkritik zu üben. Beschränken wir uns, zugunsten des Themas Kulturpolitik, auf T'ao Chu. Er, immerhin erst im Januar 1965 zum stellvertretenden Vizepremier, erst im Juli 1966 zum Chef der Parteipropaganda ernannt, galt bereits wenige Monate darauf als Gefolgsmann »des obersten Machthabers, der den kapitalistischen Weg geht«. Zu Fall brachte ihn einer der ›Vier‹: Yao Wen-yüan, Vertrauter und vermutlicher Schwiegersohn der Mao-Gattin Chiang Ch'ing, kanzelte ihn als »Konterrevolutionär auf geistigem Gebiet« ab. T'ao Chu hatte 1964 geschrieben, und seinen Text nicht gerade kulturrevolutionär *»Das Denken, die Gefühle und das literarische Talent«* überschrieben: »Wir müssen der schöpferischen Freiheit der Schriftsteller ihren vollen Lauf lassen. Die Feder des Schriftstellers ist seine eigene Feder, und die Gedanken des Schriftstellers gehören ihm. Wir sollten dem Schriftsteller schöpferische Unabhängigkeit zubilligen.« Wenn diese Maxime, nachdem die Vier buchstäblich abgewirtschaftet haben (denn sie hinterließen auch ökonomisch ein Defizit), wenn solche theoretisch fordernde Einsicht neuerdings zur praktisch geförderten Absicht wird, sollten wir nicht vergessen, daß die *Drei Nein* des Vorsitzenden Mao erneut bekräftigt werden: »Anderen *nicht* ständig ihre früheren Fehler vorhalten, *nicht* den Stab über sie brechen und *nicht* den Knüppel schwingen.«
Im Kommuniqué vom Dezember 1978 würde erörtert, sagte ich oben, ob *alle* während der Großen Proletarischen Kulturrevolution gefällten Urteils, Verurteilungen richtig gewesen, ob *einige* nicht doch zu revidieren, ob gar *einige* Personen nicht doch (wie unsereins leichthin formuliert) zu ›rehabilitieren‹ seien; ich käme, sagte ich, darauf zurück, und zwar anläßlich des Themas der kulturpolitischen Renovierung. Was eigentlich heißt, die Sache beim Namen genommen, etwas werde ›renoviert‹? Gemeint ist, denken wir an Wohnungen, etwas Vorhandenes zu erneuern, aufzufrischen, auch auszubessern, damit so Altes wie Gutes – noch nicht ruiniert, jedoch ramponiert – erhalten bleibe. Zu fragen ist also, wie die Monatsschrift *»Chinese Literature«* es ausdrückt, nach »some veteran writers«, nach deren bewahrenswerten Vorzügen einerseits, nach deren kritikwürdigen Fehlern und Mängeln andererseits; zu fragen ist aber auch, ob eine Erneuerung des Überkommenen zugleich ein Heraufkommen von Neuem signalisiert. Ich beginne mit der Aktualität, nämlich mit der Erzählung »Narben«, die

ein ›Student‹ der chinesischen Literatur am 11. August 1978 in der Shanghaier Zeitschrift »*Wen-hui pao*« veröffentlicht hat.

»Ja, es war die Mutter, ihre Mutter, von der sie seit neun Jahren getrennt war. Ja, es war die Mutter, ihre Mutter, von der sie jetzt für immer getrennt war! Das eingefallene, etwas bläuliche Gesicht war von einem Kranz schneeweißer Haare eingerahmt, die tief in die Stirn gegrabenen Falten waren wie Narben... [Hsiao-hua] öffnete ihre brennenden Augen weit und sagte aus tiefstem Herzen, langsam und Wort für Wort: ›Mutter, liebste Mutter, sei ruhig, deine Tochter wird nie vergessen, wer die Narben in dein und mein Herz gegraben hat.‹«

Die Erzählung heißt chinesisch *Shang-hen;* gemeint sind Narben, die noch schmerzen (im Gegensatz zu *pa-la,* Narben, deren Juckreiz schon die Heilung ankündigt). Der junge Autor schreibt unter dem ihm gegebenen oder von ihm angenommenen, jedenfalls beziehungsreichen Namen Lu Hsin-hua; denn sein Vorname enthält *hsin* für »neu« und *hua* für »China«. (Ein Binom übrigens, welches uns von *Hsin-hua,* der Nachrichtenagentur »Neues China«, geläufig ist und daher ein Pseudonym mutmaßen läßt.) Seit der Veröffentlichung diskutieren Leser und Rezensenten sowohl Literaturpolitik als politische Literatur der Volksrepublik, und überinterpretierende *China-watchers* sprechen bereits von einem »Tauwetter« in China. Nun, Lu Hsin-hua ist weder Ehrenburg noch Solschenizyn – weder dem symptomatischen Roman des einen noch dem spektakulären Lagertagebuch »Leben des Iwan Denissowitsch« des anderen – ebenbürtig; er legt indes, gar nicht einmal behutsam, seinen Finger auf die Wunden, die ultra-linke Kulturmanager wie Chiang Ch'ing und Yao Wen-yüan, zwei der Vier samt ihrem Anhang, im Zeichen einer Pseudorevolution der chinesischen Literatur gerissen haben. Aber täuschen wir uns nicht: Lu renoviert allenfalls, was beschädigt wurde, bleibt er doch gewissermaßen im Rahmen. Diesen Rahmen bestimmt, begrenzt ein sozialistisches Selbstverständnis – soll sagen: Mao Tse-tungs Losung von 1957 »Laßt hundert Blumen blühen, laßt hundert Schulen streiten«, die in der Verfassung der VR China von 1978 (Artikel 14) wörtlich zur Staatsmaxime erhoben wird, »um die Entwicklung der Kunst und den Fortschritt der Wissenschaft voranzutreiben«, sowie, in einem Atem- und Gedankenzug weiterzulesen, »die sozialistische Kultur zum Aufblühen zu führen«. Wohlgemerkt, die *sozialistische* Kultur;

anti-sozialistische, etwa pro-bürgerliche »Blumen« gelten heute wie damals für »Giftkräuter«. Die ›Heldin‹ Hsiao-hua sagt nämlich weiter: »Ich werde die Güte des Vorsitzenden Hua [Kuo-feng] nicht vergessen, werde das vom Vorsitzenden Hua geleitete Zentralkomitee der Partei fest unterstützen und der Sache der [Kommunistischen] Partei alle Kraft meines Lebens widmen.« Hsiao-hua steht dabei am Totenbett ihrer Mutter, und wir stehen vor einem Trauerspiel, nur keinem bürgerlichen. Die Mutter soll im Kerker der Kuomintang ihre KP-Mitgliedschaft geleugnet haben, nunmehr eine »Verräterin«; die Tochter sagt sich 1969, mit sechzehn Jahren, so beherzt wie herzlos von ihr los, weil ihre »besten Schulkameraden und Freundinnen« sich abwandten, weil die Kleinen Roten Garden sie verstießen. Hsiao-hua bezieht weit entfernt von ihrer Heimatstadt Shanghai ein (sagen wir abkürzend) Lehrerseminar auf dem Lande, doch ihre »konterrevolutionäre« Familiengeschichte verfolgt sie. Der Kommunistische Jugendverband nimmt sie zögernd nach vier Jahren auf, ihrem Freund wird trotzdem nahegelegt, sie um seiner politischen Zukunft willen zu verlassen. Ende 1977 schreibt ihre Mutter, »unter der weisen Führung des Vorsitzenden Hua [wurde] das gegen mich gefällte Urteil rückgängig gemacht«; die Mutter ist der Anklage aller angeblichen Verbrechen enthoben. Hsiao-hua reist zur Frühlingswende 1978, dem traditionellen Frühjahrsbeginn, nach Shanghai, um sich auszusöhnen; zu spät. In einem anderen Sinn müßten wir sagen: zu früh. Denn der Vorname dieser ›Heldin‹, die keine ist, sondern ein ›mittlerer Charakter‹, gibt ebenfalls zu denken; darin steht nämlich *hsiao* für »Morgendämmerung« und *hua* wiederum für »China« (es kann auch »Blume« bedeuten). Im Heraufkommen eines politischen, daher auch literarischen Morgens für die Volksrepublik – kein *partage de midi,* ob ekstatisch erotisch oder kommerziell bourgeois – sind nur-negative Figuren noch verpönt, wie nur-positive nicht mehr geschätzt sind, mithin werden die Mittelmäßigen, die eigentlich Normalen, mögen sie auch »Mitläufer«-Kader sein, zum Mittelpunkt. Chinas Autoren erzählen wie altgewohnt das Alltägliche, die Geschichte von nebenan, und dürfen es neuerdings erzählen; Liebe, eher zärtlich als sinnlich, gar nicht sexuell und ein wenig erotisch, kommt darin vor. T'ao Chu, der 1966/67 wegen seiner Liebe zu Gefühlen, wegen seiner Vorliebe fürs Denken verfemt wurde, hätte 1978/79 seine Freude, wenn er läse:

»Hsiao-hua dachte jetzt, daß sie ihre Lage wirklich begriffen hätte. Obwohl sie die Beziehungen zu ihrer Familie abgebrochen hatte, würde sie doch niemals die Fesseln abwerfen können, die die Zugehörigkeit zu ihrer ›Verrätermutter‹ über sie legte. Sollte sie sich je in einen Mann verlieben, ... würden diese Fesseln sich auch um ihn legen. Das galt auch für ihre ehrliche Liebe zu Su Hsiao-lin, und sie wurde sich darüber klar, daß sie ihn da nicht hereinziehen sollte ... Niemals sollten ihre Liebesgefühle aus ihrem Herzen herauskommen.« Natürlich – ich meine das Wort ›natürlich‹ ganz ernst – brechen solche Gefühle doch, am Ende der Erzählung, aus ihr heraus; eben noch hatte sie dem Vorsitzenden Hua alle Kraft ihres Lebens widmen wollen. Und warum nicht beides miteinander verbinden, es wäre denn, die Partei erlaubte keine private Liebe, die Liebe erlaubte keine politische Parteinahme. Der Anfang, ein allererster, zu einer *neuen* Literatur, die Menschen als Menschen darstellt, sie nicht länger zu bloßen Funktionären verkümmert, ist gemacht. »Die Nacht war ruhig, das Wasser des Huangp'u strömte gurgelnd nach Osten. Plötzlich wurde aus der Ferne das wütende Heulen der Sirene eines Ozeandampfers herübergetragen. Hsiao-hua fühlte, wie auf einmal heißes Blut in ihrem Körper hochsprudelte. Stürmisch nahm sie den Arm Su Hsiao-lins, sie stiegen die Steintreppen hinunter und gingen mit großen Schritten zur hell von Laternen erleuchteten Nanking-Straße.«

Werden wir allgemeiner. Gegenwärtig kritisieren Chinesen, manche »von oben«, viele »von unten«, ihren verstorbenen Vorsitzenden Mao. Sie machen sich in etwa seine Klausel gegenüber Stalin zu eigen: 70% ja, 30% nein; sie berufen sich außerdem auf eine Mao-Rede von 1962, die inzwischen zur öffentlichen Diskussion, anstatt bloß zum privaten Studium, freigegeben wurde. Ein damals Unangefochtener, wurde er schon kritisiert, ficht sich selber an; seine Selbstkritik gipfelt in dem Satz: »Für die Mängel und Fehler bei unserer Arbeit in den letzten Jahren muß zuerst das Zentralkomitee die Verantwortung tragen, und im ZK zuallererst ich«. Eine rhetorische Floskel war das keineswegs. *Daß* Mao Tse-tung kritisiert wird, scheint wesentlicher als, *worin* er kritisiert wird. Es bedeutet nämlich die Abschaffung des ungebrochenen, des nichts-als-heroischen Heros, bedeutet die Zulassung (genauer: *Wieder*zulassung) problematischer, entwicklungsfähiger Charaktere; man macht Ernst mit der Dialektik zwischen Besser und

Schlechter, gibt sich keinem schwarzweiß gespaltenen Manichäismus anheim. Eine erste Konsequenz solcher Einsicht in Wandlung, auch Wendung, ist die Revision ultra-linker Urteile über die ›Veteranen‹ der zeitgenössischen progressiven Literatur, die Pa Chin und Mao Tun und Lao She. Erst an zweiter Stelle wird eine neue Literatur der jüngeren und jüngsten Autoren stehen; denn diese braucht, wie Simone de Beauvoir schon Ende der fünfziger Jahre bemerkte, ihre gehörige Zeit. »Sobald die chinesische Wirtschaft das gegenwärtige Stadium der Knappheit und Dringlichkeit hinter sich gebracht hat, werden im Bereich der Literatur Energien frei werden ... Von der Verpflichtung befreit, den Zusammenhalt der Gesellschaft zu gewährleisten, werden die Schriftsteller die Gesellschaft dann darstellen und scharf unter die Lupe nehmen. Sie werden sich ihre Ziele weiter stecken und sich an größere Aufgaben wagen – zum Beispiel daran, den Menschen so zu schildern, wie er wirklich ist.«

Jene drei ›Veteranen‹ sind auch hierzulande bekannt, einige ihrer wichtigsten Bücher sind auch deutsch erschienen. Von Lao She haben wir den Roman »Der Glückspilz mit den Kamelen« (als *«Rikscha Kuli«* Zürich 1947), allerdings in der Erstfassung von 1937, die in China kritisiert wurde: Der Autor sei unfähig gewesen, Arbeitern auf die Frage, welche Hoffnung der Tod eines ausgebeuteten, ausgezehrten Kulis ihnen lasse, politisch zu antworten. Lao She hörte auf die Kritik und publizierte, praktisch Selbstkritik übend, 1950/51, nachdem er aus den USA zurückgekehrt war, eine revidierte Fassung. *»Chinese Literature«* (von November 1978) nennt Lao She »einen der größten patriotischen Schriftsteller Chinas«; er sei 1966, geistig und physisch mißhandelt, gestorben, sei verfolgt worden von Lin Piao und der »Viererbande«, die jedwede fortschrittliche und revolutionäre Literatur der Dreißiger und während der siebzehn Jahre nach der Befreiung ihrer Theorie »der Diktatur einer ›schwarzen Linie‹ in Literatur und Kunst« geopfert hätten. Wer etwa die ersten Seiten der ursprünglichen mit denen der revidierten Fassung vergleicht, dem muß auffallen, daß der frühere Text – nach einem kurzen Absatz zu Anfang, der Kuli »Glückspilz« vorstellt – programmatisch fortfährt: Der Autor hoffe, dessen »soziale Stellung mit derselben Eindeutigkeit beschreiben zu können, mit der man die Lage eines bestimmten Bolzens in einer Maschine angeben würde«. Hingegen löst der spätere Text die Hoffnung schon ein, indem er auf wenigen Seiten eben diese soziale Stellung tatsächlich beschreibt, sie nach alten und jungen Kulis noch differenzierend.

»Wie über alle Maßen sparsam er aber auch im Geldausgeben war – er war noch gieriger, es zu verdienen. Früher hätte er sich nicht herabgelassen, Kunden anderen Rikschakulis wegzunehmen, besonders wenn diese alte Leute oder junge Burschen waren. Er hatte immer gedacht, daß er sie um ihre Chance bringe, wenn er, der so groß und stark sei und eine so gepflegte Rikscha habe, ihnen ihre Fahrgäste abspenstig mache. Jetzt schenkte er allen diesen Dingen nicht viel Aufmerksamkeit. Er dachte nur an Geld: jedes Kupferstück mehr war ein neues Kupferstück, und es war ihm gleichgültig, ob das Geschäft bitter oder süß war oder wem er den Rang ablief. Sein einziges Interesse war, Fahrgäste zu haben; er dachte an nichts anderes, wie ein wildes Tier, das der Hunger wahnsinnig machte.«

Von Mao Tun, der in besseren Jahren einmal stellvertretender Kulturminister war, haben wir deutsch den Roman »*Shanghai im Zwielicht*« von 1933; die Ungunst der Zeit bescherte ihn uns 1938 in Dresden und 1950 in Berlin (DDR), beidemal in der Übersetzung des altgedienten wie verdienten Sinologen Franz Kuhn. Von Pa Chin haben wir nur eine Novelle, deren Titel *Chieh-yüan* (als »Garten der Ruhe« München 1954) und deren stilles Geschehen freilich die Mao-Losung, hundert Blumen blühen zu lassen, noch gegenwärtig weniger provoziert als strapaziert. »Sehr still war es nun im Garten. Er war von beträchtlicher Größe, mit Felsen von verschiedener Gestalt, die meisten mannshoch und mit Schlingpflanzen und Moos bewachsen. In drei Mulden der Felsen blühten Blumen – gelbe, rote und weiße. In einem Winkel wuchs ein hoher Magnolienbaum; einen Ast, an dem noch einige verwelkte Blüten hingen, streckte er an einer Mauer entlang; weiße löffelförmige Blütenblätter lagen zuhauf auf dem Boden. Manche hatten sich schon gelb verfärbt, aber ihr Duft haftete ihnen noch an und schlug mir in Wellen entgegen. Einen Augenblick blieb ich unter dem Baum stehen, hob einige Blütenblätter auf und rieb sie in meinen Händen. Magnolien sind alte Freunde von mir.«

Eine Passage, an der T'ao Chu zweifellos seine Freude hatte. Der Ich-Erzähler, ein Mann namens Li, ist Pa Chin (bürgerlich Li Fei-kan) selber. »Eigentlich«, sagt ihm ein Schulfreund,

»sollte deine Novelle ›Garten der Ruhe‹ heißen, denn du hast sie ja in unserem Garten, einem der Ruhe, geschrieben.« Man möchte versucht sein, den Titel allegorisch für China zu setzen, für ein erträumtes, erhofftes »Studio Zuflucht«, das Privates wie auf Taubenfüßen ins Politische entläßt – stünde Pa Chins Biographie dem nicht entgegen, der solchen Traum zerbrechen, solche Hoffnung verkümmern sah. Sein literarisches Schaffen, sein politisches Leben sind wiederum exemplarisch; können und dürfen doch Künstler wie er keine ungebrochenen ›Heroen‹, müssen sie doch sensible, ja übersensible Menschen sein. Der Autor (geboren 1904) lebte 1927 in Paris, ferne dem revolutionären Aufbruch seiner Heimat; »um mein junges und einsames Herz zu trösten«, seine eigenen Worte, »begann ich, Dinge niederzuschreiben, die ich vom Leben gelernt hatte«. Pa Chin verdammte den Feudalismus, huldigte dem Geist der Rebellion; das offiziöse Peking nennt ihn, den Nicht-Marxisten, 1959 kleinbürgerlich und anarchistisch – aber mit Respekt. Seine realistischen Romane, die berühmtesten in der Trilogie *»Familie, Frühling, Herbst«* (1933–1940) vereinigt, haben die chinesische Jugend in den vierziger Jahren begeistert, zumal ihr Verfasser sich während des Widerstandskrieges gegen Japan, der zeit- und teilweise ein revolutionärer Bürgerkrieg gegen Tsiang Kai-shek war, als Patriot erwies. Aber Pa Chin ist niemals der Kommunistischen Partei beigetreten, gleichwohl goutierte ihn der Schriftstellerverband noch Mitte der Fünfziger als einen seiner führenden Funktionäre. Ultra-Linke der Kulturrevolution erst brachten ihn 1966 um Amt und Ansehen; zwar setzte Chou En-lai sich 1972 erfolgreich für ihn ein, jedoch mußte Pa Chin weiterhin »Angst haben«, wie Mao Tse-tung 1975 kritisierte, »Literatur zu schreiben«. Mittlerweile kann *»Chinese Literature«* (vom Oktober 1978) mitteilen: Pa Chin, den die »Viererbande« ein Jahrzehnt aller seiner politischen Rechte beraubt habe, einschließlich des Rechtes zu schreiben und zu veröffentlichen, plane eine Übersetzung von Alexander Herzens Memoiren, einen Roman zu einem Gegenwartsthema sowie eigene Erinnerungen. Was Autoren, Intellektuelle wie er empfunden, worunter sie gelitten haben, im Dezennium 1966/76, stellt Pa Chin selber dar, als Beispiel und beispielhaft.

»In elf Jahren habe ich nur einen einzigen Artikel geschrieben [Anfang 1977]. Als dieser Artikel erschien, war ich den ganzen Tag auf einer Versammlung und kam erst spät abends müde zurück. Ein mir unbekannter Mann besuchte mich; er sagte, er sei aus Peking, habe in Shanghai zu tun und wäre einfach vorbeigekommen, um mit mir zu sprechen; ich hätte so bewegende und liebevolle Worte für den verstorbenen Premierminister Chou En-lai gefunden. Er blieb einen Moment, und wir sprachen miteinander, als ob wir schon alte Freunde wären.

So ist das wirklich gewesen.

Vor einem Jahr wäre so etwas vollkommen unmöglich gewesen. Daß ich einem Unbekannten, dessen Namen ich nicht einmal kannte, mein Herz öffnen würde, als ob er mein Bruder wäre, ohne Angst vor ihm zu haben oder mir auch nur Sorgen zu machen, daß er meine Bemerkungen benutzen könne, um mir Scherereien zu machen, kann nur an zwei Gründen liegen: Sein Besuch bewegte mich zutiefst, und in unserem Herzen lebte das helle Bild jenes großen Mannes [Chou En-lai].

Man sieht leicht, das heutige Shanghai und das Shanghai vom letzten Jahr unter Kontrolle der Viererbande und ihrer Anhänger sind zwei vollkommen verschiedene Städte.«

Als Premier Chou En-lai für Pa Chin gutsagte, hatte er gefordert, Mängel und Fehler *inhaltlich* zu kritisieren, hatte er gewarnt, diejenigen, die Fehler und Mängel zeigten (zum Beispiel Autoren, Maler, Musiker), *administrativ* zu reglementieren oder gar *politisch* zu drangsalieren; freilich hatte er auf Selbstkritik gehofft. Wir können sicher sein, daß Schriftsteller solchen Ranges wie Pa Chin, wie Mao Tun, nicht anders als Lao She, zur Selbstkritik fähig sind, sofern ihnen Kritik ›gehörig‹ statt ungehörig vermittelt wird; auch Mao Tuns übrigens hat Chou sich angenommen. Dieser Geist, einer von Kritik und Selbstkritik, der auch Hohes und Höchstes nicht ausnimmt, ist neuerdings *wieder* in der Volksrepublik China anzutreffen; bereits Marx hatte ihn im »*XVIII. Brumaire*« zu einer Tugend proletarischer Revolutionen wie Revolutionäre erklärt, ohne jedoch die Notwendigkeit allgemeiner *Er*mutigung und die Möglichkeit privater *Ent*mutigung miteinander ins rechte Verhältnis zu bringen. Chinas Literatur wird davon profitieren. Schon ist Liu Ch'ing, seit seiner 1947 geschriebenen »Geschichte einer Getreideaussaat« rühmenswert, rehabilitiert; sein großer Roman »Erbauer« wurde neu aufgelegt. Bald sollte auch Ting Ling rehabilitiert werden, Erzählerin vom Range einer Anna Seghers. Ihr Roman »Sonne über dem Sang-kan« von 1949 gilt als eines der bedeutendsten Werke neuerer

chinesischer Literatur, weil (wie sie selber von sich forderte) »nicht allein der Inhalt, sondern auch der Stil aus dem Volke« gekommen ist, »aus dem Rhythmus und Klang der Stimmen, die wir um uns herum hören«. Einer der besten Kenner der Literatur des befreiten Chinas, Jaroslav Prušek, urteilte 1953: »Es ist tatsächlich die Geschichte der Bodenreform in einem Dorf, zugleich aber ist das Werk etwas ganz anderes als eine bloße Geschichte der Agrarreform ... Es ist das größte Romanwerk in der Literatur der befreiten Gebiete, ein gewaltiges Fresko, das eine Vielfalt von Menschenschicksalen zu einem kunstvollen Ganzen zusammenfügt und in großartiger Weise Bildnisse der höchst ungleich beschaffenen Menschen entwirft, die an der dramatischen Umgeburt eines Dorfes teilhaben.«
Was aber ist mit Altem, ehemals für klassisch Gehaltenem – etwa mit dem »Traum der Roten Kammer«, einem so realistischen wie erotischen Roman des 18. Jahrhunderts? Man erinnere sich, daß Mao Tse-tung 1954 nur-literarische, nur-subjektivistische Interpretationen des Buches verworfen, dessen gesellschaftskritische Absicht allerdings gewürdigt hatte. Nun, gewisse Kulturrevolutionäre warfen mit den Interpretationen zugleich den Roman selber beiseite; zwar konnten sie nicht verhindern, daß er 1962 verfilmt, wohl jedoch, daß der Streifen ab 1966 gezeigt wurde. Die abschließende, gute Nachricht: Im November 1978 hat die Bonner Botschaft der VR China den Film, eine ihrer besten Produktionen, vor Mitgliedern der Deutschen Gesellschaft für Ost- und Südostasienkunde vorgeführt – auf deren Wunsch. ›Verbotene Lektüre‹ war der Roman freilich zu keiner Zeit; man solle ihn »kritisch« lesen, sagte man mir 1970 in China, und zu haben wäre er auch. Ja, er war's, mitsamt der »Vorgeschichte des Liebesdramas, das sich jetzt auf Erden abspielen« sollte.
»Er pflegte sich häufig vom Palastdienst wegzustehlen und am Ufer des Geisterstroms zu ergehen. Da entdeckte er nun die Pflanze Purpurperle. Er gewann sie lieb und netzte sie in zärtlicher Fürsorge täglich mit süßem Tau. So vermochte sie sich später ihrer irdischen Form als Pflanze zu entäußern, die zarte Pflanze wandelte sich in ein junges Mädchen. Wenn sie hungrig war, naschte sie mit Vorliebe vom Baum der heimlichen Liebesfrüchte. Immer mußte sie daran denken, daß einst, als sie noch zarte Pflanze war, jemand sie mit süßem Tau genährt hatte, und sie wurde den Wunsch nicht los, die erwiesene Wohltat zu vergelten.«

Wohl einem Land, dessen Klassiker, dessen klassische Erotica sogar so lebendig bleiben, daß sie einer politischen Diskussion zum Zündstoff dienen, daß die wahren Kulturrevolutionäre, und Mao Tse-tung gehört zu ihnen, anstatt ihnen das Licht auszublasen, es ihnen erst aufstecken.

## 4. China und die Kultur der Technik
Mao Tse-tung, Konfuzius, Teng Hsiao-p'ing (1980)

*Vorbemerkung:*
In drei Abschnitten wird das Thema »China und die Kultur der Technik« behandelt. Dem ersten, einem nur scheinbar historisierenden, sind jene Programme einer Tradierung des Technischen angelegen, die auf Namen wie K'ung-tzu oder Lao-tzu hören, die aus Weltanschauungen wie Konfuzianismus oder Taoismus fließen; sie vor allem, sofern sie aufs Gegenwärtige fortwirken, erlauben uns, von einer Kultur der Technik in China zu sprechen. Der zweite Abschnitt analysiert die idealen Hoffnungen und realen Gefahren, die Mao Tse-tungs Programm einer Liquidierung des Technokratischen heraufgeführt hat; es markiert zugleich, wie weit oder eng die Grenzen gezogen sind, zwischen den Möglichkeiten einer überkommenen Kultur der Technik und den Notwendigkeiten einer Unkultur des technischen Aufkommens zu vermitteln. Der dritte Abschnitt wägt Teng Hsiao-p'ings Programm einer Forcierung des Technologischen nach Chancen und Risiken ab; es lichtet sozusagen den Schatten, den Egalität bis heute auf Effizienz zu werfen vermag.

### Konfuzius oder die Tradierung des Technischen

»Die Führer der chinesischen Volkswirtschaft, allen voran Konfuzius, waren immer darauf gerichtet, den Menschen den Gütern gegenüber in eine zentrale Stellung zu versetzen. Sparsamkeit und Einfachheit auf der einen Seite, möglichst gleichmäßige Heranziehung aller Volksschichten auf der andern sollten bewirken, daß die lebenswichtigen Güter allen Menschen zur Verfügung standen, ohne daß einer zum bloßen Werkzeug herabzusinken brauchte. Daher auch die Losung, möglichst einfache Werkzeuge und möglichst geschickte Arbeiter zu haben. Das Schwergewicht lag durchaus auf der Ausbildung des Menschen, nicht auf der der Mittel. So suchte man die wirtschaftliche Betätigung als eine naturgemäße Äußerung des Menschen zu organisieren. Der Mensch sollte sein Menschtum wahren auch inmitten des wirtschaftlichen Prozesses.«

Richard Wilhelm, einer der großen Sinologen unseres Jahrhunderts und ein Missionar dazu, schrieb diese Sätze 1930; mit ihnen wollte er eine »Chinesische Wirtschaftspsychologie« *sui generis* begründen. Eine chinesische etwa im Gegensatz zu einer amerikanischen, welcher er »wohl die weitestgehende Mechanisierung des wirtschaftlichen Betriebs« zuerkannte, und zwar »so weitgehend, daß selbst der Mensch als möglichst genau arbeitendes Glied in den Prozeß eingereiht« würde, selber ein Bolzen *am*-, anstatt *auf* dem Fließband. Laut Wilhelm konterkarierte das Reich der Mitte, sogar die damalige Republik, den »Maschinenmenschen«, nämlich den Amerikaner an der Maschine: »... in China dagegen liegt das Schwergewicht auf seiten des Menschen, während die Werkzeuge und mechanischen Methoden bewußt primitiv gehalten worden sind.«
Darüber zu streiten, ob solche Entgegensetzung ihr psychologisches oder sonstwie geartetes Recht habe, scheint müßig. Wir sind freilich mit den Soziologen Max Weber und Benjamin Nelson, zumal mit dem Wissenschaftshistoriker Joseph Needham, auf der Suche nach einer plausiblen Erklärung, warum China, das seit alters technische Inventionen und Innovationen von säkularem wie universalem Rang gemacht hat, offensichtlich selten, wenn jemals, imstande gewesen ist, irgendeinen volkswirtschaftlichen Nutzen daraus zu ziehen. Oder erliegen wir einem bloßen Vorurteil? Man weiß ja, daß Hegel sogar der Meinung, die Chinesen hätten das Pulver *erfunden*, abhold war. Jedenfalls schrieb und traute er allererst den Jesuiten zu, das chinesische Pulver, wäre es schon kein europäisches gewesen, effizient gemacht zu haben; sie mußten, behauptet er, »ihnen die ersten Kanonen gießen«. Inzwischen wissen wir, daß dies eine Legende ist, Verdunkelung der chinesischen Realitäten durch jenen *curtain of ignorance*, den ein Felix Greene noch heute vor der Volksrepublik wegzuziehen sich abmüht. Es stimme nicht, bemerkt Needham, »daß die Chinesen zwar das Schießpulver erfanden, doch so human waren, es nur bei Feuerwerken einzusetzen«; tatsächlich lassen sich sowohl die chemische Verbindung von Schwefel, Salpeter und kohlehaltigem Material als auch deren militärische Verwendung in Flammenwerfern, Raketen und Bomben bereits für die T'ang-Zeit (genauer: zwischen 850 und 900) belegen. Allerdings muß entweder, folgen wir Wilhelm, die psychische Motivation, oder, folgen wir Needham, die sozio-ökonomische Basis gefehlt haben, derlei Erfindungen nicht nur als erste ein-, sondern auch

aufs beste fortzuführen. Needham, auch er einer der großen Sinologen unseres Jahrhunderts, vermehrt das Erstaunen – weit über das Schießpulver vom Neunten, den magnetischen Kompaß vom Zehnten, den Blockdruck vom Elften Jahrhundert, also über die schon Francis Bacon geläufigen Paradebeispiele hinaus –, wessen die Chinesen so frühzeitig kundig, wozu sie fähig waren:

»Wenn wir uns der Technologie zuwenden, können wir beispielsweise die Morphologie der Umwandlungs-Dampfmaschine betrachten. Es ist sicherlich kaum bekannt, daß sie unter allen Gesichtspunkten in China bereits rund 500 Jahre vor der Zeit von Newcomen und Watt vollendet war. Der große Unterschied bestand darin, daß die Richtung der Kraftübertragung durch Austausch von Längsbewegung und rotierender Bewegung der der Dampfmaschine gegenläufig war, denn die alte chinesische Maschine wurde durch ein Wasserrad getrieben, während ihre Kolbenstange Blasebälge für Erzschmelzöfenarbeiten machte. Im Gegensatz hierzu wirkten in der Dampfmaschine zuerst Dampf und Vakuum, dann Dampf allein auf die Kolbenstange, die sodann durch ein entsprechendes Umwandlungsverfahren nützliche rotierende Wirkung erzeugt. In China kann man Schritt für Schritt die Entwicklung aller Komponenten verfolgen. Zuerst entdeckte man im Vierten Jahrhundert ante den Exzenter zur Betreibung von Handmühlen; den Kurbelgriff im Zweiten Jahrhundert post; die Verbindung von Exzenter mit Schubstange, damit mehrere Personen ihre Kraft gleichzeitig zur Rotation des Mühlwerks einsetzen konnten, im Fünften Jahrhundert; schließlich die Hinzufügung der Kolbenstange im Sechsten Jahrhundert, was es ermöglichte, Wasserkraft zur Betreibung von Rüttelsieben zwecks Aussiebung von Getreide einzusetzen. Im Dreizehnten Jahrhundert, vielleicht aber auch schon sehr viel früher, benutzte man sie als zusammengefügten Apparat, um Gebläse für Erzschmelzöfen zu betreiben, eine Tatsache, die wohl mit zur erstaunlichen Entwicklung der Eisen- und Stahlindustrie in der Sung-Periode [besonders im oder ab Elften Jahrhundert] beigetragen haben dürfte.«

Jan van der Straet, er lebte von 1585 bis 1638, hat die Entdeckungen und Erfindungen, die seiner, der spätmittelalterlichen Epoche und seiner, der westlichen Zivilisation zu danken seien, in Kupfer gestochen. Das Titelblatt dieser »Nova Reperta« weist folgende Objekte auf: I. den amerikanischen

Kontinent; II. den magnetischen Kompaß; III: Schießpulverwaffen; IV. die Druckpresse; V. die mechanische Uhr; VI. Guajak-(Pock)holz, wegen seiner Härte geeignet zum Schiffbau, wegen seiner Harzigkeit geeignet zu Destillationen, die damals eine Heilung der Syphilis bewirken sollten und heute noch der Homöopathie gegen Lungentuberkulose und eitrige Bronchitis taugen; VII. Destillation; VIII. Seide, Seidenwürmer am Maulbeerbaum; IX. den Steigbügel. Höchstens vier dieser *reperta* (oder »Neufunde«) waren den Chinesen vorher unbekannt; außer mit Kompaß, Pulver und Druckpresse waren sie längst auch mit Seide und Uhr vertraut, mit mechanischen Uhren samt »hydromechanischer Hemmung« bereits 725, also fünfeinhalb Jahrhunderte vor dem europäischen Datum 1280, das demnächst säkular gefeiert werden dürfte. Aber der Westen, seiner technischen Errungenschaften selbstsicher, seiner technologischen Überlegenheit selbstherrlich, jedenfalls »konventionelle westliche Geister« reagieren empfindlich, ja verletzt, wann immer chinesische Prioritäten ermittelt werden. Needham hat »Beispiele solcher Reaktionen« amüsiert gesammelt:

»Wenn westliche Historiker der Wissenschaft und der Technologie schließlich gezwungen sind, eine nichteuropäische Errungenschaft zuzugeben, dann ziehen sie sich in guter Ordnung dergestalt zurück, daß sie (zu ihrem eigenen Vorteil) neu definieren, wie die fragliche Errungenschaft in Wirklichkeit anzusehen wäre. Sicherlich mag die erste aller Uhrenhemmungen eine chinesische sein: aber die einzig wahre, die einzig wirklich wichtige, war natürlich die europäische Version mit Waag- und Balkenhemmung. Die Magnetnadel mag tatsächlich zuerst von chinesischen Seeleuten verwendet worden sein; aber natürlich stellt erst die mit dem Magneten verbundene Windrose die wahre Bussole [das wahre Winkelmeßinstrument] dar. Chinesische Seeleute verwendeten als erste Axialruder, ja: aber es kann natürlich kein wahres Steuerruder geben ohne Heckruderwerk.«

Die Frage erhebt sich, ob der Westen irgendeiner Priorität zuliebe gut daran tut, »gesichtswahrende Neudefinierungen« (wie Needham sie nennt) vorzunehmen, oder ob er seiner eigenen Kultur zunutze besser daran täte, Zweck und Mittel der technischen Effizienz zu überprüfen. Um eine Antwort zu finden, müssen wir sowohl psychische Motive als sozio-ökonomische Gründe – oder vielleicht das In- und Miteinander beider – suchen, warum die Chinesen zwar vieles entdeckt, doch wenig entwickelt haben; es könnte sich zeigen, daß ihr Verhältnis zur Technik nicht ausschließlich negativ, vielmehr, in welchen Grenzen immer, auch positiv zu beurteilen ist, Abschätzigkeit aufwiegbar durch Hochschätzung. Hegel hatte Folgen, die sogar Max Weber uns spüren läßt. Denn der Philosoph erkannte den Chinesen ein rechtes Verhältnis zur Praxis ab, sofern diese (kantisch und nicht unhegelsch gesprochen) »als Befolgung gewisser im Allgemeinen vorgestellten Prinzipien des Verfahrens gedacht wird«; ihre zugegebene Hingabe an die Empirie sollte nichts als irgendeine Hantierung, absichtslose Bewirkung von Zwecken, geblieben sein. Und der Soziologe noch nannte alles, was technisch in China entstand, »sublimierte Empirie« – mithin etwas, was gewissermaßen zwar feurig betrieben wurde, aber alsbald verdampfte. Immerhin bringt Weber auch Gründe bei: »Die relativ sehr geringe Entwicklung des gewerblichen Kapitalismus ließ ... die für einen Übergang von der empirischen zur rationalen *Technik* nötigen ökonomischen Prämien in China nicht entstehen ... Im Ergebnis konnte sich also hier die immanente Stellungnahme einer Beamtenschaft zum Leben, der nichts, keine rationale Wissenschaft, keine rationale Kunstübung, keine rationale Theologie, Jurisprudenz, Medizin, Naturwissenschaft und Technik, keine göttliche und keine ebenbürtige menschliche Autorität Konkurrenz machte, in dem *ihr* eigentümlichen praktischen Rationalismus ausleben ... Es trat ihr keines der anderen Elemente spezifisch *modernen* Rationalismus, welche für die Kultur des Westens konstitutiv waren, zur Seite, weder konkurrierend noch unterstützend.«

Indessen sind Webers Begründungen eigentlich schon wissenschaftlich, technisch sich auswirkende Konsequenzen, zu ziehen aus wirtschaftlichen und gesellschaftlichen Ursachen. Eine von ihnen, »die relativ sehr geringe Entwicklung des gewerblichen Kapitalismus«, gibt er selber an, verfolgt sie jedoch nicht radikal genug zurück. Die (mit Weber zu sprechen) »ökonomischen Prämien« blieben nicht erst mangels Kapitalismus aus, so vehement er sie hätte begünstigen können, vielmehr kam bereits dieser, auch er eine ökonomische Prämie, nicht auf, weil andere, ihm wesensfremde Obligationen einzulösen waren. Den Schuldschein auf rational entworfene, rationell entwickelte Technik hat im Grunde ein ganzes Bündel von Bedingungen ausgestellt: 1. Chinas Umwelt und geographische Lage; 2. seine daraus folgenden sozio-ökonomischen Strukturen; 3. seine kulturellen und philosophischen Prinzipien; 4. die linguistischen Muster seiner geschriebenen und gesprochenen Sprache; 5. seine Gemeinschaftswerte und Verhaltensnormen. Auf diesen fünffachen Nenner bringt Benjamin Nelson die Argumentation von Joseph Needham, die wohl an Marx und Engels, auch am frühen (marxistischen) Karl Wittfogel orientiert sei, doch keineswegs eng am historischen Materialismus hänge. Die genannten Bedingungen sollen nun, laut Needham/Nelson, vier Phänomene erklären helfen, die China und den Westen *toto coelo* unterscheiden:

»(1) Die deutliche Überlegenheit Chinas über den Westen in bezug auf technischen Erfindungsreichtum vom zweiten bis zum sechzehnten Jahrhundert.

(2) Das Fehlen empirischer Wissenschaftler und von Kaufleuten in China.

(3) Das Fehlen einer Idee des ›Naturgesetzes‹ in China.

(4) Chinas Unfähigkeit, zum experimentell-mathematischen Verfahren durchzustoßen.«

Die geographischen Umweltbedingungen förderten das eine und hinderten das andere. Chinas Landmasse samt ihren internen Verkehrswegen, den Flüssen, führte zu einer beispiellosen Isolierung der dortigen Zivilisation; das notwendige Zusammenspiel extensiver Bodenbestellung und intensiver Flußregulierung ließ eine für Wasserbaukulturen typische Bürokratie entstehen, die feudal, aber nicht erblich war. Da diese Bürokratie auf organisierte Sklavenarbeit verzichtete, war ihr einerseits an arbeitsparenden Techniken gelegen, brachte andererseits eine Technologie, die in Sklavenhänden hätte bedrohlich werden können, ihr keine Gefahr. »Chinas sozioökonomische Struktur war also für die Ausbreitung von Erfindungen zugänglicher als etwa die Roms.«

Die immer mächtiger werdende Bürokratie wurde, westlich gesprochen, zum Ersten Stand; ihre Angehörigen waren, weil sie mittels literarischer Examina ausgelesen wurden, zugleich die Gebildeten, ja Gelehrten. Die langwierige Schwierigkeit im Erlernen der chinesischen, einer pictographischen, ideographischen Schrift bewirkte auch linguistisch die Differenzierung zwischen einer Bildungs- oder Literatursprache und einer für minder erachteten Volkssprache, so daß bürokratische Übermacht sich ins Kulturelle verlängerte. Schlimm genug: die Bauern, die Handwerker, die Kaufleute – sozusagen Zweiter, Dritter und Vierter Stand; in dieser Reihenfolge – blieben ohne gehörigen Anteil an Herrschaft und Kultur. Schlimmer noch: die Söhne der Kaufleute, die Söhne der Handwerker wandten sich, waren sie hinreichend begabt, vom eigenen, geringen Stande ab, verlockt durch Anziehung und Annehmlichkeit der Bürokratie. Ihr geistiges Potential, das im westlichen Kulturbereich den Erfindungen und Entdeckungen zugute kam, wurde in China generell auf literarische Prüfungen verwendet, daher teilweise an sie verschwendet. So fehlte infolge der Mißachtung des Handwerks die Experimentierkraft, infolge der Mißachtung der Kaufmannsschaft das Profitmotiv. Weder experimentelle Naturwissenschaft noch angewandte Mathematik gediehen, wie Needham feststellt, auf chinesischem Boden: »Offenbar war allein eine merkantile Kultur zu dem imstande, was die agrarisch-bürokratische Zivilisation nicht vermochte – die vormals getrennten Disziplinen der Mathematik und der Naturerkenntnis miteinander zu verschmelzen.«

Die Isolation des Chinesischen Reiches machte ebenfalls die Ausbildung eines »Gesetzes«, anderen, unterworfenen Reichen aufzuerlegen, überflüssig. Rom, ein Vielvölkerstaat, brauchte ein übergreifendes, allgemein verbindliches Recht; es würde desto unangefochtener sein, je heiliger, von den Cäsaren qua Göttern selber gesetzt, es wäre. China vertraute der exemplarischen Geltung universaler Muster: Das Regelmaß des Unendlichen sollte in der Regel auch allem Endlichen sein Maß aufprägen; Makro- und Mikrokosmos, Profundes und Profanes entsprachen einander. Freilich ist (mit Needham und Nelson) zwischen taoistischer und konfuzianischer Wertung der Natur zu unterscheiden, schon gar zwischen ihrer *Aus*wertung. »Chinas kulturelle Ontologien waren... bedeutsame Faktoren in seinen frühen technologischen Erfolgen. Die taoistische Praxis der Naturbetrachtung – zur Erkenntnis des ›Tao‹, der den rechten (anti-konfuzianischen) ›Weg‹ für die Gesellschaft weisen sollte – bereitete den Weg für eine Vielzahl von Fortschritten in Pharmakologie, Alchemie, Medizin und einigen Bereichen der Physik. Zum Beispiel machte *wu wei*, das Prinzip des Nicht-Eingreifens – das gleiche Prinzip, das den Weg zum Begriff des ›Naturgesetzes‹ verstellte –, die Idee einer Fernwirkung (das ist eine nicht-mechanische Wirkung) unproblematisch und führte so zur Entdeckung des Seismographen und vieler magnetischer Phänomene, die im Westen noch lange unbekannt blieben. Auf der anderen Seite verliehen die im Dienste der Feudal-Bürokratie stehenden Konfuzianer ihren

Projekten ›Orthodoxie‹ und damit Auftrieb – insbesondere der Astronomie (zur Herstellung des Kalenders) und der Hydrodynamik. Im Fall der beiden letzten Technologien sehen wir auch den Beitrag der Umwelteinflüsse des Monsuns und der Flußsysteme. Die auf agrarischer Grundlage fußende Feudal-Bürokratie mußte saisonale Fluten unter Kontrolle bringen, die sowohl die Ernte als auch die sichere Fahrt der Steuer-Schiffe bedrohten, die Getreide als Naturalabgaben transportierten.«
Über dem Trennenden der philosophisch begründeten, kulturell wirksamen Prinzipien, die China in Taoismus und Konfuzianismus geschieden haben, darf jedoch das Gemeinsame beider Richtungen, Welt und Natur aufzufassen, nicht vernachlässigt werden. Insbesondere ist an Chu Hsi zu erinnern, der zur zweiten Hälfte des 12. Jahrhunderts gleichsam einen chinesischen Sommer des Mittelalters heraufgeführt hat. Chu Hsi ist zwar derjenige Philosoph gewesen, in dessen Systematisierung der Konfuzianismus in China und sogar in Japan endgültig Schule, wo nicht Staatsschule gemacht hat; dennoch rührt die eminente wie vehemente Rolle seines Systems daher, zweifellos, in welch hohem Maße er für Grundgedanken des Taoismus offen war. Seine obersten Begriffe sind *li* und *ch'i*; der erste, *li*, bedeutet soviel wie eine *natur*gegebene, keineswegs *gott*gesetzte Harmonie aller – großer und kleiner, größter und kleinster – »Erscheinungen im Universum, die Menschheit eingeschlossen«, während der zweite, *ch'i*, soviel meint wie das Natürliche selber, mag es eher materiell oder eher spirituell sich ausdrükken. Chu Hsi definiert seinen Begriff des *li* streng analog wie Lao-tzu seinen Begriff des *tao*, des sinnvollen Weges von Welt und Mensch, er setzt beide sogar identisch; *li* ist schlechthin »der Sinn« von Weltgeschick und Menschenschicksal. Chu Hsis Begriff des *ch'i* bevorzugt das Affizierte, die Sinnesorgane, vor dem Affizierenden, der körperlich oder geistig sich manifestierenden Natur; *ch'i* sind schlechthin »die Sinne«. In Frage steht die Antwort, wie Sinn und Sinne sich zueinander verhalten. »Frage: Gibt es eher Sinn oder eher Sinne? Antwort: Der Sinn hat sich noch nie von den Sinnen getrennt. Der Sinn greift über die Sinne über und ist in ihnen bei sich. Aber, der Sinn scheint auf und ist obenauf, die Sinne erscheinen und sind untendurch.«
Vielleicht mag in solchen Doktrinen, die andere Maßstäbe als europäisch-westlich gewohnte an die Erkenntnis der Natur

legen, die weniger aktiv auf ihre Beherrschung als vielmehr passiv auf Übereinstimmung mit ihr allen Wert legen, der eigentlich zureichende Grund zu finden sein, warum (wie Max Weber konstatiert) »rationale Wissenschaft und damit auch *rationale Technik*... jenen Kulturen [des Orients, zumal der chinesischen] unbekannt geblieben« sind. Der eigentlich zureichende Grund, warum nur der Okzident »einen *Staat im modernen Sinn* mit gesetzter Verfassung, Fachbeamtentum und Staatsbürgerrecht« entwickelt hat, während China über Ansätze nicht hinausgekommen ist; warum nur der Okzident »ein *rationales Recht*,... von Juristen geschaffen, rational interpretiert und angewendet«, sein eigen nennt, während China noch heute, nicht erst seit gestern, spezifische Schwierigkeiten hat, Strafrecht und Privatrecht zu kodifizieren; warum nur der Okzident den Begriff des Bürgers als eines *citoyen* kennt, während China allererst den (marxistisch vermittelten) Begriff des Bürgers als eines *bourgeois* aufgreift und (marxistisch motiviert) ablehnt, so daß westlich zu kritisierende, doch chinesisch zu rechtfertigende Schwierigkeiten mit den Bürgerrechten auftreten müssen; warum zuguter- oder zuschlechterletzt »nur der Okzident eine *Wissenschaft in dem heutigen Sinn des Wortes*« besitzt, während China statt dessen ein »Nachdenken über die letzten Probleme des Lebens« betreibt, »vielleicht sogar in einer Tiefe wie der Europäer niemals«. Max Weber meinte zwar, der Ursprung westlicher Wissenschaft lasse sich nicht kapitalistischen Interessen zuschreiben, doch mußte er zugeben:

»Wohl aber wurde die *technische* Verwendung wissenschaftlicher Erkenntnisse: dies für die Lebensführung unsrer Massen Entscheidende, durch ökonomische Prämien bedingt, welche im Okzident gerade darauf gesetzt waren. Diese Prämien aber flossen aus der Eigenart der *Sozial*ordnung des Okzidents.«

Zu untersuchen, warum die Chinesen viel Technisches entdeckt, indessen wenig Technologie entwickelt haben, ist eine Sache; die andere wäre, herauszufinden, ob die chinesische Tradition es erlaubt, von einer *Kultur* der Technik zu sprechen, derweil die westliche Tradition ihren Kritikern genug Veranlassung für den Vorwurf der ›Unkultur‹ liefert. Needhams Antwort, er stellte sie Ende 1976 in Köln zur Diskussion, setzt philosophisch an: beim Begriff des *ch'i* (der Sinne), der eine Spaltung in Materie und Geist verhindert habe.

»Was... könnte die westliche Gesellschaft zu ihrem Nutzen aus der chinesischen Tradition lernen? Was müßte in einer Weltgesellschaft als Ganzes geschehen, damit eine Integration oder ›Ökumenogenisierung‹ der Kulturen des Ostens und des Westens möglich würde? Zunächst muß man wohl noch eine Frage behandeln, die mir bisher nicht ausreichend diskutiert zu sein scheint, nämlich ob die äußerste Trennung der Welt in Geist und Materie, die für das europäische Denken so charakteristisch ist, ein gut Ding war oder nicht. Mit Sicherheit ist diese Trennung höchst unchinesisch, ... China war zutiefst nichtkartesianisch ... Die Abneigung der Chinesen, zwischen Geist und Materie irgendeine scharfe Trennungslinie zu ziehen, stimmt völlig mit ihrer zutiefst organischen Philosophie überein, und ebenfalls mit ihrer psychosomatischen Medizin.«

Ebenso wie die psychosomatische Medizin sich nur zögernd und verspätet im Westen durchsetzt, hat übrigens auch die »organische« Philosophie erst neuerdings europäische Fürsprache, freilich unüberhörbare, in Alfred North Whiteheads System von »Process and Reality« gefunden; die ihm zugrunde liegende, anti-cartesianische Idee, daß Geist und Materie miteinander bis zur Ununterscheidbarkeit vermittelt seien, hält Einzug jedenfalls in unsere Theorie. Needham allerdings zieht sogleich ihre wichtigste, eine praktische Entsprechung bei: daß in China geistige und körperliche Arbeit miteinander bis zur Gleichrangigkeit vermittelt würden. »War es nicht weise von den Chinesen, als sie die zu strenge Unterscheidung von Materie und Geist vermieden? Und vielleicht führte sie auch zu sozialer Weisheit, daß sie des ganzen Menschen Tätigkeit im Hirn-Werk und Hand-Werk erblickten: Geist und Materie nicht länger auf Kollisionskurs.«

Wir werden bei der weiteren Verfolgung unseres Themas eben dieses »Vielleicht« zu erörtern haben. Die »soziale Weisheit« der Chinesen, Erfinder an die Werkbank zu stellen, Werktätige zu Erfindungen zu ermuntern, mag gelobt oder getadelt werden, je nachdem, ob im Namen eines Mao Tse-tung das Techno*kratische* liquidiert oder ob im Namen eines Teng Hsiao-p'ing das Techno*logische* forciert werden soll. Fürs erste müssen wir uns bescheiden, eine Vermittlung, ja Versöhnung zwischen den beiden Programmen, die so gegensätzlich scheinen, nicht auszuschließen. Weckt Teng unser, ein westliches Vertrauen, weckt Mao unser, ein westliches Mißtrauen, so haben die Chinesen das letzte, ein chinesisches Wort.

»Chinas größte Nachkriegsaufgabe ist die wirtschaftliche Entwicklung. China fehlt die kapitalistische Grundlage, um diese Aufgabe allein zu lösen. Der Lebensstandard ist so niedrig, daß er nicht noch zusätzlich zur Beschaffung des benötigten Kapitals herabgesetzt werden kann. Amerika und China ergänzen sich wirtschaftlich: Sie werden nicht in Wettbewerb treten. China verfügt nicht über die Voraussetzungen für eine Schwerindustrie größeren Ausmaßes. Auch kann es nicht in Betracht ziehen, sich mit den Vereinigten Staaten in der hochspezialisierten Industrieproduktion irgendwie zu messen. Amerika benötigt einen Export-Markt für seine Schwerindustrie und für seine Qualitätserzeugnisse. Sein Kapital braucht zudem Investitionsmöglichkeiten. China ist genötigt, Leichtindustrien aufzubauen, um seinen eigenen Markt zu versorgen und um den Lebensstandard des chinesischen Volkes zu erhöhen. Möglicherweise kann es solche Güter in andere Länder des Fernen Ostens liefern. China verfügt über Rohstoffe und Agrarprodukte, die eine Finanzierung dieses Außenhandels und der Kapitalinvestitionen erleichtern. Amerika ist nicht nur das geeignetste Land, um China bei seiner wirtschaftlichen Entwicklung beizustehen; es ist auch das einzige Land, das vollauf in der Lage ist, sich an dieser Aufgabe zu beteiligen. Aus all diesen Gründen darf und kann es nicht zu Konflikten, Entfremdung oder Mißverständnissen zwischen dem chinesischen Volk und Amerika kommen.«

*Autós épha,* er selber hat es gesagt. Wer denn? Diese Sätze klingen, stünde nicht die Vokabel »Nachkriegsaufgabe« da, als hätte Teng Hsiao-p'ing sie eben erst ausgesprochen, gewissermaßen eine 1980er Grußadresse an die USA. Tatsächlich hat Mao Tse-tung sie formuliert, und zwar bereits im März 1945 gegenüber einem Vertreter des State Department; im Januar jenes Jahres hatten Mao und Chou En-lai den Präsidenten Roosevelt »vertraulich wissen lassen, sie seien ... bereit, zu Verhandlungen mit den Vereinigten Staaten nach Washington zu kommen«. Wir kennen das Angebot der kommunistischen Führung Chinas, in Wirtschaft und Technik aufs engste mit den USA zusammenzuarbeiten, seit dem 28. Juli 1971; damals machte Allen Whiting, bis 1968 Generalkonsul in Hongkong, in den Senat-Hearings über »Amerikanische Beziehungen zur Volksrepublik China« seine spektakuläre Aussage. Wir wissen auch, daß Washington negativ, nämlich gar nicht, reagierte, obwohl seine Botschaft in Chungking (wo Tsiang Kai-shek sich noch behauptete) empfohlen hatte, Mao Tse-tung zu unterstützen – nicht zuletzt, damit er sich später, schien Maos Erfolg in einem wahrscheinlich wiederaufflackernden Bürgerkrieg doch absehbar, nicht der Sowjetunion zuwenden müsse. Der Bochumer Sinologe Willy Kraus, Experte für die Ökonomie Ostasiens, konstatiert in seinem jüngst erschienenen Buch »Wirtschaftliche Entwicklung und sozialer Wandel in der Volksrepublik China«, einem Standardwerk über die ersten dreißig Jahre seit 1949: »Dabei hatten die chinesischen Kommunisten bereits zu dieser Zeit, ... eigene entwicklungspolitische Vorstellungen, die fundamental von den sowjetischen abwichen: Zuerst sollten die Leichtindustrie, die Konsumgüterindustrie und das Nachrichtenwesen entwickelt werden. Eine schwerindustrielle Basis wolle man erst ›allmählich‹ errichten. Außerdem sei eine Vernachlässigung der Landwirtschaft zu vermeiden, da China ›wahrscheinlich vorwiegend ein Agrarland bleiben werde‹.«

Ob China auch als *Volks*republik einen Weg einschlagen würde, um zu einer Kultur der Technik zu finden, hing gleichermaßen von inner- wie außerchinesischen Faktoren ab. Die Weigerung der USA, ein politischer, wirtschaftlicher, technischer Partner zu werden, war selbst in Washington so lange umstritten, bis Tsiang-Lobby und McCarthy den »Verlust Chinas« endgültig machten; in Peking wirkte sie so lange als Schock, bis Mao Tse-tung und Nixon ihre Länder wieder einander annäherten. Inzwischen sah China sich zur Kooperation mit der Sowjetunion gezwungen, zu einer Anlehnung an Moskauer Entwicklungskonzepte: Alle Priorität kam daher dem Aufbau einer Schwerindustrie zu. Doch bereits gegen Ende des Ersten Fünfjahrplans, der ab 1953 lief, meldeten Mao und Chou – besorgt, daß die Industrie das steigende Potential an Arbeitskräften nicht aufnehmen könnte, daß die landwirtschaftliche Wachstumsrate nicht ausreichen dürfte, also durch bevorstehende Arbeitslosigkeit und Versorgungsmängel beunruhigt – ihre Kritik an. Chou En-lai sagte im Juni 1957, »sogar erfolgreiche Erfahrungen der Sowjetunion müßten mit Umsicht verwendet werden«; Mao Tse-tung hatte schon im April 1956 gesagt (in seiner 1976 von Hua Kuo-feng aufs neue beachteten Rede »Über die Zehn Großen Beziehungen«): »In Zukunft muß mehr in die Leichtindustrie und in die

Landwirtschaft investiert werden, damit ihre Anteile an der Gesamtinvestition zunehmen. Bedeutet die Erhöhung dieser Anteile, daß wir den Schlüsselsektor gewechselt haben? Nein, wir haben den Schlüsselsektor nicht gewechselt. Dies bleibt weiterhin die Schwerindustrie, aber es wird nun mehr Gewicht auf die Leichtindustrie und die Landwirtschaft gelegt werden.«
Zu einem Zeitpunkt, als der neuerliche Schock – die Aufkündigung der chinesisch-russischen Beziehungen durch Moskau – keineswegs schon zu erwarten war, lenken Mao und Chou vorsichtig auf einen ›sinischen‹ Weg zurück. Die Vorsicht, alsbald abgelöst durch einen radikaleren Kurs, lautet auf »ausgewogene Entwicklung, kontinuierliches Wachstum, rationale Planung, maßvolle Dezentralisierung, teilweise Nutzbarmachung von Marktkräften«; ihr Wortführer ist damals Chou En-lai. Die Radikaleren, sie sehen sich auf eine Mobilisierung der Massen weniger zu politischen als ökonomischen Zwecken angewiesen, werden damals (erstaunlich genug!) von Staatspräsident Liu Shao-ch'i und Partei-Generalsekretär Teng Hsiao-p'ing angeführt. Liu, kein Jahrzehnt später verfemt als »Oberster Machthaber, der den kapitalistischen Weg geht«, hat im Mai 1958 selber das Konzept des Zweiten Fünfjahrplans revidiert, ja die neue »Generallinie« dekretiert: »Unter Anspannung aller unserer Kräfte, immer vorwärts strebend, stärker, schneller, besser und wirtschaftlicher den Sozialismus aufbauen.«
Diese Linie wurde schon im April 1958 die Politik der »Drei Roten Banner« genannt. Das erste Banner signalisierte das allgemeine Ziel: Industrie und Landwirtschaft gleichzeitig aufzubauen, traditionelle und moderne, chinesische und ausländische Technologien gleichrangig zu verwenden. Das zweite Banner hieß »Großer Sprung nach vorn«: Die Industrieproduktion, vor allem bei Stahl und Energie, immens zu steigern. Das dritte Banner stand für die Organisation von Volkskommunen ein, damit die sozialistisch noch unbefriedigenden Produktionsverhältnisse fortentwickelt würden; es geriet zum eigentlichen Streitobjekt zwischen Peking und Moskau, zwischen China und der Welt. Warum denn? Mancher Beobachter Chinas, kritisch um jeden Preis, hat sich sein Urteil über die Volkskommunen zu leicht gemacht. Weder begriff er den originären Marxismus darin, der diese Art der Kollektivierung nicht einfach als ›utopischen Maoismus‹ abtun läßt, noch kannte er die chinesischen Traditionen, die der Mentalität des

Volkes entsprechen, wie sie der Natur des Landes angepaßt sind. Sachkenner wie Max Biehl (vom Hamburger Weltwirtschaftsarchiv) haben stets die kontinuierliche Verfolgung des zugrunde liegenden Programms betont: Sozietäten innerhalb Chinas zu schaffen, die sich optimal selbst versorgen, verwalten und gegebenenfalls sogar verteidigen könnten. Richard Wilhelm hat »die geschlossene Familienwirtschaft mit Autarkie der einzelnen Wirtschaftsgebiete«, die in früheren Jahrhunderten dominiert hatte, »einen optimalen Gleichgewichtszustand« genannt; die geschlossene Kommunenwirtschaft würde dies in einem um so höheren Maße sein, als sie ihre Gewichte ökonomisch, administrativ und sozial ausbalancierte, als sie eine Trennung von Wirtschaft und Gesellschaft, Produktion und Konsumtion, Verwaltung und Regierung aufhob.
Nicht einmal hyperkritische Sinologen à la Jürgen Domes konnten 1965 einen praktisch gewordenen Marxismus bestreiten: »Aus der Verschmelzung der bisherigen Amtsverwaltungen mit den Leitungsorganen der Kommune und der Aufgabenstellung für die einzelnen Kommunen ließ sich ... eine vorsichtige Tendenz in Richtung auf ein ›Absterben des Staates‹ erkennen.« Das Chinesische daran sollte ebenfalls erkannt werden. Sicherlich ließe sich in einem uns geläufigen Vokabular von ›totaler Vergesellschaftung‹ des Menschen sprechen; aber genauso sicher halten die uns geläufigen Schlüsse nicht stand. Der volksrepublikanische *communard*, wieviel Privateigentum ihm zugebilligt, wieviel Freizügigkeit ihm zugestanden werden mag, hatte (und hat) nichts mit einem arbeitslosen Kuli, einem verelendeten Bauern von ehedem gemein: die neue Gesellschaftsordnung nimmt ihn auf, und indem sie ihn produktiv macht – wir werden sehen, *wie* –, kann sie ihn versorgen; sie kann es augenscheinlich selbst bei Naturkatastrophen, zuwider allen Jahrhunderten, in denen sonst alljährlich Millionen verhungerten. Wen der Preis, eben jene Vergesellschaftung, zu hoch dünkt, sollte bedenken, daß die Alternative zwischen Freiheit und Sicherheit sich niemandem stellt, der beides niemals gekannt hat. Allerdings wird die Eingewöhnung in Sicherheit zwangsläufig – obschon chinesisch, was seit alters sozial modifiziert heißt – Bedürfnisse wecken, die unsereins mit dem Begriff ›Freiheit‹ zu assoziieren gewöhnt ist. Die Chinesen sagen dafür *tzu-yu*, sagen, daß sie »selber Ursache« sein wollen. Erinnerung an Konfuzius, an Sätze von Richard Wilhelm:

»Die Führer der chinesischen Volkswirtschaft, allen voran Konfuzius, waren immer darauf gerichtet, den Menschen den Gütern gegenüber in eine zentrale Stellung zu versetzen. Sparsamkeit und Einfachheit auf der einen Seite, möglichst gleichmäßige Heranziehung aller Volksschichten auf der andern sollten bewirken, daß die lebenswichtigen Güter allen Menschen zur Verfügung standen, ohne daß einer zum bloßen Werkzeug herabzusinken brauchte. Daher auch die Losung, möglichst einfache Werkzeuge und möglichst geschickte Arbeiter zu haben. Das Schwergewicht lag durchaus auf der Ausbildung des Menschen, nicht auf der der Mittel. So suchte man die wirtschaftliche Betätigung als eine naturgemäße Äußerung des Menschen zu organisieren. Der Mensch sollte sein Menschtum wahren auch inmitten des wirtschaftlichen Prozesses.«
Diese Sätze gewannen eine aufregende Aktualität angesichts der sogenannten Volkshochöfen, die Ende der fünfziger Jahre überall in China installiert wurden. Sie waren kein Ersatz für Schwerindustrie und Qualitätseisen, sie sollten auch keiner sein; aber sie halfen den Kommunen, den Eigenbedarf an Werkzeug, Wagenachsen, Pflugscharen auf gewisse Zeit zu decken, ohne daß die Finanz- und Produktionskapazität des Landes (oder gar des staatlichen Zentralsektors) im mindesten beansprucht worden wäre. Geld und Bedienung stellten die Kommunen; für maximal 200 DM und 60 Arbeitskräfte, soviel erforderte ein Ofen, bekamen sie täglich den Gegenwert einer Tonne Rohgußeisen. Indische Stahlexperten, die prüfen sollten, ob das chinesische Verfahren sich generell für Entwicklungsländer eignete, urteilten 1959: »Die heimischen Schmelzöfen, die zu Hunderttausenden im ganzen Lande gebaut wurden, ließen sich in wenigen Tagen errichten, und sie erzeugten ein Eisen, das für seinen begrenzten Zweck annehmbar war. Sobald der unmittelbare Bedarf gedeckt war und rationellere, weniger Rohstoff verschwendende Verfahren angewendet werden konnten, wurden die heimischen Schmelzöfen aufgegeben.«
Wichtiger als dieser ökonomische Nutzen war indessen der Lehr- und Lerneffekt. Rechnet man, daß 1959 in rund 20000 Volkskommunen (eine jede zu zirca 10000 Menschen) mindestens ein Zehntel an solchen Kleinhochöfen arbeitete, so sind über zwanzig Millionen – vor allem Angehörige der Agrarkommunen, die bis dahin gar nichts von Eisengewinnung und Maschinenfabrikation wußten – mit den Elementaria der

Schwerindustrie vertraut gemacht worden. 1970 war die Volksrepublik bereits in rund 75 000 Kommunen (eine jede zu zirca 8000 Menschen) gegliedert, und die angelernte Arbeiterreserve belief sich auf mindestens sechzig Millionen. Eines Tages, sobald die landwirtschaftliche Mechanisierung vorangetrieben sein würde, konnte dieses Massenpotential für spezifisch industrielle Aufgaben mobilisiert werden. Daß eine so konsequente Politik der Kommunisierung oder Kommunardisierung, letztlich auf Kommunismus abzielend, freilich ihre zwei Seiten haben möchte: eine positive für das Ethos, eine negative für die Effizienz der Arbeit, hat niemand so klar beschrieben wie Joseph Needham, sinologische und ›sinische‹ Autorität unseres Jahrhunderts. Er verwies einerseits auf ideale Hoffnungen, die China erwecken, andererseits auf reale Gefahren, denen China erliegen könnte:

»Die atomhafte Aufsplitterung in der wettbewerblerischen Erwerbsgesellschaft [des Westens] zerstört die Persönlichkeit. Wettbewerblerischer Individualismus allein führt zur Entfremdung – ganz anders die Atmosphäre des Zusammenhalts in der chinesischen Großfamilie, der Zunft oder der Geheimgesellschaft, oder auch bei jenen, die sich heute in kooperativen Kommunen und Industrieeinheiten zusammenschließen. Natürlich steckt darin grundlegend der Glaube an Gleichwertigkeit, und mein Grund-Satz ist daher, daß es nur zum Besten der Welt wäre, wenn sich diese menschliche und vernünftige Geschwisterlichkeit durch die ganze Menschheit verbreitete. Mit all dem, was ich hier erörtere, empfehle ich zwar chinesische Formen des Lebens und Denkens der übrigen Welt, bin aber der Erste zuzugeben, daß auch sie nicht alle möglichen Probleme lösen können. Einige scharfsichtige japanische Freunde haben auf einen grundlegenden ›Amateurismus‹ hingewiesen, der die traditionelle chinesische Gesellschaft und insbesondere die der Gebildeten kennzeichnete, wie es auch heute noch das chinesische Ideal ist, den ›all-round-man‹ hervorzubringen, den wissenschaftlichen, industriellen, geisteswissenschaftlichen, ästhetischen Menschen ... In diesem Zusammenhang aber taucht das Problem auf, ob die Chinesen imstande sein werden, die Feldherrnhügel der Kerntechnologie und ähnliche Errungenschaften zu erobern, wenn Professionalismus zu sehr dem ›all-round‹-Ideal untergeordnet bleibt. Es ist [1977] noch zu früh, dazu etwas sagen zu können. Von einem aber bin ich überzeugt, daß nämlich China jenen Typ des äußerst unmenschlichen Wissenschaftlers und Ingenieurs niemals hervorbringen wird, der von den Bedürfnissen und Sehnsüchten des normalen Menschen wenig weiß und sich noch weniger um sie kümmert.«

1959, um zu diesem Datum zurückzukehren, kamen die Volkskommunen ins erste Jahr. Zur selben Zeit zeichnete sich der zweite Schock, er sollte China noch heftiger als der amerikanische treffen, bereits ab. Am 20. Juni 1959 kündigte Moskau ein Abkommen von 1957, das die Sowjets zur Mithilfe am chinesischen Atombombenprojekt verpflichtet hatte, einseitig auf; Mao Tse-tung spielt darauf in seinem Gedicht »Aufstieg zum Lu-shan« (vom 1. Juli 1959) mit der versteckten Bemerkung an, »er [Mao] mochte sein Rückgrat vor einem kleinen Freund vom Lande [das ist Chruschtschew] nicht beugen für fünf Scheffel Reis den Tag«. Nur ein Jahr später, im Juli 1960, rief Moskau 1390 russische Fachleute innerhalb eines Monats aus China ab, sie nahmen alle Unterlagen für die vereinbarten Vorhaben mit. 343 Verträge und Zusatzabkommen, 257 Projekte für wissenschaftliche, technische, industrielle Zusammenarbeit wurden annulliert. Peking beklagte den sowjetischen Wortbruch, der im Herbst 1961 auch zum politischen Schisma führte: Er habe den »ursprünglichen Wirtschaftsplan gestört und dem sozialistischen Aufbau Chinas gewaltige Verluste zugefügt«. Mit Willy Kraus ist festzuhalten, daß »tatsächlich ... im industriellen Bereich durch den plötzlichen Abzug sowjetischer Experten schwere Schäden entstanden« sind. »Vielfach oblag den Sowjets die gesamte Vorplanung einzelner Projekte, so daß bereits Projektvorbereitungen in Frage gestellt wurden. Jedenfalls sind fast alle sowjetischen Projekte, unabhängig von ihrem Ausreifungsgrad, unterbrochen worden. Teillieferungen sowjetischer Ausrüstungen wurden nicht zu Ende geführt. Engpässe entstanden schließlich auch durch das Ausbleiben sowjetischer Ersatzteillieferungen.«

Uns haben weniger die Ursachen als die Folgen zu interessieren. China, in technologische Nöte gebracht, entsann sich seiner technischen Tugenden, doch blieb seine Führung über Maß und Mittel, wie diese einzusetzen wären, lange unschlüssig. Bereits 1958, im Zeichen des »Großen Sprungs«, hatte die von Mao Tse-tung selber entworfene Betriebsordnung von Anshan, dem ›Ruhrgebiet‹ der Volksrepublik, das sowjetische System der innerbetrieblichen Leitung ablösen sollen: Politik an erste, Fachkenntnis an zweite Stelle; der spätere Slogan

»Rot *und* Experte!« kündigt sich an. (Aber wir müssen hier den Irrtum berichtigen, als hätte diese Maxime der Tradition, gar der konfuzianischen, widersprochen. Der Meister hatte gesagt: »Ein Herr ist kein Werkzeug«, was Max Weber dahin auslegte, der Herr [chinesisch *chün-tzu*] wäre »Selbstzweck, und nicht wie das Werkzeug, nur Mittel zu einem spezifizierten nützlichen Gebrauch«; sein Ideal wäre die »Allseitigkeit«, eben Needhams »all-round-man«, der zum »Amateurismus« neige, gewesen. Tatsächlich wollte Konfuzius die »Herren« zu Herrschern, zu politischen Menschen *par excellence*, gebildet wissen.) In einer konsequent marxistischen Einstellung, die das Prädikat der Herrschaft nicht länger einzelnen, sondern allen, nicht länger Eliten, sondern Massen zusprach, mußte Politik den Abbau hierarchischer zugunsten demokratischer Strukturen bedeuten (oder in harmloser klingenden Koordinaten: den Abbau vertikaler zugunsten horizontaler Strukturen).
»Demnach war die politische Führung durch die Partei zu stärken. Massenbewegungen sollten energisch unterstützt werden. Kader hatten an der produktiven Arbeit, Arbeiter an der Verwaltung und Betriebsführung teilzunehmen. Kader, Techniker und Arbeiter sollten ›Dreierverbindungen‹ bilden, um die technische Revolution voranzutreiben, ... Arbeiter zu Aufgaben heranzuziehen, die bisher ausschließlich Facharbeitern und Experten vorbehalten waren.« Die Liquidierung des Technokratischen, einer Herrschaft durch Technik, war eingeleitet. Doch die Herrschaft durch Politik führte, wie kaum anders zu erwarten, nicht alsbald zu ökonomischer Effizienz, obwohl die Dreierverbindungen wegen der starken Motivation der Arbeiter technische Innovationen, sowohl Verbesserungen als Erfindungen, *en masse* gebracht haben. So bewirkten Anfang der sechziger Jahre der ›russische Schock‹ und die chinesische Negativbilanz zusammen ein neuerliches Aufleben von technischem, auch finanziellem Management, von direktorialen Ein-Mann-Entscheidungen. Es kam soweit, daß der Dritte Fünfjahrplan, der ab 1963 anstand, auf 1966 vertagt wurde; Chou En-lai selber versprach für die Zwischenjahre eine Phase der Konsolidierung. Aber 1966 hatten die Befürchtungen, Herrschaft durch Technik könnte überhandnehmen, eine ›Neue Klasse‹ von Technokraten, auch Bürokraten, könnte die Macht usurpieren, sich abermals durchgesetzt. Mao Tse-tung initiierte die »groß« und »proletarisch« genannte Kulturrevolution, deren Statut unter Punkt 14 ausdrücklich sagt: »Das

Ziel bei der großen proletarischen Kulturrevolution ist die Revolutionierung der Ideologie der Menschen, damit die Arbeit auf allen Gebieten mehr, schneller, besser und wirtschaftlicher geleistet wird. Wenn die Massen restlos mobilisiert und entsprechende Vorkehrungen getroffen werden, ist es möglich, Kulturrevolution und Produktion weiterzuführen, ohne daß sie einander behindern, während die hohe Qualität aller unserer Arbeit garantiert ist.«
Dieser Passus trägt, merkwürdig genug, noch die Handschrift von Liu Shao-ch'i; der alsbald eines sowjetischen Revisionismus verdächtigte Staatspräsident hatte 1958 den ersten »Großen Sprung«, dem nunmehr ein zweiter folgte, mit eben den Worten »stärker, schneller, besser und wirtschaftlicher« dekretiert. Bemerkenswert ist ferner das oft wiederholte, stets betonte »und« zwischen Revolution *und* Produktion, an dessen programmatischem Nachdruck weder Chou En-lai noch Mao Tse-tung je einen Zweifel gelassen haben. Freilich lauerte die Gefahr, bald die eine, bald die andere Seite des Widerspruchs, das jenes »und« verdeckte, entweder hervorzuheben oder hintanzusetzen, und beidemal über Gebühr: Je nach Auslegung des Maotsetung-denkens konnten die Befürworter einer Produktion um scheinbar jeden politischen, konnten die Fürsprecher einer Revolution um scheinbar jeden ökonomischen Preis für Konterrevolutionäre erklärt werden. Das Statut vom August 1966 hatte zwar gewarnt, man solle sich hüten, jemanden leichtfertig als Konterrevolutionär »abzustempeln«; es hatte zwar gefordert, Wissenschaftler, Techniker und Angestellte, »solange sie patriotisch«, »nicht gegen die Partei oder den Sozialismus« seien, solange sie »keine unerlaubten Beziehungen zum Ausland« unterhielten, in Schutz zu nehmen; doch standen die Signale der Zeit, gesetzt von den ›Anti‹ gegen Moskau, gegen Technokratie, gegen Bürokratie, auf Sturm. Mochte es auch zu keinem Bildersturm kommen, es kam, bleiben wir im Bilde, zu einem Maschinensturm. Die Mahnung schien vergessen: »Jede Ansicht, die große Kulturrevolution der Entwicklung der Produktion entgegenzusetzen, ist falsch.«
Gleichwohl waren Erfolge zu verzeichnen; ein persönliches Beispiel. Am 9. Oktober 1970 besuchte ich Pekings neue Transistorenfabrik. Das Gelände macht einen beinah unscheinbaren Eindruck. »Wir haben auf einer Fläche von 19 qm angefangen, jetzt sind es 210 qm«, höre ich. Wann war das?

»1965.« Was war 1965 zu tun? »Wir hatten vier Probleme zu lösen. Das erste: Experimentieren. Das zweite: ein spezielles Design. Das dritte: eine neue Technik. Das vierte: die Finanzen, um unsere Fabrik erst einmal aufzubauen. Ursprünglich konnten wir bloß primitive Geräte reparieren.« Wann haben Sie die neuen Gebäude errichtet? »Im Jahr 1967.« Wie viele Leute beschäftigen Sie heute? »350.« Was für Leute? »Es sind Mitglieder des Revolutionären Komitees und, vor allem, Arbeiter.« Sie erwähnen die Techniker nicht. »Die Techniker sind eine Sache für sich.« Wieso? »Als wir 1965 anfingen, mußten wir eigene Techniken entwickeln, aber wir hatten nur vier ›Studierte‹; die übrigen Arbeiter sind zur Mittelschule gegangen. Auch jetzt haben wir keinen einzigen ausgebildeten Ingenieur.« Wie können Sie in dieser diffizilen Materie ohne Ingenieure etwas leisten? »Die Arbeiter steuern ihre Erfahrungen bei.« Sie sprechen von Studierten. Wie sind Sie mit ihnen ausgekommen? »Wir hatten damals eine ›technische Autorität‹ hier. Der Herr versuchte, uns zu kommandieren.«

## Teng Hsiao-p'ing oder Die Forcierung des Technologischen

»Lieber Freund, nachdem ich die Herren Präsidenten der Max-Planck-Gesellschaft und der Deutschen Forschungsgemeinschaft, der Westdeutschen Rektorenkonferenz und des Wissenschaftsrates soeben auf den Bonner Flughafen begleitet habe, von dem sie nach China aufbrachen, möchte ich noch einmal deutlich machen, worum es bei den Gesprächen übermorgen gehen wird. Die Herren haben als Hauptverhandlungspunkt in ihren Papieren stehen: die Verlegung des Max-Planck-Instituts für Bildungsforschung (Berlin) sowie des Max-Planck-Instituts zur Erforschung der Lebensbedingungen der wissenschaftlich-technischen Umwelt (Starnberg) in die Volksrepublik China... Der Plan der abgeflogenen Präsidenten sieht vor, zu sondieren, ob die Möglichkeit besteht, wissenschaftlichen beamteten Forschern (aus Westdeutschland) Forschungsaufträge in China zu verschaffen. Zwei Präsidenten schwebt, meinen Informationen zufolge, darüber hinaus der Plan vor, Forschern minderen Grades eine zusätzliche praktische Ausbildung schmackhaft zu machen, die unseren Barfußärzten entspricht, also Barfußplasmaphysiker, Barfußmikrobiologen usw. heranzubilden. Hier sehe ich für uns eine ganz große Chance: Stell Dir vor, wieviel abertausend Blumen blühen könnten, falls man alle diese Barfußleute an unseren neugegründeten Instituten in der Provinz einsetzte.«

Wer den Schaden hat, braucht für den Spott nicht zu sorgen. Aber wer hat den Schaden, wer den Spott? Diesen Brief eines Wang K'o, seines Zeichens »Sonderbeobachter für Wissenschaft und Technik der VR China in der Bundesrepublik«, an einen Ma Ch'iu-li, seines Amtes »Erster Sekretär des stellvertretenden chinesischen Ministerpräsidenten«, ihn fingierte die »*Frankfurter Allgemeine Zeitung*« in ihrem Silvesterfeuilleton 1979. (Nur am Rande sei das, natürlich gleichfalls fiktive, Protestschreiben vermerkt, das die Bundesvereinigung der kommunalen Spitzenverbände abfaßte; Überschrift »Bayern ist uns näher als Fernost«.) Der Spott sollte zweifellos zuerst die Chinesen treffen; neidete man ihnen, vielleicht, ihre Barfuß*ärzte*, so meinte man doch belächeln zu müssen, daß sie, kaum eben ihrer (sagen wir) ›Barfuß*techniker*‹ selbst überdrüssig, bereits nach den Sternen westdeutscher Wissenschaft und Technologie zu greifen wagen. Wer hören konnte, dem rumoren noch die Politslogans des Jahrzehnts zwischen 1965 und 1975 im Kopfe, zum Beispiel »Rot und Experte!«; wer lesen wollte, dem schlagen noch die Erfolgsmeldungen von damals aufs Gedächtnis, zum Beispiel der 68er Bericht über die »revolutionären Veränderungen« in der Werkzeugmaschinenfabrik Shanghai, die, wie man weiß, sich Mao Tse-tungs besonderer Vorliebe erfreute, wurden hier doch »Techniker aus der Arbeiterschaft« herangebildet, die »nach einigen Jahren des Studiums wieder in die Praxis der Produktion zurückkehren« – der Weisung des Vorsitzenden folgsam.

»Vor kurzem wurde mit Erfolg eine Präzisionsschleifmaschine versuchsweise produziert, die dem modernen internationalen Standard entspricht. Gewöhnlich brauchte man zur Herstellung des Modells achtzehn Monate. Diese Zeit wurde auf sechs Monate verkürzt, da die Techniker mit Arbeiterherkunft die Engstirnigkeit, die lange geherrscht hatte, kühn überwanden. Die Oberflächengüte wurde um vier Punkte erhöht. Die Zahl der Bestandteile und das Gesamtgewicht wurden um ein Drittel reduziert. Die Kosten betragen lediglich 15,5 % des Preises, der für importierte Präzisionsschleifmaschinen desselben Typs zu bezahlen ist.«

Als Theo Sommer, Chefredakteur und Herausgeber der »*Zeit*«, am 19. Oktober 1978 (genau zehn Jahre nach diesem

Erfolgsbericht) die Shanghaier Werkzeugmaschinenfabrik besuchte, fielen ihm vor allem Mängel auf. Der erste: die Qualität der Produkte – »Schleifmaschinen für Zahnräder oder Getriebe, darunter viele halbautomatische, aber auch laserkontrollierte Gewindeschneidemaschinen, außerdem Meßgeräte und Armaturen« – lasse zu wünschen übrig; die Ausschußrate werde nicht mitgeteilt. Der zweite Mangel: die Arbeitsproduktivität sei gering; lässiger Arbeitseifer, behäbiges Arbeitstempo, eine nur 90%ige Besetzung der Arbeitsplätze. Der dritte Mangel: das Management werde durch Auflagen der Partei und Eingriffe der Funktionäre behindert; von 1970 bis 1977 habe die Fabrik ihr Plansoll nicht erfüllt; jedoch sei das verantwortliche Revolutionskomitee – eine jener egalitären Dreierverbindungen aus Arbeitern, Technikern und Kadern – von einem hierarchisch aufgebauten Management, nämlich »von einem Direktor samt Stellvertreter abgelöst worden«. Zukünftig müsse und solle auf Steigerung der Effizienz, Verbesserung der Qualität, Verminderung des Ausschusses, Disziplinierung der Arbeiter, Verfeinerung des Managements, Ankurbelung des Wettbewerbs geachtet werden. Sommer weiß sich darin, »nach einer Stippvisite von zwei Wochen« (wie er selbst entschuldigt), mit Teng Hsiao-p'ing einig, den immerhin zwei Jahrzehnte von einem gemäßigten Radikalen zu einem etwas minder maßvollen Modernisierer gemacht haben, einig auch mit dem Präsidenten der neugegründeten Akademie für Gesellschaftswissenschaften, Hu Ch'iao-mu. (Hu, Jahrgang 1905, war übrigens 1945 Sekretär von Mao Tse-tung, wurde 1956 Mitglied des Zentralkomitees der KP Chinas und arbeitete unter Chou Enlai an der Phonetisierung der chinesischen Sprache; seit Dezember 1978 gehört er dem Politbüro an.)
»Die Erfahrung hat uns gezeigt, daß der Sozialismus nicht verhindern kann, daß die politische Macht der wirtschaftlichen Entwicklung enormen Schaden zufügt... Warum sollten die Massen die Kommunistische Partei wollen, wenn die Kommunistische Partei nicht in der Lage ist, die Interessen der großen Mehrheit wahrzunehmen? Warum sollten sie die Kommunistische Partei unterstützen?... Die Interessen der großen Mehrheit sind die Interessen der Kollektive und der einzelnen. Wie Mao Tse-tung sagt: ›Leeres Gerede ist zwecklos. Das Volk will materielle Vorteile sehen.‹«
Wir sollten uns angewöhnen, die polit-ökonomische Entwicklung der Volksrepublik China gelassen zu betrachten, in Maß-

stäben von Jahrzehnten anstatt von Monaten oder gar Wochen. Die Kontinuität von Persönlichkeiten wie Hu Ch'iao-mu, von Fang Yi, dem gegenwärtigen Vizepremier und Vorsitzenden der Staatskommission für Wissenschaft und Technik – den unsere Gazetten anläßlich seines Bonn-Aufenthalts im Herbst 1978 als »hauptverantwortlich für Chinas neue ›wissenschaftliche‹ [auch technische] Revolution« erklärten, seines untadelig revolutionären Lebenslaufs vergessend –, diese kontinuierliche Verantwortung verbürgt auch eine Stetigkeit der Zielrichtung, möge sie »Wendungen und Windungen« im Sinne Maos einrechnen, ja ausdrücken. Es müssen keine Opportunisten sein, die durch Erfahrung sich belehren lassen, die Ende der sechziger Jahre auf politische Egalität, Ende der siebziger auf ökonomische Effizienz setzen; vielmehr könnten sie beidemal eine Kultur der Technik, Möglichkeiten für einzelne und Notwendigkeiten für alle aufeinander abstimmend, zu bezwecken suchen. Es müssen keine Ketzer sein, die Mao Tse-tungs Devise, »*to szu* – viel denken«, wie Fang Yi scheinbar gegen ihn selber richten; ermunterte er doch 1978 die Experten, zweifellos ›rote‹, sie sollten wirtschaftliche Tabus durchbrechen. Aber waren es eigentlich nicht politische? »Sie sollten nicht bei den von Marx, Lenin und dem Vorsitzenden Mao gezogenen Schlüssen haltmachen, sondern im Rahmen der neuen historischen Bedingungen neue Theorien finden, um den Marxismus zu entwickeln.«
Bleiben wir nicht im Allgemeinen; wenden wir uns einem Besonderen zu, das heute im Zentrum der Bemühungen aller Nationen steht, ob sie einen internationalen Industriestandard noch erhalten oder erst erreichen müssen: der Energiepolitik und Energiewirtschaft. Zu den sogenannten ›Fünf kleinen Industrien‹ Chinas gehört außer der Produktion von Zement, Eisen-Stahl, Chemiedünger und Landwirtschaftsgerät auch die Erzeugung von Elektrizität. Diese Industrien heißen ›kleine‹, weil sie unter recht einfachen, fast primitiv anmutenden Umständen doch nutzbringend zu betreiben sind; man erinnere sich der gerne belächelten Kleinsthochöfen, die Ende der fünfziger Jahre überall installiert wurden und bei einem Aufwand von maximal 200 DM und 60 Arbeitskräften täglich den Gegenwert einer Tonne Rohgußeisen lieferten. Damals tat die Volksrepublik nach ihrem eigenen Selbstverständnis einen Großen Sprung: Die Volkskommunen institutionalisierten und organisierten die Kleinbetriebsstrategie, erzielten technolo-

gische Lerneffekte, ließen »unmittelbare Massenpartizipation, auch im Entscheidungsbereich, zu«, schufen »Arbeitsplätze für rund eine viertel Milliarde Menschen«. In jenen Jahren stieg auch die Erzeugung von Elektrizität sprunghaft an: von 19,3 Mrd. kWh 1957 auf 28,0 Mrd. 1958, 42,0 Mrd. 1959 und 47,0 Mrd. kWh 1960. Diesen Zahlen, die auf westlichen Quellen beruhen, fügt das »Handbuch der Dritten Welt« (Hamburg 1978) hinzu: »China ist keineswegs auf die im Kommunebereich wachsende Klein- und Mittelindustrie beschränkt. Die Wirtschaft darf... nicht auf dem ›einen Bein‹ der lokalen Industrie gehen, sondern benutzt in den entwickelteren Regionen noch das ›zweite Bein‹ einer zentralisierten Industrie. Die Förderung nach Simultaneität im politökonomischen Bereich läuft hinaus auf... gleichzeitige Entwicklung großer, mittelgroßer und kleiner Unternehmen (also kapitalintensiver Großprojekte neben handwerklich orientierten Kleinbetrieben).«
Edgar Snow hatte 1961/62 die Produktion von Elektrizität für 1974 mit »jährlich 110 Milliarden kWh« geschätzt; seine Schätzung wurde mit 108,0 Mrd. kWh annähernd erreicht, immerhin »viermal soviel wie die Energieerzeugung Chinas vor dem Krieg«. Im allgemeinen ist ein stetiges, gelegentlich sogar exzessives Plus an Elektrizität festzustellen; freilich ist nach Großem Sprung und sowjetischem Schock ein immenser Rückgang zu verzeichnen: von 47,0 Mrd. kWh im Jahre 1960 auf 31,0 Mrd. kWh im Jahre 1961, die erst 1966 mit 48,5 Mrd. kWh wieder eingeholt waren. Freilich hat die Kulturrevolution den Zuwachs stagnieren lassen, bis 1969 bei 55,0 Mrd. kWh; erst ab 1970 wurde die Volksrepublik ihrer Elektrizität wieder froh – um ab 1975, infolge der produktionsfeindlichen ›Viererbande‹, sich aufs neue mit Stillstand abfinden zu müssen. Extremisten, nicht etwa Gemäßigte, hatten Lenins berühmte Formel »Sozialismus = Elektrifizierung + Sowjetmacht« in Frage gestellt. Kein Zweifel, daß Mao Tse-tungs und Chou En-lais Nachfolger – Hua eher politisch, Teng eher ökonomisch – das Steuer herumwarfen, besser es auf früheren, von Chou noch vorgeschlagenen, ja eingeschlagenen Kurs zurückdrehten. Kein Zweifel aber auch, daß im »Bericht über die Tätigkeit der Regierung«, den Hua Kuo-feng im Februar 1978 erstattete, Anklänge an Maos Programm und Praxis der »Zwei Beine« kaum zu überhören sind. In Zusammenhang mit den Planzielen, die Energiewirtschaft »auf der Grundlage neuer Technik« zu modernisieren, bei der Produktion von Elektrizität »in die

Spitzengruppe der Welt« aufzurücken, bei der Versorgung zum Beispiel »die Eisenbahn im großen und ganzen zu elektrifizieren«, wurde die Bevölkerung aufgerufen, den landwirtschaftlichen Investbau zu beschleunigen, vor allem Bodenmelioration und Wasserbau.

»Der Staat übernimmt die großen Wasserbauprojekte, die Regulierung der großen Ströme wie Gelber Fluß, Yangtse, Huai, Haiho, Liao und Perlfluß; er sorgt für die Schlüsselprojekte zur Lösung des Trockenheitsproblems in Nordwest-, Nord- und Südwestchina und errichtet Projekte, mit deren Hilfe die Wassermassen des Yangtse in die Gebiete nördlich des Gelben Flusses abgeleitet werden können. Auf örtlicher Ebene müssen entsprechend den konkreten Bedingungen mittelgroße und kleine Wasserbauprojekte errichtet werden.« Die bisherige Energiewirtschaft rangiert für Hua unter »den schwächeren Gliedern« der chinesischen Ökonomie; geplant sind deshalb – außer acht neuen Kohlenrevieren, zehn neuen Öl- und Gasfeldern – allein 30 Großkraftwerke, zum Teil hydroelektrische. Dabei ist die Stromerzeugung durch Wasserkraft in den Jahren 1971–1975 von 15,7 auf 29 Mrd. kWh gestiegen, hat sich also nahezu verdoppelt. Das Hamburger Institut für Asienkunde schätzt den Anteil der Wasserkraft an der Erzeugung von elektrischer Energie auf 25%; »dieser Anteil soll auf 40% erhöht werden«. Die eineinhalbtausend Flüsse Chinas stellen tatsächlich ein potentielles Kraftreservoir von 580000 Megawatt dar (1 MW = 1 Million Watt), tatsächlich dürfte ein gutes Drittel davon in den nächsten Jahrzehnten nutzbar zu machen sein. Der Hydroelektrizität kommt ihre besondere Bedeutung deswegen zu, weil sich ihr Anteil in den ländlichen Gebieten – dort wird sie zu drei Vierteln für die Ent- und Bewässerung der Felder verbraucht – von 25% auf 75% steigert. So werden abermals die Volkskommunen wichtig, die den Zentralsektor der Großkraftwerke sowie den Regionalsektor der mittleren Wasserkraftwerke (5000 – 50000 kW) ergänzen und entlasten; sie bauen kleine und kleinste hydroelektrische Stationen, diese leisten zwischen 3 und 500 kW. Die Chinesen betonen, daß 90% der 1975 arbeitenden 60000 mittleren und kleineren Wasserkraftwerke erst während und nach der Kulturrevolution errichtet wurden; vorher hätte die bürokratisch revisionistische Bevorrangung des staatlichen Zentralsektors die Initiative der Massen unterdrückt. »Auf zwei Beinen gehen« –: Was Mao Tse-tungs berühmte Parole konkret beinhaltet, zeigt ein Vergleich des Kraftwerkgiganten *Liuchiahsia* am Oberlauf des Gelben Flusses mit jenen 60000 Mittel- und Ministationen, die 1974 immerhin ein Drittel allen Stroms für China aus dem Wasser holten. Eine offizielle Mitteilung über *Liuchiahsia*: »In den Maschinenhallen unterhalb des Dammes stehen fünf große, in China gebaute hydraulische Generatoren-Aggregate, von denen eines das erste innen doppelt-wassergekühlte 300000-kW-Generatoren-Aggregat des Landes ist. Mit einer Gesamtkapazität von 1225000 kW können im Jahr 5,7 Mrd. kWh Strom erzeugt werden. Dies ist mehr als die Gesamtmenge an Strom, die im alten China vor 1949 jährlich erzeugt wurde.«

Indes wurden (und werden) neben den Millionen kW auch die ein- und zweistelligen kW, die sich -zigtausendfach wieder zu Millionen kW summieren, vor Ausländern propagiert. Delegierte der UNEP (Umweltprogramm der UNO), die Mitte der siebziger Jahre etliche hydroelektrische Kleinkraftwerke inspizierten, um praktische Anregungen für Entwicklungsländer zu sammeln, berichteten zum Beispiel, eine Station mit 15 kW Leistung unterhalte eine Papiermühle und stoße täglich 2,2 t Packpapier aus. Die Chinesen selber erinnern sich an Wasserräder, *shui-pai*, die bereits während der Han-Dynastie (um 150–200) in Betrieb waren; ähnliche Räder, sie allerdings nur zum Wasserschöpfen, sind in Syrien und im Irak seit der Antike unter dem Namen *Noria* bekannt. In China jedoch nutzte man die *shui-pai*, um metallurgische Gebläse zu betreiben – wessen sich außer Professor Needham natürlich auch die Einheimischen erinnern; siehe die Pekinger Zeitschrift »*Scientia Sinica*« (5/1975): »Der Einsatz wassergetriebener Gebläse erhöhte die Temperaturen im Schmelzofen beträchtlich und erlaubte den Eisenguß in unserem Land früher als in Europa, wo es Eisenguß bis zur Mitte des Mittelalters nicht gegeben hat.«

Die UNEP-Delegation inspizierte auch Anlagen – ein großes Wort für nichts weiter als luftdicht abzuschließende Gruben –, in denen die in Agrarländern reichlich vorkommenden organischen Abfälle gären, bis Sumpf-, Faul- oder Biogas entsteht; das Gas einer 10-cbm-Grube genügt fünfköpfigen Haushalten das ganze Jahr über zum Kochen und zur Beheizung. Bereits ab 1960 etwa wird Biogas-Energie zunehmend verbraucht, so daß China, gleichsam nebenbei, auch die Produktion von organischem Dünger erhöht, die ländliche Hygiene verbessert, die ländliche Nebenproduktion gesteigert, das Haushaltseinkom-

men vermehrt, Lebensstandard und kulturelles Niveau gehoben hat. Gleichzeitig entwickeln die Chinesen, einmal mehr ihrer Traditionen sich erinnernd, seit der Kulturrevolution praktikable Techniken, um die ›Himmelskräfte‹ zu nutzen: die Sonne und den Wind. Von Vorteil, jedenfalls vorläufig und insbesondere in stadt- wie industriefernen Steppen, werden Windkraftwerke sein, die relativ einfach zu bauen sind. Die Zeitschrift »*K'o-hsüeh*« (zu deutsch »Wissenschaft«) beschreibt eine solche Anlage: sie soll bei einer Windgeschwindigkeit von 6 m pro sec rund 30 kW erbringen – genug, um einem kleineren Dorf die erforderliche Elektrizität zu liefern. Konsequent wird auch Sonnenkraft – zumal sie wie regulierte Wasser- und Windkraft als ›absolut umweltfreundlich‹ gilt – praktisch bereits schon im kleinen, im großen einstweilen erst theoretisch, zur Versorgung eingeplant. Die Sonne heizt Öfen, Kochkisten und Badebecken, treibt Wasserpumpen und Kühlaggregate an: siehe die Textilfabrik *Tungfanghung*, Provinz Chekiang:
»Hier wurde zur Verbesserung der Arbeitsbedingungen in den Werkhallen eine Kühlanlage eingebaut. Mittels dieser Sonnenenergie-Anlage kann man Eis produzieren. Hauptteil der Anlage ist ein Hitzesammler und ein Kondensator zur Wasserverdampfung. Die Anlage ist sehr einfach gebaut. Der Hitzesammler besteht aus einem schwarz gestrichenen Rohrleitungssystem, das mit Ammoniak gefüllt ist. Durch das Verdampfen der Ammoniaklösung in dem geschlossenen System wird Hitze absorbiert und die Luft gekühlt.« Solche technische Praxis wird gefestigt durch offizielle Informationen, wie und wofür Sonnenwärme zu sammeln sei; durch Karten des Wetteramts Peking, die monatliche und jährliche Strahlungsintensität in den verschiedenen Landesteilen verzeichnen, um die Standorte wichtigerer »Sonnenprojekte« optimal bestimmen zu können. Die technologische Theorie befaßt sich mit den Problemen, »Wärme-Energie in großem Umfang lange Zeit zu speichern, drahtlos über große Entfernungen zu transportieren und mit hohem Wirkungsgrad in elektrische Energie umzuwandeln«; hinsichtlich der Lösung dieser Probleme ist man zuversichtlich. Denn zugrunde liegt eine Philosophie. Alle auf Erden vorhandenen Brennstoffe sowie Wasser- und Windkraft sind letzten Endes, wie die Chinesen sagen, eine »Folge der Sonnenenergie«; man wisse zwar, daß »einige natürliche Energiequellen (z. B. Kohle und Erdöl) eines Tages verbraucht sein werden«,

solle indessen auch wissen, daß »die Sonnenenergie eine natürliche *unbegrenzte* Energiequelle für den Menschen ist«. Auch die Nutzbarmachung des Energiepotentials allein unseres Planeten, von der Sonne zu schweigen, stecke noch völlig in den Anfängen; im Feuerkessel des Erdinneren selber, in der Gezeitenkraft an den Küsten, im Deuterium der Meere sei Energie für Milliarden Jahre gespeichert. Es mutet wie ein Lehrsatz an, der alle Theorien über die Erschöpfung der Energievorkommen als falsch, weil metaphysisch und undialektisch, verwirft, wenn *»Scientia Sinica«* sagt: »Erkenntnis und Nutzung von Energiequellen durch den Menschen sind unbegrenzt.«
Die Philosophie einer Unbegrenztheit der Energiequellen, die genutzt werden könnten und müßten, läßt keinen Zweifel, ob die Volksrepublik auch danach strebt, »den Feldherrnhügel der Kerntechnologie«, wie Joseph Needham sich ausdrückt, »zu erobern«. Noch 1976, nach Matthöfers Chinareise, teilte das Bonner Ministerium für Forschung und Wissenschaft mit, daß es seines Wissens »in China bislang kein Programm der friedlichen Nutzung der Kernenergie gibt, so daß Elektrizität ausschließlich auf der Grundlage konventioneller Kraftwerke erzeugt wird«; bis dahin wurden lediglich kleine Reaktoren zu Forschungszwecken betrieben. Aber in seiner Rechenschaft von 1978 sagte Hua Kuo-feng klipp und klar: »Wir müssen Atomkraftwerke bauen.« Und im gleichen Atem- und Gedankenzug forderte er die Mobilisierung der Massen, appellierte er an die »unbegrenzte Schöpferkraft« seiner Landsleute, an ihren traditionellen Erfindungsreichtum. Ein Verweis auf die Ökonomie der ›Zwei Beine‹, deren eines sozusagen zum Schritt den technologischen Gipfel hinauf ansetzt, während das andere tief unten auf ebenerdiger Technik feststeht, ist drastischer kaum möglich. Scheint gegenwärtig auch das Technologische forciert zu werden, wie ehedem das Technokratische liquidiert wurde – nämlich beidemal in einem Maß, das entweder zu Lasten der Effizienz oder der Egalität geht –, wir sollten uns gewöhnen, darin die, zwar zu Zeiten extremen, Pendelausschläge doch einer und derselben Politik zu begreifen. Alain Bouc, bis Ende 1976 Korrespondent von *»Le Monde«* in Peking, betonte und begründete mit Recht die Kontinuitäten.
»Die Korrektur des *laisser aller* [der ›Schludrigkeit‹] hat nicht erst beim Tode Maos begonnen. Man muß schon böswillig sein, um nicht in der Rede Chou En-lais vor dem Volkskongreß im

Januar 1975 bereits alle großen Themen der Wirtschaftsentwicklung zu sehen, die das Handeln heute bestimmen, vor allem das Ziel der Vier großen Modernisierungen bis zum Ende des Jahrhunderts. Die Heranziehung ausländischer Technik beginnt ebenfalls nicht [erst] mit dem Oktober 1976. Die großen Verträge mit den französischen petrochemischen und Maschinenbaukonzernen stammen aus den Jahren 1973/74. Es hätte noch mehr solcher Verträge gegeben, wenn die Radikalen sich dieser Politik nicht widersetzt hätten; die Orientierung war jedoch eindeutig gegeben.«

Mag Teng Hsiao-p'ing eher eine Forcierung des Technologischen, Hua Kuo-feng eher eine Tradierung des Technischen vertreten; beide zusammen stehen wohl dafür ein, daß die Risiken einer Modernisierung geringer wiegen als ihre Chancen. Erinnern wir uns: Needham hatte sich überzeugt gegeben, China werde »jenen Typ des äußerst unmenschlichen Wissenschaftlers und Ingenieurs niemals hervorbringen, ... der von den Bedürfnissen und Sehnsüchten des normalen Menschen wenig weiß, und sich noch weniger um sie kümmert«. Needham setzte seine Hoffnung auf den »neuen Menschen Chinas«. Wir bleiben realistischer, und trotzdem teilen wir Needhams Erwartung, daß Technokratie, im Grunde die Herrschaft von Menschen über Menschen, abgebaut werden kann.

»Höchst interessant erscheint mir, daß die fortschrittlichsten Betriebe der westlichen Industrie damit begonnen haben, ähnliche Wege zu gehen. Handwerker, Facharbeiter und Arbeiter werden ermutigt, Initiative zu zeigen, erfinderisch tätig zu werden, Aufgaben gemeinsam anzugehen... So werden denn selbst im kapitalistischen Westen [zum Beispiel in der schwedischen Automobilindustrie] die Grundsätze der Job-Vereinfachung, der Gleichförmigkeit und der engen Kontrolle zugunsten einer Arbeitsorganisation aufgegeben, in der autonome kleine Gruppen gebildet werden, um spezifische Aufgaben zu lösen... Insofern nun Produktion in autonomen Gruppen dem Arbeiter mehr Gelegenheit bietet, seine eigene Arbeit zu beeinflussen, Verantwortlichkeit zu übernehmen, Probleme zu lösen und sowohl seine eigene Entwicklung zu fördern als auch umfassender und freudiger mit seinen Mit-Arbeitern zusammen zu arbeiten, folgt sie Methoden und Idealen, die typisch chinesisch sind.«

## 5. Der Trotzki und der Chruschtschew Chinas

Wieweit rehabilitiert Peking die Gegner Maos? (1980)

Am 29. Februar 1980 beschloß das Fünfte Plenum des XI. Zentralkomitees der KP Chinas, ich zitiere die offiziöse Übersetzung der *Xinhua News Agency*, »to rehabilitate comrade Liu Shaoqi«. Am 20. März 1980 fand in Peking, ich sage es wieder im Englisch der amtlichen Nachrichtenagentur, »a memorial meeting... for comrades Li Lisan and Jia Tuofu« statt. Beschränken wir uns einstweilen auf Li Li-san, von dem Edgar Snow geschrieben hat, er sei »unter Chinas Kommunisten vielleicht derjenige, der einem Trotzki am nächsten kam«, und auf Liu Shao-ch'i, der während der Kulturrevolution zu einem der »obersten Parteimachthaber, die den kapitalistischen Weg gehen« und zu »Chinas Chruschtschew« erklärt worden war. Wieweit rehabilitiert die neue Pekinger Führung, die sich immerhin auf Mao Tse-tung beruft, es wäre denn ein Lippenbekenntnis, dessen frühere, inzwischen verstorbene Gegner? Die Frage so zu stellen, heißt, sie ungenau, sogar falsch zu stellen. Falsch, weil keine persönlichen Gegnerschaften ausgetragen werden, sondern sachliche Differenzen; ungenau, weil nicht alle Maßnahmen, die Li Li-san oder Liu Shao-ch'i zu verantworten haben, nachträglich gutgeheißen werden. Daß man Fehler in ihrer Beurteilung korrigiert, soll ihre generelle Verurteilung ausschließen. Mao Tse-tung hat solche Korrekturen, ob andere oder ihn selbst betreffend, theoretisch stets gebilligt und sich ihnen praktisch kaum entzogen. Im Falle Li Li-san, um damit zu beginnen, sah Edgar Snow sich 1968 zu folgenden Sätzen veranlaßt: »Li blieb ein Symbol der ›Versöhnlichkeit‹ Maos. Obwohl er in der Großen Proletarischen Kulturrevolution keine herausragende Rolle spielte, wurde er nicht als Revisionist angegriffen; auch wurden seine Irrtümer in der Vergangenheit nicht ausgegraben, um ihn herabzuwürdigen.«

Snow setzt das Wort »Versöhnlichkeit« (englisch *forgivingness*) in Anführungsstriche, als behage ihm selber die Metapher von der Vergebung nicht. Zu vergeben hatte Mao allenfalls Persönliches, auf sich beruhen zu lassen aber Politisches, wenngleich das eine mit dem anderen tragisch verflochten war. Das Jahrzehnt 1921–1930 sieht den ersten Aufstieg und Fall

des Li Li-san. 1921 gründet er zusammen mit Chou En-lai, dem späteren Premier der Volksrepublik, die Zweigstelle Frankreich der KP Chinas. 1925 zählt er zu den führenden Gewerkschaftsfunktionären; erster Moskau-Aufenthalt. 1927 wird er ins Politbüro gewählt, 1928 zum Direktor der Propaganda-Abteilung des ZK ernannt; zweiter Moskau-Aufenthalt. Im Mai und Juni 1930, inzwischen dominiert er in der Parteiführung, organisiert Li bewaffnete Aufstände und militärische Aktionen, um den Nationalisten unter Tsiang Kai-shek einige der wichtigsten Städte zu entreißen. Mao Tse-tung setzt sein Gegenkonzept der ländlichen Guerilla durch; ihm scheinen die Revolutionären Regionen nicht stark genug zu sein, um Städte auf die Dauer zu halten. Im September 1930 muß Li Li-san Selbstkritik üben, wird aus dem Politbüro ausgeschlossen und geht nach Moskau, wo er die nächsten fünfzehn Jahre zubringt.
Von Juli 1930 datiert Maos Gedicht »Von T'ing-chou nach Ch'ang-sha«, ein lyrischer Kommentar zur Nahen Geschichte Chinas, der in einer Zeile auch persönlich nahegeht.
»Im Juni: des Himmels Armee bekämpft den Verderber,
mit Tausendmeilenstricken will sie das Ungetüm fesseln.
Die Kan Wasser drüben, rotgefärbt ihre Biegung;
die Flanke setzt ihr Vertrauen auf Huang Kung-lüeh.
Millionen Arbeiter, Bauern: alle im Sturmschritt,
wie Matten aufrollend Kiangsi, voran gegen Hunan und Hupei.
Die Internationale, tragischer Gesang;
ein Wirbelwind, den Unsern vom Himmel gefallen.«
Von T'ing-chou, an der Westgrenze Fukiens, nach Ch'ang-sha, im Osten Hunans –: zwischen den Städten die Provinz Kiangsi, wo die Rote Armee siegreich operiert, solange Mao Tse-tung seine Strategie des Revolutionskrieges, abwechselnd defensiv und offensiv zu werden, anzuwenden vermag. Der Feind, »verderbt« wie »verderbend«, scheint von mythischer Gefährlichkeit: chinesisch steht für »Ungetüm« *k'un*, ein meererschütternder Leviathan, und *p'eng*, ein luftaufrührender Vogel Roch. Indessen treten nicht irgendwelche, sondern »des Himmels Truppen« gegen ihn an; so hießen einst die Kaiserlichen, so nennen sich immer noch jene, die im Besitz des himmlischen Auftrags sind. Ihr Kampf, solange Generale wie Huang Kung-lüeh (der Kommissar der 5. Armee) ihn befehligen, wird ›pragmatisch‹ geführt, weder militärisch riskant noch politisch voreilig; man lockt den Gegner tausend Meilen ins Land, um seine Kräfte zu fesseln, man rollt ihn auf – selbst immer

beweglich, selbst nirgends zu fassen. Übrigens ist die Metapher »Tausendmeilenstrick« – oder, in einem anderen Mao-Gedicht, »langes Seil« – so alt wie Chinas Geschichte. Chung Chun soll im II. Jahrhundert ante von Kaiser Han Wu-ti einen langen Strick gefordert haben: mit ihm würde er den König der Yüeh fesseln und als Gefangenen heimbringen.
»Die Internationale, tragischer Gesang.« An dieser Verszeile rätseln die Interpreten, chinesische und andere. Warum werde die Internationale mit einem Wort benannt, nämlich chinesisch *pei*, das »Trauergesang« oder »Tragödie« bedeutet? Der gelehrte Kuo Mo-jo, Präsident der Akademie der Wissenschaften, war der Ansicht, »weil das Lied von den hungernden und frierenden Arbeitssklaven handelt«. Ein chinesischer Publizist läßt das Beiwort »tragisch« völlig außer Betracht und zeichnet ein heroisches Bild. Ein schwedischer Sinologe versucht, Heldentum *und* Opferleid herauszulesen. Auch die Pekinger Übersetzung ins Englische – die Internationale »a song for heroes« – wäre nur zu halten, ließe sich an der Vokabel *pei*, die den Gesang qualifiziert, überhaupt deuteln; sie gehört aber zum Sinnbezirk der Klage. Die Erklärung, warum Mao Tse-tung kein heroisches Epitheton gewählt hat, liegt und geht nahe. Einen Monat vor Niederschrift des Gedichts, im Juni 1930, marschierte die Rote Armee wieder auf Ch'ang-sha. Zehn Tage war die Stadt schon einmal behauptet worden, ehe Tsiang Kaisheks Einsatz und ausländische Kriegsschiffe den Rückzug erzwangen. Mao hatte die Besetzung zwar für unnötig erklärt, doch ihrem psychologischen Effekt zuliebe gebilligt; auch hatte die zeitlich begrenzte Aktion seine Strategie, vorerst die Sowjets auf dem Lande zu etablieren und von den Städten zu lassen, nicht durchkreuzt. Jetzt erreichte sein Gegenspieler Li Li-san, daß Ch'ang-sha neuerdings genommen und diesmal gehalten werden sollte.
»Aber der zweite Angriff auf Ch'ang-sha erwies sich als Fehler. Große Verstärkungen waren in die Stadt gelegt worden, ... außerdem ergossen sich im September neue Truppen nach Hunan, um die Rote Armee anzugreifen ... Sie konnte Ch'angsha nicht erobern und zog sich ein paar Wochen später nach Kiangsi zurück.« Als Mao Tse-tung 1936 Edgar Snow von jenen kaum vergangenen Jahren erzählte, war er ohne Bitterkeit, obwohl seine erste Frau, Yang K'ai-hui, damals in Ch'angsha vom Feind getötet wurde. Im Juli 1930, als er sein Gedicht schrieb, mußte Mao schon ahnen, daß seine Soldaten sinnlos

zur Belagerung anträten: für den tragischen Irrtum einiger Politiker, die alle Besonderheit der Revolution in China mißachteten. 1936, *seine* Politik, lange konträr zum Zentralkomitee, war inzwischen die maßgebliche, analysierte er die derzeitige Situation:
»Diese Niederlage trug dazu bei, die Li Li-san Linie zu diskreditieren, und bewahrte die Rote Armee vor dem Angriff auf Wuhan, den Li forderte und der wahrscheinlich eine Katastrophe gewesen wäre. Die Hauptaufgaben der Roten Armee waren damals die Rekrutierung neuer Truppen, die Errichtung von Sowjets in neuen ländlichen Gebieten und vor allem die Konsolidierung von Gebieten, die schon der Roten Armee zugefallen waren, unter der Sowjetmacht. Für dieses Programm waren die Angriffe auf Ch'ang-sha nicht nötig und hatten ein Element des Abenteuers in sich... Der Irrtum lag sowohl auf strategischem wie auf taktischem Gebiet, weil man versuchte, aus Ch'ang-sha eine Basis zu machen, während die Sowjetmacht im Hinterland noch nicht konsolidiert war... Aber Li Li-san überschätzte sowohl die militärische Stärke der Roten zu dieser Zeit als auch die revolutionären Bedingungen auf der nationalen politischen Szene... Doch es war keine Zeit für Putschismus und Abenteuertum, die möglicherweise verheerend gewesen wären. Diese Einschätzung erwies sich als völlig richtig.«
Ginge es nach gewissen Kommentatoren, wäre die Richtigkeit dieser Einschätzung neuerdings, am 20. März 1980, widerrufen worden. Die »Frankfurter Allgemeine Zeitung« vom 24. März kommentierte nämlich das Memorial für Li Li-san als »eine Korrektur der gesamten seit 1935 betriebenen ›maoistischen‹ Geschichtsschreibung«. Offensichtlich solle der Erfolg der chinesischen Revolution jetzt »als Sieg der ganzen Partei, also als kollektive Leistung und nicht als das Werk eines einzelnen Mannes«, des Parteivorsitzenden Mao Tse-tung, »dargestellt werden«. Es mag sein, daß die neue Pekinger Führung sich gelegentlich des theoretischen und praktischen Übergewichts Maos zu erwehren sucht – vielleicht nach dessen eigener Formel für Stalin, 70 Prozent ja, 30 Prozent nein; bei Gelegenheit des Memorials hat sie, offensichtlich, nichts dergleichen getan. Aber es kommt noch besser (oder schlimmer). »Indirekt«, fährt der Kommentator fort, werde damit auch »die Besonderheit des Weges der chinesischen Revolution relativiert, die Mao stets hervorgehoben« habe »und die von Revo-

lutionären in der ganzen Welt jahrzehntelang gepredigt worden« sei: Daß »nicht die ›Arbeiterschaft‹ oder die Partei, sondern der lange dauernde Guerillakrieg, bei dem den Bauern besondere Bedeutung zukam, den Erfolg der Revolution garantiert habe«. Der Indirektheit einer privaten Vermutung sei die Direktheit einer offiziellen Nachricht gegenübergestellt. Am 21. März meldete die *Xinhua News Agency* (ich übersetze): »1930 initiierte er [Li Li-san] die Politik, den Versuch zu machen, Massenaufstände in Chinas Städten herbeizuführen; die Partei schätzte sie als die fehlerhafte Li Li-san-Linie ein. Es dauerte nicht lange, bis er [Li Li-san] seinen Fehler einsah und ihn berichtigte.« Keine Rede also davon, daß Mao Tse-tung in dieser Hinsicht etwas zu berichtigen gehabt hätte, daß gar die revolutionäre Geschichtsschreibung seit den dreißiger Jahren korrigiert würde oder zu korrigieren wäre. Li Li-san ist 1945 mit den russischen Truppen aus Moskau nach China zurückgekehrt, zunächst in die Mandschurei, und bekleidete alsbald wieder hohe, wennschon nicht höchste Ämter; die zwei Jahrzehnte bis 1965 sehen seinen zweiten Aufstieg und Fall. Li wird 1949 zum Arbeitsminister ernannt, 1954 wegen »links-opportunistischer« Abweichungen von diesem Posten entfernt, doch 1956, nachdem er Selbstkritik geübt hat, erneut ins Zentralkomitee gewählt. 1959 leitet er stellvertretend die Industrie-Abteilung des ZK, 1962 ist er Sekretär im Nordchina-Büro der Partei. Zum letzten Mal wird Li am 5. September 1965 in der chinesischen Presse erwähnt, danach von kulturrevolutionären Extremisten zu einer Unperson gemacht – bis es 1980 heißt: »Li Li-san starb am 22. Juni 1967 ... nach der Verfolgung durch Lin Piao, Chiang Ch'ing und Co. Das Zentralkomitee der Partei hat seinen guten Ruf wiederhergestellt.«
Englisch: *has rehabilitated his reputation*, und das Verbum »rehabilitieren« ist ernst zu nehmen. Ich habe 1977 in diesen Kommentaren über den gegenwärtig amtierenden Vizepremier der Volksrepublik, Teng Hsiao-p'ing, der zweimal seine Ämter eingebüßt hatte, gesagt: Man umschreibt seine Wiederkehr leichthin mit den Vokabeln ›Reaktivierung‹, was noch anginge, oder ›Rehabilitierung‹, was bedenklicher ist (bedeutet es doch auch soviel wie Ehrenrettung, und Teng hatte im Gegensatz zum ehemaligen Staatspräsidenten Liu Shao-ch'i oder gar zum ehemals designierten Nachfolger Lin Piao ja nicht seine Ehre verloren, ihm war aus Gründen der Theorie *und* Praxis einstweilen die Befähigung abgesprochen worden, sein Amt zu

führen). Beide Vokabeln bleiben indessen dem Vorgang, der sich wirklich abgespielt haben muß, bloß äußerlich; sie sparen aus, daß Teng zweifellos auf Kritik gehört und Selbstkritik geübt hat *und* daß seine Selbstkritik, wieder im Gegensatz zu der rein formalistischen von Liu Shao-ch'i, auch angenommen wurde. Soweit meine Sätze von 1977.

»Ein anderer bedeutender Punkt auf der Tagesordnung des Fünften Plenum war die Rehabilitierung des Genossen Liu Shao-ch'i.« Dieser Passus im Kommuniqué vom 29. Februar 1980, einer unter vielen, die zu Ehren des bislang Verfemten so hochpolitisch wie höchstrichterlich geäußert wurden, widerspricht meiner früheren Wertung Lius; er scheint ebenfalls, um es vorsichtig auszudrücken, der Einschätzung Lius durch Mao Tse-tung zu widersprechen. Im Falle Li Li-san hat die Pekinger Führung differenziert: Lis Fehler, begangen bis 1930, waren weder Gegenstand der kulturrevolutionären Kritik noch der jetzigen Rehabilitierung; auch Lis Irrtümer um 1953 werden nicht entschuldigt, wohl aber kulturrevolutionäre Kurzschlüsse aus ihnen revidiert. Im Falle Liu Shao-ch'i hingegen soll *alles*, was Kulturrevolutionäre ihm jemals vorgeworfen, postum zurückgenommen werden. Der Wortlaut der Ehrenrettung erlaubt kein Mißverständnis; *prima vista*. »Das Plenum hält daran fest, daß Genosse Liu Shao ch'i, ehedem Stellvertretender Vorsitzender des Zentralkomitees der KP Chinas und Präsident der Volksrepublik China, ein großer Marxist und proletarischer Revolutionär, jederzeit in den vergangenen Jahrzehnten loyal gegenüber der Partei und dem Volke war.«

Verhindert, ja verbietet dieser Text wirklich jedes Mißverständnis? Soll tatsächlich *alles*, was Liu von Kulturrevolutionären jemals vorgeworfen, zurückgenommen werden? Politische Verlautbarungen aus Peking zeichnen sich dadurch aus, daß die Mühe, sie genau lesen zu müssen, lohnend ist. Wer sich loyal verhält, zum Beispiel gegenüber dem Volk, handelt, wie immer er handelt, niemals als Feind des Volkes; wohl aber mag er, gelegentlich, im Widerspruch zum Volke stehen; dies wäre ein Widerspruch *im* Volk. Wer sich loyal verhält, zum Beispiel gegenüber der Partei, handelt, wie immer er handelt, niemals als Feind der Partei; wohl aber mag er, gelegentlich, im Widerspruch zur Partei stehen; dies wäre ein Widerspruch *in* der Partei. Die Loyalitätserklärung für Liu Shao-ch'i schließt keineswegs aus, Liu habe zuweilen auf der falschen Seite der Widersprüche – etwa zwischen Massen und Führer, Massen und Bürokratie, Massen und Kultur; *Haupt*widersprüchen der Kulturrevolution – gestanden; doch schließt die Erklärung jedenfalls aus, Liu hätte irgendwann einem *ant*agonistischen, bloß mittels Gewalt anstatt Argument auszutragenden Widerspruch das Wort geführt. Folgerichtig verlautet am 29. Februar 1980: »Dieses Plenum entschied, nach ernster und eifriger Diskussion, die Etiketts ›Renegat, Verräter und Arbeiterfeind‹, die das Zwölfte Plenum des VIII. Zentralkomitees dem Genossen Liu Shao-ch'i angehängt hat, zu entfernen und den irrigen Entschluß, ihn aus der Partei auszuschließen ›und aus allen Ämtern innerhalb und außerhalb der Partei zu entlassen‹, aufzuheben.«

Der Witz dieser Loyalitätserklärung, wenn ich so sagen darf, liegt darin, daß die Pekinger Führung zwar auf Maosche Distinktionen zwischen Widersprüchen *im* Volk und *zum* Volk, *in* der Partei und *zur* Partei, verbal verzichtet, indessen jedermann anhält, sie dem Sinne nach anzuwenden und in den Text hineinzulesen. Zweifellos sind die Hua Kuo-feng und Teng Hsiao-p'ing bestrebt, die großen Namen der revolutionären Vergangenheit und des sozialistischen Aufbaus von Zank und Hader zu reinigen, auch ihrer eigenen, möglichst breiten Legitimation wegen, doch dürfen und müssen sie dazu den größten Namen *des* Revolutionärs, Mao Tse-tung, nicht beschmutzen; allenfalls ist Korrektur statt Konkurs, ist Hinweis statt Verweis erlaubt. Dem besonnenen Beobachter mag es gegenwärtig kaum schwerfallen, das Urteil eines der besten Kenner der chinesischen Szene, Chen Yung-p'ings, zu akzeptieren. Chen, Professor an der Eastern Illinois University Charleston, hat 1971 (in seinem Buch »Chinese Political Thought«) eben diese beiden miteinander verglichen: Mao Tse-tung und Liu Shao-ch'i. Man könne »nur oberflächliche Diskrepanzen zwischen ihrer beider politischen Philosophien finden«, schreibt er, es seien »Differenzen eher im Grade als in der Art, eher im Taktischen als im Strategischen«; überdies käme es auf die Betonung an. Ein Beispiel: »Alle diese Gründe machen die Diktatur des Proletariats notwendig.« Diesen Satz, er steht in »Der ›linke Radikalismus‹, die Kinderkrankheit im Kommunismus«, hat Liu Shao-ch'i 1939, Lenin zitierend, in seinem Buch »Wie man ein guter Kommunist wird« innerhalb des Zitats ausgelassen – »vielleicht absichtlich« (*perhaps on purpose*), meint Chen. Die »Pekinger Volkszeitung« gibt am 4. März 1980 zu bedenken: »Obwohl das Buch den Ausdruck ›proletarische Diktatur‹ nicht gebraucht, bezieht es sich wiederholt auf Aufgabe und Rolle der Diktatur des Proletariats. So heißt es etwa, daß das Proletariat, nachdem es den Sieg gewonnen hat, lange Zeit geduldig die Ökonomie, Ideologie und Kultur umgestalten sollte, um das Volk von allen Einflüssen und Gewohnheiten der Ausbeuterklasse zu säubern.«

Daß Liu Shao-ch'i von einer geduldigen Umgestaltung durch das Proletariat anstatt von dessen womöglich unduldsamen Diktatur geschrieben hat, könnte 1939 aus Rücksicht auf die verbündete Kuomintang geschehen sein; auch Mao Tse-tung hat damals, zu Zeiten des Abwehrkampfes gegen die japanischen Invasoren, den nationalen Interessen zuliebe partikulare Interessen, und waren es die der Kommunistischen Partei, hintangestellt. Lius Laufbahn sah sowieso erst 1966, als die Roten Garden jeden, ob größeren oder kleineren Widerspruch zu Mao an ihrer extremen Elle maßen, nicht mehr untadelig revolutionär aus, bis dahin war sie über alle Zweifel erhaben. Der erfolgreiche Arbeiteragitator im Kohlendistrikt P'inghsiang, der verdienstvolle Gewerkschaftsführer war schon 1927 ins Zentralkomitee, Anfang der dreißiger Jahre ins Politbüro gewählt worden. 1935 leitete er das ZK-Büro Nordchina und setzte die dortige Anti-Mao-Gruppe matt; 1937 half er, den Mao-Gegner Chang Kuo-t'ao, der einen Kompromißfrieden mit Tsiang Kai-shek anstrebte und später zur Kuomintang überlief, auszuschalten; 1941 leitete Liu das ZK-Büro Zentralchina, 1943 das ZK-Sekretariat selber; seit 1945 vertrat er Mao Tse-tung im Vorsitz des Politbüros und der Zentralen Volksregierung. Die Dioskuren entzweien sich 1959. Ein Jahr zuvor hatte Liu Shao-ch'i gesagt:

»Ideologische und politische Arbeit wird immer Befehlshaber und Seele aller Arten von Arbeit sein.« Aber Mao Tse-tung hatte zu etwa derselben Zeit etwa denselben Satz gesagt – es sei denn, er hätte mit der Hervorhebung einer *besonderen* vor »*allen* Arten von Arbeit« den Akzent verschieben wollen; überdies, ich erinnere an Professor Chen, käme es auf die Betonung an. »Politik ist Befehlshaber und Seele. Politische Arbeit ist das Herzblut aller ökonomischen Arbeit.«

Möglich, daß Mao zwischen 1958, als einige Volkskommunen zunächst in die Utopie und daher zuweit sprangen, und 1959, als alle Volkskommunen auf eine realistisch erforderte Praxis zurückgenommen wurden, sich entschließen mußte oder wollte, fortan theoretisch zu wirken und sich auf den Parteivorsitz zu beschränken; jedenfalls trat er den Vorsitz der Zentralen Volksregierung, mithin das Amt des Staatspräsidenten, an Liu ab. Möglich, daß Mao seitdem versucht hat, auch versucht war, praktisch zu retten, was der Theorie verloren zu gehen schien; immerhin ist Liu auf seine Veranlassung wohl entmachtet, auf Betreiben der Radikalen auch ›exkommuni*s*iert‹ worden. Falls überhaupt ein Argument taugt, so dieses, daß Liu Shao-ch'i das Ökonomische – worunter Profit und Konsum mitzuverstehen – sozusagen *vor*sätzlich übergeordnet, Mao Tse-tung es aber *grund*sätzlich untergeordnet hat. Sogar Chen, eher Befürworter Lius als Fürsprecher Maos, urteilt in puncto des wirtschaftlichen Aufbaus, Liu könnte sich darin schuldig gemacht haben, daß er sich, für technisches *know-how* und fähiges Management, auf die Bourgeoisie (primär die chinesische) verlassen habe.

»Die chinesische Bourgeoisie hat schon früher moderne Kultur, Geschäftswesen und technisches Management an sich gebracht. Und sogar jetzt gehört sie jener Klasse an, die mehr als irgendeine andere Kenntnis von moderner Kultur besitzt, die Intellektuelle und Experten in ihren Reihen hat.« Spätestens seit Ende der siebziger Jahre verläßt Peking sich zunehmend auf die internationale Bourgeoisie; die (eben zitierten) Liu-Worte von 1958 gewinnen wieder an Gewicht. Uns gebührt nicht, darüber zu rechten, ob China besser einen revolutionären oder einen reformerischen Weg – in Maoscher Terminologie: einen revisionistischen – einzuschlagen hätte; wir sollten registrieren, rekapitulieren und interpretieren. In seinem Gedicht »Vögel im Zwiegespräch« von 1965, es unterreden sich der mutige Vogel Roch und der ängstliche Spatz, hat Mao Tse-tung den sogenannten Gulasch-Kommunismus lächerlich gemacht:

»Reichlich gibt es zu essen,
Kartoffeln siedend heiß,
obendrein noch Rindfleisch.«

Mao hatte Sorge, die Wege zum Wohlleben möchten den Chinesen verführen, undiszipliniert zu handeln, gar das eigene Geschick über das Schicksal des Volkes zu stellen, zum Beispiel demokratische Freiheiten privat zu mißbrauchen. Dem Spatzen, der ungehemmt darauflosschnattert, läßt er den weiterblickenden Vogel Roch erwidern:

»Ach hör auf, diesen Wind zu lassen.
Schau lieber hin: Die Welt ist im Umsturz.«

Es wäre sicherlich falsch anzunehmen, ein Kommunist wie Liu Shao-ch'i – der sich sogar anheischig gemacht hat, den *guten* Kommunisten zu definieren –, er hätte einem Gulasch-Kommunismus den weltweiten Umsturz geopfert; es wäre ebenso falsch, derlei der neuen Pekinger Führung zu unterstellen. Als ich im Herbst 1976, die Viererbande war gerade gestürzt, mit Klaus Mehnert im Fernsehen diskutierte, wagte er die Prognose, China werde einen ›Liuismus‹ ohne Liu bekommen. Ich widersprach ihm, und würde ihm heute noch widersprechen: Die Hua Kuo-feng und Teng Hsiao-p'ing versuchen zwar nicht so etwas wie die Quadratur des Kreises, sie versuchen aber, die Maosche Strategie, die auf politische Revolution, und die Liusche Taktik, die auf ökonomische Revision abzielt, miteinander zu versöhnen. Daß darüber die Sorgen des Vorsitzenden Mao nicht vergessen sind, beweist dasselbe Fünfte Plenum des XI. Zentralkomitees, das Liu Shao-ch'i (übrigens auch dessen Wirtschaftsexperten Chia T'o-fu) rehabilitierte. Gleichsam in einem Atem- und Gedankenzug nämlich wurde beschlossen, die demokratischen Freiheiten wieder einzuschränken: »Um zur Ausschaltung von Fehlern, die Instabilität verursachen, beizutragen, entscheidet das Plenum, es werde dem Nationalen Volkskongreß vorschlagen, daß die Zusage des Artikels 45 in der Verfassung der Volksrepublik China gestrichen wird.« Artikel 45 verbürgte den chinesischen Bürgern bisher das Recht, »frei zu sprechen, ihre Ansichten uneingeschränkt zu äußern, große Debatten abzuhalten und Wandzeitungen zu schreiben«. Ein Stück neugewonnener Demokratie geht dahin; gewonnen wurde sie übrigens während der Kulturrevolution.

# 6. Die Verhandlung gegen die Vier

Zu einem chinesischen Gerichtsverfahren (1981)

## Der Prozeß

»Glänzend das Gesicht, die rosa Falten,
die alte, stark geschminkte Haut,
die Haare ölig: so immer angeschaut
im echolosen Neonlicht von Tausenden
und keine Ruhe, kein Verfall, Vergehen.
Was nicht neu wird, neu von neuem,
wie soll es noch erhalten bleiben?
Hier Geflüster: Ehrfurcht steht und Stille
Aufbewahrt, nicht aufgehoben, diese Hülle.«

In diese Verse hat Jürgen Theobaldy, 1980 den Kristallsarg des Großen Vorsitzenden zu Peking besichtigend, »seinen Augenblick mit Mao« gebracht. Ich entsinne mich eines ähnlichen Moments in Nanking, November 1970, damals stieg ich die 392 Stufen des Mausoleums für Sun Yat-sen hinauf. Wer oben anlangt und sich umdreht, sieht die Treppe als eine einzige, schräg abfallende Ebene, er hat eine zweite *Codornata*, wie Michelangelo sie die Römer zum Kapitol emporschreiten, ja emporgleiten läßt, hinter und unter sich. Das Monument ist in Weiß und Blau, den Farben der Kuomintang, gehalten; zu Suns Zeiten war auch diese Partei revolutionär. Dutzende, Hunderte pilgerten zu Sun Yat-sen, wie Hunderte, Tausende sich einreihen, um Mao Tse-tung zu schauen. Warum sie es taten, es tun? 1970 notierte ich: Vorläufer der Revolution sind Vorbilder, ihnen haben auch Nachfolger, Fortsetzer die Sache abzusehen. Könnte ich 1980/81 notieren: *Der* Revolutionär selber sei Vorbild? Müßte ich gar zwischen solchen, die Mao nachgefolgt sind, und solchen, die Mao fortsetzen werden, unterscheiden? Wenn er, Hua Kuo-feng, »die Sache in die Hand nähme ...«, beruhigte sich der Todkranke; die Sache, nämlich die Revolution.

»Aufbewahrt, nicht aufgehoben, diese Hülle.«

Hans Mayer, ehedem östlich, seit langem westlich der Elbe lebend und lehrend, hat diese Verszeile zum Anlaß einer vorläufigen Antwort genommen (»*Die Zeit*« vom 2. Januar

1981). Aufgrund eigener Erfahrungen in China – er war 1980 Gastreferent der dortigen Akademie der Wissenschaften – scheint Mayer »durchaus nicht sicher«, ob Mao Tse-tung »als ›abgelebte Gestalt‹ der Geschichte« oder als überlebende Gestalt zu werten, ob »die Kultur nach Mao, und natürlich auch nach der Kulturrevolution, ... als totale Negation des Maoismus« zu denken sei. »Wenn irgendwo, so scheint mir gerade bei diesem komplexen geschichtlichen Vorgang der dreifache Wortsinn einer ›Aufhebung‹ berechtigt zu sein. Sie kann Annullierung bedeuten, indem der Maoismus von nun an aufgehoben wird. Sie kann auch die Konservierung des Maoismus bedeuten, und darum geht es vermutlich im Augenblick im Zeichen der Gerichtsverhandlungen. Sie kann aber schließlich eine neue geschichtliche und gesellschaftliche Synthese meinen.«
Ich nutze Mayers Belichtung – seine dreifache Alternative »zunichte machen« oder »einwecken« oder »verbinden« –, um meine eigene Aufnahme der Pekinger Gerichtsverhandlungen zu entwickeln. Der Prozeß, ich wähle aus noch zu erläuternden Gründen die Einzahl, hatte am 20. November 1980 begonnen. Der Oberste Gerichtshof, kein Sondergericht, der Volksrepublik China klagte an: die Mao-Witwe und drei ihrer Günstlinge, des weiteren hohe Funktionäre der Kommunistischen Partei und der Volksbefreiungsarmee. Die Offizialanklage lautete auf kriminelle Delikte wie Folterung, Mordanschlag zum Zwecke des Umsturzes und Tötung; Delikte gemäß Artikel 103 des Strafgesetzes, sofern »besonders abscheuliche konterrevolutionäre Verbrechen, die zu schweren Schäden für Volk und Staat führen«, in Frage ständen, mit der Todesstrafe zu belegen. Schon während des sechs-, siebenwöchigen Prozesses waren, ohne dem Urteil der Richter vorzugreifen, gewisse Überlegungen aufgrund und anhand von Fakten anzustellen. Das eine Faktum: es wurde gegen *zwei* Gruppen von Angeklagten vor derselben Instanz und zu derselben Zeit verhandelt; das andere: man verhandelte einen *Straf*prozeß, der präziser, auch ehrlicher, ein *politischer* Prozeß zu nennen wäre. Scheinbar die belanglosere Gruppe – ich summierte sie unter »des weiteren«, ich könnte sie, im Gegensatz zur Viererbande, auch »sechs andere« nennen – soll in Machtumtriebe des ehemals designierten Mao-Nachfolgers, Lin Piao, verwickelt gewesen sein. Man erinnere sich: Lin hatte um 1970 einen Staatsstreich versucht, war entlarvt worden und zu Tode gekommen, wie immer. Die

Sicherheit der VR China gerantierte damals eben derselbe Hua Kuo-feng, dem Mao 1976 die Partei- und Staatsgeschäfte übertragen hatte. Saß Hua, wenngleich und gleichsam symbolisch, unter den Anklägern gegen Lin Piao? Unserem Hans Mayer erschien die Welt Chinas manichäisch klar:
»Noch während meines Aufenthaltes in China war bekannt geworden, daß der seit langem erwartete Prozeß gegen die ›Viererbande‹ gekoppelt sein würde mit dem Verfahren gegen die Fraktion des toten Lin Piao. Das veranlaßte mich ... zur Frage ..., ob man aus dieser Koppelung schließen könne, daß auch Maos Witwe mit ihren Satelliten als Teil einer sowjetischen Fraktion angesehen werden müsse. Die Antwort wurde ungewöhnlich klar formuliert. Nach der bisherigen Kenntnis der Akten und Vorgänge müsse man wohl annehmen, daß da kein Zusammenhang bestand. Daraus wäre nun wiederum zu folgern, daß Lin Piaos Leute, wenn sie Mao hätten stürzen können, wohl kaum seine Frau Jiang Qing unbehelligt gelassen hätten.«
Eine kurzschlüssige Frage, eine unschlüssige Antwort. Trotzdem denke ich, Mayer ist keinem Bären, soll sagen: dem russischen, aufgesessen. Wir haben zwar keinerlei dokumentarischen Beweis, ob Lin Piao tatsächlich mit Moskau gegen Mao Tse-tung konspiriert hat; doch haben wir zum Anhalt, es möchte so gewesen sein, die chinesische Version, daß Lin, dessen *Trident* über der Mongolischen Volksrepublik abgestürzt ist, sich nach Norden, also gen Rußland, hat flüchten wollen. Warum? Vielleicht, weil einer der Widersacher des Vorsitzenden Mao, der von Peking geächtete und verachtete Wang Ming, seit 1967 in Moskau lebte. (1968 »wurde bekannt« wie Edgar Snow berichtete und die Sowjets bestätigten, »daß Wang Ming Breschnew als Chefberater in antimaoistischer Politik diente«; Mao Tse-tung hatte ihn, seinen Gegner seit den dreißiger Jahren, hatte (laut Snow) »vor allem die rigide Anwendung ausländischer [sowjetischer] marxistischer Dogmen auf chinesische Bedingungen, die den ›Verlust von Kommunisten als Feinden‹ verursacht hätten, angeprangert«.) Wir haben zwar keinerlei dokumentarischen Beweis, ob einer der Vier tatsächlich mit Moskau gegen Mao Tse-tung konspiriert hat; doch haben wir zum Anhalt, es möchte so gewesen sein, gewisse Pekinger Vermutungen, offiziell unbestätigt, daß Chang Ch'un-ch'iao *vor* der Kulturrevolution und Wang Hungwen *nach*her eine prosowjetische Politik befürwortet hätten,

mithin die hoch- oder landesverräterischen Auslandskontakte, derer die Vier, obschon verschleiert, bezichtigt wurden, so unwahrscheinlich nicht sind. Desungeachtet meinte Hans Mayer: »Man wird die beiden Gerichtsverfahren inhaltlich und politisch also voneinander trennen müssen. Für sie sind offensichtlich auch getrennte Tribunale vorgesehen: das Militärgericht für die Anhänger Lin Piaos, das Zivilgericht für die Vier.«

Die Prozedur ging, wie manches in China, komplizierter vonstatten. Ein westlicher Prozeßbeobachter meinte, man werde »gemeinsam anklagen, getrennt verhandeln, gemeinsam verurteilen«. Ich muß genauer werden; zu klären sind die vorhin gebrauchten Ausdrücke, es hätte »kein Sondergericht« getagt, es wäre »gegen *zwei* Gruppen von Angeklagten vor derselben Instanz und zu derselben Zeit verhandelt« worden. Tatsächlich hat der Oberste Gerichtshof der VR China zwei besondere Kammern eingerichtet, um diesen Prozeß zu führen: eine eher strafrechtliche und eine eher militärrechtliche; um Volksgerichtshöfe, wie wir selber sie in schlimmer Erinnerung haben, handelte es sich dennoch nicht. In Peking wurde aufgrund von Gesetzen angeklagt, prozessiert und geurteilt; allerdings sind diese Gesetze erst Anfang 1980 in Kraft getreten, decken infolgedessen den zu verhandelnden Straftatbestand, soweit er zuvor nicht kodifiziert war, höchstens rückwirkend. »*Nulla poena sine lege*«, würden unsere Juristen sagen, und dasselbe hätten sie, und manche haben es getan, auch von den Nürnberger Kriegsverbrecherprozessen sagen können (wobei die moralische Qualifikation der Richter, mochten oder mögen sie auch ›Siegermächten‹ angehören, überhaupt nicht zur Diskussion steht). Tatsächlich ist eine gemeinsame Anklage erhoben, ist zeitweilig getrennt verhandelt, sind die Urteile, obwohl beide Gruppen betreffend, gemeinsam verkündet worden: Staatsgeheimnisse, insbesondere militärischer Art, unterliegen der Diskretion. Zu fragen ist, wessen eigentlich die Angeklagten bezichtigt wurden, präziser: welche Personen sich welcher Verbrechen wegen zu verantworten hatten. Ich zitiere auszugsweise die beste, mir bisher vor Augen gekommene Zusammenfassung der Anklageschrift; Ernst Kux hat sie, unter dem 23. November 1980, in der »*Neuen Zürcher Zeitung*« veröffentlicht. Ich behalte mir Zwischenbemerkungen vor, um Sachverhalte zu klären oder Vorurteile zu wägen.

»Die bisher veröffentlichten Auszüge aus der 20000 Schriftzeichen umfassenden *Anklageschrift* gegen *zehn hohe Partei- und Armeeführer* lesen sich wie Kapitel aus alten chinesischen Romanen. Auch sie handeln von Machtkämpfen, Intrigen und Mordanschlägen wie an früheren Kaiserhöfen, und wir erfahren einiges über den Streit zwischen den ›Dynastien‹ von *Mao, Lin Piao* und *Liu Shao-ch'i*, über die Eifersucht zwischen ihren Gattinnen ... oder über die Rankünen von Hofeunuchen vom Schlage *k'ang Shengs* oder *Ch'en Po-tas.* Die Anklage wärmt eigentlich nur alte Geschichten auf ... Neu ist darin einzig, daß den Angeklagten insbesondere die Absetzung und der Tod des Staatspräsidenten Liu Shaoqi zur Last gelegt wird (der ja selbst bis zu seiner Rehabilitierung vor einem Jahr als ›Parteifeind‹ gegolten hatte) und daß nun K'ang Sheng und Ch'en Po-ta, die engsten Mitarbeiter von Mao, als Hintermänner der ›Viererbande‹ mit ... angeklagt werden.«

Es ist bedenklich, wie leichtfertig die westliche Presse (mit einer gewissen Ausnahme der nordamerikanischen, auch französischen) polemisiert, anstatt zu argumentieren. K'ang Sheng und Ch'en Po-ta als »Hofeunuchen« abzustempeln, verdeckt die innen- und sogar außenpolitische Bedeutung ihres Wirkens. Beide – der verstorbene K'ang Sheng, den seine Ankläger nur noch postum vor Gericht ziehen konnten, der totgesagte Ch'en Po-ta, der zur allgemeinen Überraschung persönlich auftrat –, beide haben der antisowjetischen Fraktion des Politbüros angehört. K'ang Sheng hatte sich sowohl von Wang Ming, unter dem er während der dreißiger Jahre in der Komintern arbeitete, als von Teng Hsiao-p'ing, dessen Sekretär er Anfang der sechziger Jahre war, aufs schärfste distanziert. »Angesichts seiner starken Stellung im Politbüro«, schrieb Edgar Snow 1968, »erscheint eine baldige Versöhnung mit der UdSSR nicht eben wahrscheinlich.« Ch'en Po-ta, der als Student in Rußland sich den Einflüssen »moskauorientierter chinesischer Parteiführer«, auch Wang Mings, entzogen hatte, vermochte (laut Snow) »in eine wichtige Position als treuer Jünger und politischer Boswell Maos aufzurücken«. Ich füge hinzu, daß er wichtige Beiträge zur Theorie und Praxis des sogenannten Maoismus geleistet hat. Einige Daten: 1951 Veröffentlichung des Buches »Mao Tse-tung über die Chinesische Revolution«; 1958 Chefredakteur des Parteiorgans »Rote Fahne«; 1966 Nachfolger von Lu Ting-yi als Kulturminister; verantwortlich für das »Rote Buch«; Leiter der Arbeitsgruppe für die kulturellen Beziehungen unter dem ZK, in dieser Position vertreten von Chiang Ch'ing. Aber nun! Während K'ang Sheng – als Toter ein Wehrloser, der sich lebend womöglich zur Wehr gesetzt hätte – der Falschanklage gegen den inzwischen ›rehabilitierten‹ früheren Staatspräsidenten Liu Shao-ch'i bezichtigt wird, soll ausgerechnet Ch'en Po-ta in prosowjetische Aktivitäten verwickelt gewesen sein. Wir wissen, zugegeben, wenig; wir können aber, zugestanden, aus dem Wenigen durchaus Schlüsse ziehen. Zunächst Ernst Kux, resümierend:

»Die Anklageschrift... knüpft insbesondere an *Maos eigene Interpretation* des Machtkampfes mit Lin Piao im Geheimzirkular ›Chungfa Nr. 12/1972‹ an, der ausgelöst worden sei, als sein Stellvertreter und designierter Nachfolger mit der Unterstützung von Ch'en Po-ta auf dem ZK-Plenum in Lushan im Sommer 1970 versucht haben soll, das Amt des Staatspräsidenten zu übernehmen und Mao zu entmachten.«

Wir wissen einiges mehr, allerdings hängt es keineswegs mit der Sowjetunion zusammen. Vom 13. August bis zum 6. September 1970 leitete Mao Tse-tung das Zweite Plenum des IX. Zentralkomitees; zu verhandelnde Themen waren die internationale Lage, die Vorbereitungen für einen Kriegsfall, ökonomische Probleme sowie die damals anstehende neue Verfassung. Thomas Scharping kann unwidersprochen, ich meine: unwidersprechbar, in seiner Mao-Chronik 1976 schreiben, im Verlauf des Plenum sei es zwischen Mao einerseits, Lin Piao, Ch'en Po-ta »und den Militärs im Politbüro« andererseits »zu einem schweren Zusammenstoß über die Frage des Personenkults und die von Mao abgelehnte Einsetzung eines neuen Staatspräsidenten« gekommen. Ein Jahr später hat Mao Tse-tung selber die Vorkommnisse kommentiert: »Auf der Lu-shanKonferenz von 1970 haben sie einen Blitzangriff vorgetragen und Untergrundarbeit getan... Ihr Programm war die Einsetzung eines Staatspräsidenten, die Propagierung eines ›Genies‹, die Gegnerschaft zur Linie des IX. Parteitages... Da hatte es jemand eilig, Staatspräsident zu werden und die Partei zu spalten, da war jemand gierig, die Macht zu ergreifen... Dem Namen nach stellte man mich heraus, doch es war unklar, wer eigentlich herausgestellt werden sollte.«

Am 31. August 1970 hat Mao Tse-tung die Vorschläge, die Lin Piao und Ch'en Po-ta ihm unterbreitet hatten, zurück-, auch zurechtgewiesen, freilich wohl differenziert; denn Lin hatte sie zu eigenem, Ch'en zu Maos Nutzen formuliert. Der damals noch unangefochten Große Vorsitzende verfaßt (laut Scharping) »einen Kommentar zu einer von Ch'en Po-ta zusammengestellten Sammlung über Genies ... kritisiert Ch'ens Einstellung als ›idealistischen Apriorismus‹ und behauptet, daß seine Kritik an Ch'en mit Lin abgesprochen ist«; ein Mächtiger, in Kategorien der Macht denkend. Doch, während Ch'en Po-ta seitdem verschollen war oder schien, brillierte Lin Piao als Verschwörer. Ich folge wieder Kux:

»Nachdem Lin Piao Anfang 1971 von ... dem jetzt mitangeklagten ehemaligen Generalstabschef erfahren habe – so heißt es weiter in der Anklageschrift –, daß Mao von seiner Verschwörung Wind bekam, soll er seine ›vereinigte Flotte‹ [das waren Armee- und Luftwaffeneinheiten und Geheimorganisationen] in Alarm gesetzt haben. (...) Als dann Lin Piao am 11. September erfahren haben soll, daß ... seine angeblichen Attentatspläne laut Anklage fehlgeschlagen waren, soll er gemeinsam mit seiner Gattin und vier Generälen ... die Flucht nach Kanton vorbereitet haben, um dort ›ein eigenes Zentralkomitee zu etablieren, die Nation zu spalten und im Bündnis mit der Sowjetunion einen Zangenangriff von Norden und Süden zu entfesseln‹.«

Die Anklageschrift deutet mit dem Hinweis auf ein angebliches ›Bündnis mit der Sowjetunion‹ etwas von dem außenpolitischen Hintergrund der Affäre Lin Piao an, die ja kurz nach dem geheimen *Besuch von Kissinger* in Peking im *Juli 1971* ihren Höhepunkt erreicht hatte. Dem Marschall wurde bereits vor sieben Jahren vorgeworfen, er habe gegen das von Mao und Chou Ende 1970 eingeleitete ›Pingpong‹ mit Washington opponiert und habe eine Aussöhnung mit Moskau vorgezogen. Es wird sich zeigen, ob die Gerichtsverhandlung mehr Licht in diese Hintergründe bringt – auch in Hinblick auf die Außenpolitik von Maos Nachfolgern.«

Der Prozeß hat möglicherweise diese oder jene Zusammenhänge zwischen Innen- und Außenpolitik aufgehellt, ans Licht gebracht hat er darüber nichts; *China geheim* – es wäre denn Teng Hsiao-p'ings im Dezember 1980 geäußerter Satz, die Volksrepublik stünde im Falle eines Konfliktes Moskau-Washington »nicht automatisch auf amerikanischer Seite«, als Kommentar zu werten. Pekings Führung wußte wohl, warum sie *zwei* Kammern einsetzte, um nach Möglichkeit gemeinsam anzuklagen und zu verurteilen, um bei Notwendigkeit getrennt zu verhandeln. Die eine Kammer, ich nannte sie vorhin die »eher militärrechtliche«, verhandelte nicht nur gegen fünf

Generale, sondern auch über Außenpolitisches quasi Landesverräterisches, die andere Kammer, die »eher strafrechtliche«, verhandelte ausschließlich gegen Zivilisten, wie wir sagen würden, und über Innenpolitisches qua Hochverräterisches oder Kriminelles; gewisse Querverbindungen waren kaum auszuschließen, konnten aber verschleiert werden. Die Konsequenz solcher Prozeßführung liegt zutage: Öffentlich durfte nur werden, was sowieso jedermann ahnte, ohne es bisher so genau zu wissen (oder, man denke an Chinas schweigende Minderheit (?), Mehrheit (?) von kulturrevolutionären ›Mitläufern‹, wissen zu wollen). So zeigte das Fernsehen der VR China bloß Szenen, die jene zu Bestgehaßten auf- oder abgebauten Prominenten, seit und mit Mao Tse-tung ungestraft »Viererbande« zu nennen, als gestürzte Halbgötter, vielleicht zu Tode kommende, jedenfalls zu demütigende, nämlich zu strafende Menschen vorführten, hatten sie selber doch Menschen zu Tode gebracht, gedemütigt oder gestraft – zu Tausenden. Die Vier sollten nun einstehen für etwas, wozu Millionen ihnen applaudiert hatten, *nolens volens* – wer weiß das schon. Ich möchte dennoch dem gängigen Vorurteil, wir hätten einmal mehr einen ›Schauprozeß‹ erlebt, wie machthabende Kommunisten sie gegen Entmachtete ihresgleichen zu führen pflegen sollen, nicht beipflichten. Den Versuch, zumindest in Teilen die unsereinem gewohnte Öffentlichkeit herzustellen, hat Peking gemacht; daß sogar er gescheitert ist, hat außer restriktiven Momenten, über die kein Souverän mit sich reden läßt, einen kardinalen Grund: in demjenigen Mann zu suchen und zu finden, der China wieder groß gemacht hat. Ehe ich aber auf Mao Tse-tungs so laute wie stille Rolle in diesem Prozeß eingehe, vervollständige ich (noch einmal mit Ernst Kux) die Anklage.

»Aus dem Beweismaterial, das eine Untersuchungskommission der Partei Ende 1976 und 1977 gegen die ›Viererbande‹ zusammengetragen ... hatte, soll der jetzt gegen sie geführte Prozeß in erster Linie die Vorbereitung eines bewaffneten Putsches in Schanghai im Oktober 1976 behandeln. (...) Die drei Männer aus Schanghai, *Chang Ch'un-ch'iao*, *Wang Hung-wen* und *Yao Wen-yüan* – aber nicht ihre Führerin *Chiang Ch'ing* –, werden beschuldigt, dort nach Maos Tod im September 1976 einen bewaffneten Aufstand vorbereitet zu haben.«

Zwischendurch sei bemerkt: Wer sich detailliert über die (insbesondere kulturpolitischen) Vorwürfe gegen Chiang

Ch'ing unterrichten will, der lese das sechzigstündige Interview, das sie 1972 der amerikanischen Sinologin Roxane Witke gegeben hat (deutsch 1977 unter dem Titel »Genossin Tschiang Tsching«); diesem Buch ist die seltene Ehre widerfahren, zu den Prozeßakten genommen zu werden, wohl zum Erweis ›verbotener Auslandskontakte‹. An allgemeinen Anklagepunkten gegen die Mao-Witwe als *eine* oder gar *diejenige welche* der Vier bleibt genug übrig: die Skala umfaßt »Verfolgung und Verleumdung von Partei- und Staatsführern«, »Verfolgung und Unterdrückung von Funktionären und Massen«, »Versuch des Sturzes der Regierung«, »Spaltung der Einheit des Staates«, »Unterstützung von Prügeleien, Zerstörungen, Plünderungen und bewaffneten Kämpfen«, »konterrevolutionäre Hetzpropaganda«; einige dieser Punkte scheinen in Hinsicht dessen formuliert worden zu sein, daß Chinas neues, erst Anfang 1980 in Kraft getretenes Strafrecht nicht rückwirkend angewendet werden dürfe, daß aber zum Beispiel »Konterrevolution«, was immer dies ominöse Wort beinhalte, schon vorher als straf –, unter Umständen todeswürdiges Verbrechen gegolten hat (ich komme darauf anläßlich der Urteilsfindung zurück). Die Anklageschrift beziffert die gestorbenen, getöteten, gemordeten Opfer der Kulturrevolution präzis mit 34 378, unter ihnen Arbeiter und Bauern, Poeten und Politiker, Soldaten und Offiziere. Zwar weiche »die Anklageschrift ... einer Untersuchung der Vorgeschichte und des Ablaufs der ›Kulturrevolution‹ aus«, meint Kux; jedoch:

»Schon diese Zahlen lassen das Ausmaß der den Angeklagten zur Last gelegten Verbrechen erkennen. Auch wenn die Anklageschrift viele Ereignisse der Vergangenheit mit Vergessen übergeht und manche ihrer Darstellungen nicht über alle Zweifel erhaben sind, ruft sie doch in Erinnerung, welche *Katastrophe* die ›Kulturrevolution‹ für China gewesen ist.«

Ich will keine schnöde Rechnung aufstellen; betrachte ich aber das Verhältnis der während der Kulturrevolution umgekommenen Opfer zur Gesamtbevölkerung, die etwa 800 Millionen gezählt haben mag, so ergeben sich 0,004 Prozent. Tote, welcher Revolution immer, sind bei Gott oder bei Mao, ich meine das nicht blasphemisch, keine *quantité neglieable*. Wäre es in Peking ausschließlich um Tote gegangen, die irgendeinem Wahnsinn ausgesetzt worden sind, ich würde angesichts der sechs Millionen, die germanischer Rassen- und Herrenwahn liquidiert hat, überhaupt kein Wort verlieren. Worum ist es

denn gegangen? Daß Revolutionen auch Opfer fordern! Die Nachgeborenen, zum Beispiel wir Erben der Französischen Revolution, verdanken dem blutigen Umsturz von damals (muß ich Prozentzahlen liefern?) unsere bürgerlichen Freiheiten, auch den späteren, unblutigen Sieg der Erwählten, werden sie nicht blutlos abgewählt. Die Frage ist, ob eine sogenannte Revolution wirklich eine Revolution zu nennen ist. Ich sehe in ihrer Bewertung und Beantwortung die eigentliche Crux des Pekinger Prozesses. Er hätte, politischen Mut beweisend, Mao Tse-tung in die Schranken fordern sollen, anstatt, juristischen Unmut kaum rechtfertigend, seine Kulturrevolution, und es war *seine*, an Anhängern, welche persönliche oder politische Bindung sie gehabt haben mögen, an den Pranger zu stellen. Schwergefallen ist es ihnen, den Anklägern, konnte und durfte Hua Kuo-feng doch im Dezember 1978 das Dritte Plenum des XI. ZK der KP Chinas zu der Ansicht bringen:
»Auch die Große Kulturrevolution muß historisch, wissenschaftlich und den Tatsachen gemäß eingeschätzt werden. Diese von Genossen Mao Tse-tung initiierte große Revolution zielte hauptsächlich auf Bekämpfung und Verhütung des Revisionismus ab ... Es ist nötig, die in ihrem Verlauf aufgetretenen Mängel und Fehler zu einer angemessenen Zeit zusammenzufassen, um Lehren daraus zu ziehen, Erfahrungen zu sammeln und die Erkenntnis der ganzen Partei und des ganzen Volkes zu vereinheitlichen. Aber man sollte das nicht übereilt tun.«
Vielleicht ist es voreilig geschehen. Jedenfalls verdammt Hu Yao-pang, der Generalsekretär des ZK der KP Chinas, neuerdings die Kulturrevolution in Grund und Boden. 1978 hatte er noch erklärt, die Parteipropaganda habe die Aufgabe, »das Maotsetung-denken mit der Praxis der Modernisierung des Landes zu verbinden«. Folgt Hu inzwischen besserer Einsicht oder, nur taktisch, einer sich herausbildenden Mehrheit? Ich lasse, für heute, die Frage offen; mein folgender Kommentar, gewissermaßen eine Urteilsschelte (soweit sie mir zusteht), versucht, die Antwort zu geben.
»Aufbewahrt, nicht aufgehoben, diese Hülle.«
Zu prüfen ist, ob Mao Tse-tung »als ›abgelebte Gestalt‹ der Geschichte« oder als überlebende Gestalt zu werten, ob »die Kultur nach Mao, und natürlich auch nach der Kulturrevolution, ... als totale Negation des Maoismus« zu denken sei. Die Pekinger Urteile lassen uns unsicher, inwiefern der sogenannte Maoismus »aufgehoben« ist, ob annulliert, ob konserviert,

ob ... Oder erkennen *wir* die Zeichen nicht, oder drückt bereits ein Stärker-, ein Schwächerwerden der Signale die Unsicherheit *in Peking* aus? Beide, China und der Westen, kommen an Mao nicht vorbei.

**Das Urteil**

»Was nicht neu wird, neu von neuem,
wie soll es noch erhalten bleiben?
Hier Geflüster: Ehrfurcht steht und Stille.
Aufbewahrt, nicht aufgehoben, diese Hülle.«

Ein Lyriker, 1980 den Kristallsarg des Großen Vorsitzenden zu Peking besichtigend, hat »seinen Augenblick mit Mao« in diese Verse ausklingen lassen. Ein Germanist, 1980 die Volksrepublik China besuchend, hat daran die sich aufdrängende Frage geknüpft, in welcher Absicht, Rücksicht, Hinsicht »der dreifache Wortsinn einer ›Aufhebung‹« zu verstehen sei: als Annullierung oder als Konservierung oder, dialektisch, als »eine neue geschichtliche und gesellschaftliche Synthese«? Ich zitiere Jürgen Theobaldy, den deutschen Lyriker, und Hans Mayer, den (so möchte ich ihn nennen) gesamtdeutschen Germanisten, bewußt zu Anfang, scheinen sie – sozusagen die Gebildeten unter den Verächtern einer Kulturrevolution (vielleicht nicht einer jeden, nur eben dieser) – doch hinreichend sensibel, um etwas Chinesischem genugzutun, hätten sie selbst China kaum etwas zur Genüge getan. Zu prüfen sei, meinte ich mit Mayer, ob Mao Tse-tung »als ›abgelebte Gestalt‹ der Geschichte« oder als überlebende Gestalt zu werten, ob »die Kultur nach Mao, und natürlich auch nach der Kulturrevolution, ... als totale Negation des Maoismus« zu denken wäre. Ich versuche, meine Antwort behutsam an Theobaldys Versifikation zu entwickeln.

»Hier Geflüster: Ehrfurcht steht und Stille.«
Der Eindruck ist echt, trotzdem täuscht er; die Subjektivität der Chinesen, wie vieler auch, bleibt hinter der chinesischen Objektivität zurück. Daß Respekt herrsche und Ruhe, um des ›Großen Steuermanns‹, der selber nur »Lehrer« (nicht einmal »großer«) genannt werden wollte, wie sprachlos zu gedenken, gilt höchstens im Bannkreis des (politisch kaum) Toten, schon die Bannmeile der (knapp überlebenden) Politiker lärmt von

vielstimmigem Despekt. Zwar wurde lange gewartet, fast gezögert, ehe vier Jahre nach den Herbstereignissen 1976 den angeblich für einen mißlungenen Staatsstreich Verantwortlichen von den angeblich für einen geglückten *Coup d'état* Verantwortlichen der Prozeß gemacht wurde; indes war in Peking niemals Grabesstille eingetreten. Zwar bereiteten Hua Kuo-feng, Teng Hsiao-p'ing und andere – teils Fortsetzer, teils Nachfolger von Mao Tse-tung zu nennen – ihre Rechtfertigung bald gemächlich, ihre Anklage bald genüßlich vor; unterdes war die Tonart lauter und schärfer geworden. Die Mehrheitsbildung, vielleicht nur ein Umschwung der Stimmung, läßt sich an Daten und sie begleitenden Fakten ablesen. Für Februar/März 1981 wird der Zwölfte Parteitag der KP Chinas erwartet, und ein neugewähltes Zentralkomitee könnte, dürfte den Schlußstrich ziehen – unter die politische, weil auf strafrechtlichen Urteilen beruhende, Verurteilung der Kulturrevolution. Das Dritte Plenum des XI. ZK hatte im Dezember 1978 noch anderes im Sinn: »Auch die Große Kulturrevolution muß historisch, wissenschaftlich und den Tatsachen gemäß eingeschätzt werden. Diese von Genossen Mao Tse-tung initiierte große Revolution zielte hauptsächlich auf Bekämpfung und Verhütung des Revisionismus ab ... Es ist nötig, die in ihrem Verlauf aufgetretenen Mängel und Fehler zu einer angemessenen Zeit zusammenzufassen.«
In diesen, den letzten zwei, zweieinhalb Jahren seit 1978 scheinen immer mehr Chinesen dem Chor derjenigen beigestimmt zu haben, die nicht allein die strafrechtliche Aburteilung einiger Kulturrevolutionäre, sondern auch die politische Verurteilung der Kulturrevolution als solcher fordern. Wie immer, wenn Herrschafts-, wenn Machtverhältnisse sich so plötzlich wie radikal ändern, ist freilich der Zulauf von Opportunisten einzurechnen, denen Gelegenheit diebisch an Prinzipien geht. Aber wer – zumal unsereiner, der einen frappierend mühelosen Wechsel der ›Mitläufer‹ von der einen zur anderen Seite hat erfahren, ja hinnehmen müssen –, wer hätte darüber seinen Stab zu brechen? Nur, schmerzlich bemerkt, die scheinbar aufgeklärten Massen der Volksrepublik China votierten gestern ›pro‹, votieren heute ›contra‹. Ein Generalsekretär ist ein Generalsekretär, ist (um Gertrude Stein abzuwandeln) ein Generalsekretär; und Hu Yao-pang, als solcher amtierend, hat 1980 gesagt, er verdamme die Kulturrevolution in Grund und Boden; er hatte jedoch 1978 gesagt, die Propaganda der KP

Chinas hätte die Aufgabe, »das Maotsetung-denken« mit der Praxis der Modernisierung des Landes zu verbinden«. Sind die Massen bloß Massen, bloß Massen, bloß...? Ich frage, mit anderen Worten, nach dauernden Überzeugungen anstatt nach flüchtigen Überredungen. »Es ist nötig, die in ihrem [der Kulturrevolution] Verlauf aufgetretenen Mängel und Fehler zu einer angemessenen Zeit zusammenzufassen, um Lehren daraus zu ziehen, Erfahrungen zu sammeln und die Erkenntnis der ganzen Partei und des ganzen Volkes zu vereinheitlichen. Aber man sollte das nicht übereilt tun.«

Prozesse – zumal strafrechtliche mit politischem, politische mit strafrechtlichem Einschlag – diktieren ihre eigene Zeit; wer einmal sich zu ihnen entschlossen hat, muß handeln und auf Eile drängen (die in-, die ausländischen Beobachter sagen sowieso, man habe die Anbahnung des Prozesses beschleunigt oder verzögert, dessen Durchführung verzögert oder beschleunigt). Eben derlei Vorwürfe sind Peking auch gemacht worden, je nach Standort der Kritiker; sehen wir also davon ab. Die eigentliche Frage lautet, wer denn vor Gericht gestellt wurde: ob lediglich die Vier, denen zur Komplettierung (gar zur Garnierung?) noch sechs weitere beigestellt waren; ob *die* Kulturrevolution in abstracto; ob, wirklich und wahrhaftig, die Nummer 5 – der Vorsitzende Mao selber. Ich ziehe mich zur Beantwortung dieser Frage nicht auf eigene Vorurteile zuliebe der Kulturrevolution, nicht auf private Vorlieben zugunsten der Volksrepublik zurück; vielmehr überlasse ich einem kaum parteiischen Publizisten, er äußere sich allenfalls negativ, das Wort (nämlich Karl-Heinz Janßen in »Die Zeit« vom 17. Oktober 1980). Dort überlegt Janßen, was möglicher-, ja notwendigerweise von der Kulturrevolution geblieben ist.

»So viel heute in China von diesen Verbrechen (der Vier) geredet wird, so wenig von den einst so gerühmten ›Errungenschaften‹ der Kulturrevolution. Wer aber die Taten der Viererbande gerecht würdigen will, kann an ihnen nicht einfach vorbeisehen:

*Die Revolution in der Erziehung*: Um die Kluft zwischen Stadt und Land, zwischen arm und reich zu überwinden, wurde einer halben Million von Arbeiter- und Bauernkindern das Studium ermöglicht; Proletariern stand ein zweiter Bildungsweg offen; Schulabsolventen aus der Stadt mußten Landkinder unterrichten (...)«

Die genaue Rechnung aufzumachen, was gewonnen und was

verloren wurde, ist schwierig. Einerseits haben die damaligen Maßnahmen auch Millionen und Abermillionen überhaupt erst die Einschulung ermöglicht, vor allem in den Regionen der etwa fünfzig Minderheiten; andererseits haben wieder Millionen und Abermillionen ihren Schul-, Oberschul- und Hochschulgang abkürzen müssen. Gar keine Bildung für viele oder Halbbildung für viele – so stellte sich die Alternative; im ersten Fall *wären* die Massen, im zweiten *ist* die Elite auf der Strecke geblieben. Einer der Gründe, warum Mao Tse-tung die Kulturrevolution initiiert hat, darin ein Leninist, dürfte das Mitte der sechziger Jahre immer noch nicht überwundene Analphabetentum gewesen sein. Wozu sollten die Bauern lesen und schreiben lernen, hatte Kulturminister Lu Ting-yi, ebenfalls ein Opfer der Kulturrevolution, zynisch gefragt; sie sollten doch lieber die Ernte einbringen.

»*Die Revolution in Wissenschaft und Technik*: Die Arbeiter in den Betrieben wurden angehalten, sich erfinderisch zu betätigen ...; Abendschulen vermittelten ihnen technische Kenntnisse. Grundsatz auch hier: Lieber rot als ein Experte sein. Die Folge: ... enorme Wissenslücken, zu wenig Grundlagenforschung aus Angst vor Fachidiotentum, zu viel Sperrzonen ... vor allem in der Politischen Ökonomie und den Gesellschaftswissenschaften.«

Drei kurze Anmerkungen. Die erste darüber, daß die Innovationen der Arbeiter ein Gutteil des technischen Fortschritts in der Volksrepublik der siebziger Jahre bewirkt haben. Die zweite, daß immer der Grundsatz »Rot *und* Experte« vertreten wurde; nur *ad extrema* galt damals »rot«, wie heute *omni modo* »Experte« zu gelten scheint. Die dritte Anmerkung darüber, daß jede Furcht vor Techno*kratie* der Hoffnung auf eine herrschaftsfreie Techno*logie* zu weichen hätte – sogar um den teuren Preis ökonomischer Effizienz.

»*Die Revolution in der Medizin*: Anderthalb Millionen Sanitäter (›Barfußärzte‹) verbessern die ärztliche Versorgung auf dem Lande – ihr Grundwissen reicht aus, leichtere Krankheiten konventionell oder mit Akupunktur zu behandeln. Ansonsten arbeiten sie wie die Reisbauern ›barfuß‹ auf den Feldern. Dies ist die *einzige* Errungenschaft, die von Maos Nachfolgern beibehalten wurde. Teng Hsiao-p'ing hat den Barfußärzten jedoch ›Schuhe angezogen‹: Sie müssen Fortbildungskurse besuchen.«

Sollen sie! Ich erinnere zwischendurch an den neuerdings, der

Akupunktur wegen entstandenen Streit. Im Periodicum »Der Spiegel« (Nr. 50/1980) war behauptet worden, sogar der Mythos der Akupunktur wäre zerstört. Demgegenüber stellte der Präsident der Deutschen Ärztegesellschaft, Dr. Claus Schnorrenberger, in diesem Februar (»Der Spiegel«, Nr. 7/1981) unter Berufung auf die Botschaft der VR China in Bonn unmißverständlich fest: »... die zur Zeit in Peking und Shanghai laufenden Akupunkturkurse für westliche Ärzte« würden »voll durchgeführt«; auch seien »keine Absichten bekannt, daß weitere derartige Kurse für Ausländer gestrichen werden sollen«. Wer eigentlich schwimmt im trüben Strom der Kulturrestauration mit?

»*Die Revolution in Kunst und Literatur*: Einführung proletarischer Stilformen und revolutionärer Themen, Boykott klassischer und bürgerlich-westlicher Kunst, Förderung des Laienspiels. Das Resultat: zu wenig vorgebildete Kräfte, mangelnde Kreativität infolge lähmender Angst, Langeweile.«

Über Langeweile, über Einbuße an Erfindung hat Teng Hsiao-p'ing geklagt, ein den Ästheten auszeichnendes Urteil. Politisch schwerer, zu schwer, wiegt der Vorwurf der Angst, die Schausteller, Schriftsteller gehindert hat – und etliche sind verfolgt, sind umgebracht worden –, Kunst zu machen. Soweit ich sehe, hat die Volksrepublik keinen »Mephisto« (ich möchte nicht deutlicher werden) hervorgebracht, jedenfalls keinen von Rang; die Pa Chin, Lao She haben geschwiegen oder sie sind gestorben. Diese *Soll*seite der Kulturrevolution, wohl auch beschrieben aufgrund persönlicher Animositäten der Mao-Witwe, die nicht einmal der inzwischen legendäre Premier, Chou En-lai, mindern (höchstens mildern) konnte, ist eine Schande für China. Indes hat Chiang Ch'ing, von ihrem Mann unterstützt, auch eine *Haben*seite aufgemacht. Wenn sogar ein westlicher Beobachter wie Egon Erwin Kisch, aus weniger sozialistischen als sozialen Gründen, die traditionelle chinesische Oper ein »Eiapopeia fürs Volk« nennen konnte (in »China geheim«, 1933), dann mußte ein Chinese, wer immer, drei oder vier Jahrzehnte später die eigene Rechnung präsentieren: Weg damit! und koste es, was es wolle!

»*Ausbildung eines revolutionären Nachwuchses*: Mehr als die Hälfte der 36 Millionen Parteimitglieder ist während der Kulturrevolution zu den Kommunisten gestoßen, alle erzogen nach Maos Devise, daß revolutionäres Bewußtsein der Produktion vorangehen muß.«

Wieder eine kurze Anmerkung. Eben Mao Tse-tung hat die Formel »Revolution *und* Produktion« geprägt – er wäre denn kein Dialektiker gewesen.

»*Die vier ›Großen Freiheiten‹:* Das Recht auf freie Meinungsäußerung, freie Aussprache, große Debatten und das Anschlagen von Wandzeitungen wurde 1975 sogar in der Verfassung verankert. Vor einigen Wochen hat man diese Freiheiten jedoch ersatzlos gestrichen.«

Mit diesen Freiheiten, zu ihrer Zeit einmalig in sozialistischen Ländern, hat es eine eigene und eigentümliche Bewandtnis. Gefordert wurden sie im ZK-Beschluß über die Große Proletarische Kulturrevolution vom 8. August 1966, danach auch praktiziert; von Staats wegen wurden sie ein knappes Jahrzehnt später sanktioniert, aber durch Partei *und* Staat nach weiteren fünf Jahren wieder aufgehoben. An diesen Daten, Fakten ist festzustellen, daß vorübergehend (ich drücke mich bundesdeutsch aus) »mehr Demokratie gewagt« wurde – bis die öffentliche Meinung, deren Engagement, deren Passion *pro* Chou En-lai gegen die Viererbande anfangs bequem gewesen war, sich gegen Teng Hsiao-p'ings zwar beiläufige, doch nachhaltige Vorwürfe *contra* Chou En-lai aufzubeqemen begann. Ferner ist festzuhalten, daß die Aufhebung jener Freiheiten gleichsam in einem Atem- und Gedankenzug mit der postumen »Rehabilitierung« des ehemaligen Staatspräsidenten Liu Shaoch'i, *des* Antipoden von Mao, einherging; Liu hatte aber, nicht allein im Westen, immer als ›Stalinist‹ gegolten, als Befürworter einer eher Pflichten denn Rechte anerkennenden, ja fordernden und durchsetzenden Politik.

»Was also ist von der Kulturrevolution geblieben?« Ich stelle die Frage mit Janßen, ohne seiner Antwort beizustimmen: »Nicht viel mehr als ein böser Traum.«

Unbestritten bleibt wahr: China ist aus einem Traum erwacht; doch wage ich nicht, diesen Traum einen *nur* bösen oder einen *nur* guten zu nennen. Die Chinesen haben, gewissermaßen, dialektisch geträumt – wie einstmals ihr Philosoph Chuang-tzu, nicht wissend, ob sie geträumt hätten, Revolutionäre zu sein, oder ob die Revolutionäre geträumt haben, sie wären Chinesen, wenngleich zwischen Chinesen und Revolutionären sicherlich »ein Unterschied besteht«. Chuang-tzu endet die Parabel, er wandte sie auf Schmetterlinge und sich selber an, mit diesem Satz: »So wandeln sich die Dinge.« Besteht zwischen Chinesen und Revolutionären ein Unterschied? Nach eineinhalb Jahrzehnten, in denen diese Frage allenthalben verneint worden wäre, haben wir uns zu gewöhnen, daß die einen nunmehr von den anderen nichts wissen zu wollen scheinen. Die Vier jedenfalls, ich lasse die übrigen sechs Angeklagten außer acht, hatten sich daran zu gewöhnen. Aus ihrem Traum, einem guten oder bösen, mußten sie erwachen, als andere – mochten sie mitgeträumt haben wie vielleicht Hua Kuo-feng oder mitaufgewacht sein wie vielleicht Teng Hsiao-p'ing –, als die Hua und Teng ihnen den Prozeß machten. Wer waren diese Vier zu lebendigen, gar Tod verhängenden Zeiten, als es ihnen selber noch keineswegs ans Leben ging? Ihre verkürzte Biographie lautet auf Macht.

*Wang Hung-wen*, vom Shanghaier Arbeiterfunktionär zur Nr. 3 des Politbüros avanciert; angeblich geständig und Chiang Ch'ing belastend.

*Yao Wen-yüan*, vom Shanghaier Redakteur zum obersten Zensor der VR China avanciert; seine Artikel ab Mitte der sechziger Jahre haben die Kulturrevolution unterstützt; angeblich geständig.

*Chang Ch'un-ch'iao*, vom Shanghaier Bürgermeister zum Stellvertretenden Ministerpräsidenten avanciert; nicht geständig und sich, so überhaupt, mit dem einzigen Satz »Ich widerspreche« verteidigend.

*Chiang Ch'ing*, unter Bruch ihres einstigen Versprechens, sich als Ehefrau Mao Tse-tungs politisch im Hintergrund zu halten, zur Galionsfigur der Kulturrevolution avanciert; nicht geständig, sich aber lauthals verteidigend.

Die Anklagen gegen diese Vier, zumal gegen Chiang Ch'ing, mögen formal (auf diese oder jene Art) berechtigt gewesen sein. Die Skala umfaßte »Verfolgung und Verleumdung von Partei- und Staatsführern«, zum Beispiel von Liu Shao-ch'i und Chou En-lai – so daß einer sich fragt, ob demnächst nicht Hua der Verfolgung von Liu, übernächst nicht Teng der Verleumdung von Chou angeschuldigt werden könnte –; die Skala umfaßte des weiteren »Verfolgung und Unterdrückung von Funktionären und Massen«, »Versuch des Sturzes der Regierung«, »Spaltung der Einheit des Staates« – so daß einer sich fragt, ob hier vielleicht nicht Bumerangs geworfen worden seien –; sie umfaßte »Unterstützung von Prügeleien, Zerstörungen, Plünderungen und bewaffneten Kämpfen«, »konterrevolutionäre Hetzpropaganda« – so daß einer sich fragt . . ., nein, diese Frage ist nicht zugelassen. Ich habe diese Anklagepunkte oben schon genannt und hinzugefügt, einige von ihnen schienen in Hinsicht dessen formuliert worden, daß Chinas neues, erst Anfang 1980 in Kraft getretenes Strafrecht nicht rückwirkend angewendet werden dürfte, daß aber ›Konterrevolution‹, was immer dies ominöse Wort beinhaltet, längst vorher als straf-, unter Umständen todeswürdiges Verbrechen gegolten habe. Auf eben diesen Punkt hat Chiang Ch'ing ihre Verteidigung aufgebaut, indem sie den Vorwurf der Konterrevolution massiv, aggressiv, provokativ zurückgab; dabei berief sie sich auf ihren eigenen Mann:

»*Chiang Ch'ing*: ›Es sollte untersucht werden, ob meine Handlungen mit den Entscheidungen und Anweisungen des Zentralkomitees unter der Führung des Vorsitzenden Mao übereinstimmen.‹ (...)

*Der Richter:* ›Ich warne Sie nochmals, daß die Verleumdung von Parteiführern und Staatsmännern eine kriminelle Handlung ist.‹

*Chiang Ch'ing:* ›So denken Revisionisten wie Sie.‹«

Ich merke zwischendurch an, daß Chinas Oberster Gerichtshof im November/Dezember 1980 jedwede Berufung der Viererbande auf Mao Tse-tung als »eine kriminelle Handlung« abweist und verwirft. Unklar scheint, ob Chiang Ch'ing die ihrerseits erhobene Bezichtigung, das Tribunal sei »revisionistisch«, darauf ausdehnt, daß es versuche, den Vorsitzenden Mao zu schonen, gar zu decken.

»*Chiang Ch'ing:* ›Ich glaube, daß diese Anklage die Verbrechen des tatsächlichen Täters verdeckt und entlastet.‹ In Artikel 2 der Gerichtsverfahrensordnung steht der folgende Satz: ›Eine Person, die erwiesenermaßen unschuldig ist, kann nach dem Strafgesetzbuch nicht zur Verantwortung gezogen werden.‹ Ist es auch so?«

Sie hält ihre eigene Unschuld für erwiesen. Warum? Weil »der tatsächliche Täter«, dessen Geheiß sie in allem und jedem gefolgt sei, nicht hereingezogen, nicht einmal genannt werde? Ich meine, daß Angeklagte wie Ankläger unter einem vergleichbaren Zwang standen: die eine, um sich selber von den heute, die anderen, um sich selber vor den gestern zu befindenden Massen zu entlasten.

»*Der Richter:* ›Der Staatsanwalt beschuldigt Sie konterrevolutionärer Verbrechen (...) Sie haben Ihre Erklärungen und Ihre Verteidigung nicht darauf gerichtet, was Ihnen die Anklage vorwirft. Im Gegenteil, Sie nutzen die Ihnen vom Gericht zur

Verteidigung eingeräumte Gelegenheit aus, um sich konterrevolutionär zu äußern.‹
*Chiang Ch'ing:* ›*Sie* sind ein Konterrevolutionär!‹
*Der Richter:* ›Sie verleumden weiterhin... die Partei- und Staatsführer, Sie verleumden das Gericht. Dadurch haben Sie neue Verbrechen begangen, die dieses Gericht laut Gesetz untersuchen muß.‹
*Chiang Ch'ing:* ›Warum bitten Sie nicht den Affenkönig, mir noch mehr Köpfe wachsen zu lassen?‹«
Warum möchte sie, auf Leben und Tod angeklagt, einer Hydra gleichen, der immerfort Köpfe nachwachsen, damit sie immerfort abzuschlagen seien? Sie selber, Chiang Ch'ing, besitzt nur einen einzigen Kopf, unter dem Richtbeil zu fallen. Vielleicht schreit sie hinaus, doch in keine Öffentlichkeit mehr, wovon »*Spiegel*«-Korrespondent Tiziano Terzani zu wissen meint (vgl. Nr. 4/1981), sie hätte es hinausgeschrien, als TV-Peking die Berichterstattung schon längst abgebrochen hatte:
»Ich habe keine Angst. Ich bin wie ein Hahn, der im Morgengrauen kräht. Ihr wollt meinen Kopf. Ich bin bereit zu sterben.«
Das Gericht hat gewußt, hat wissen müssen oder zumindest können, worauf Chiang Ch'ing anspielte: nämlich auf Verse ihres Mannes, der zum 1. Oktober 1950 gedichtet hatte:
»Einmal Schrei von Hähnen, himmelab Licht...
Die Dichter: froher Einklang wie nie zuvor.«
An jenem ersten Jahrestag einer *Volks*republik China genoß die Revolution den Consensus omnium. Damals konnte Mao Tse-tung den Gleichklang zwischen *jen-min*, »Volk«, und *shih-jen*, »Dichter«, behaupten, worin *jen* ein Volk, »menschlich«, und »Menschen«, poetisch geworden, auf einen Nenner bringt. Drei Jahrzehnte später mußte die Berufung auf Menschlichkeit des Volkes und Poesie der Massen – jedenfalls aus dem Munde Chiang Ch'ings und jedenfalls in den Ohren ihrer Richter – sich wie mörderischer, auch selbstmörderischer Zynismus ausnehmen. Das Urteil, ergangen am 25. Januar 1981, lautete in zwei Fällen denn auch auf Todesstrafe, zu vollstrecken an Chiang Ch'ing und Chang Ch'un-ch'iao, indes zwei Jahre auszusetzen (wie das neue Strafrecht es vorsieht). Erschwerend für diese beiden Angeklagten kam hinzu, daß sie weder geständig noch reuig waren, erleichternd, daß sie Kritik ja noch beherzigen, Selbstkritik ja noch über sich bringen

könnten; das erschwerende Moment beruht auf chinesisch traditionellen, das erleichternde auf chinesisch revolutionären Vorstellungen vom Strafrecht. Die beiden anderen ›Mitglieder‹ der Viererbande erhielten übrigens Freiheitsstrafen: Wang Hung-wen wurde zu lebenslänglicher, Yao Wen-yüan zu zwanzigjähriger Haft verurteilt; die ansonst ergangenen Urteile – zum einen gegen Ch'en Po-ta, zum andern gegen die Militärs – sind milder, doch hart genug ausgefallen; niemand ist, lese ich recht, unter sechzehn Jahren davongekommen.

»Wir müssen im Kampf gegen Subjektivismus, Sektierertum und Parteischematismus zwei Gebote im Auge haben: erstens, ›aus früheren Fehlern lernen, um künftige zu vermeiden‹, und zweitens, ›die Krankheit bekämpfen, um den Patienten zu retten‹. Wir müssen alle früher gemachten Fehler schonungslos aufdecken und alles, was in der Vergangenheit schlecht war, wissenschaftlich analysieren, um künftig umsichtiger und besser arbeiten zu können... Doch wenn wir Fehler aufdekken und Mängel kritisieren, besteht unser Ziel, ebenso wie das eines Arztes, der eine Krankheit bekämpft, einzig und allein darin, den Patienten zu retten, nicht aber ihn zu Tode zu kurieren.«

Das ist eines der berühmten »Worte des Vorsitzenden Mao« (dieses von 1942), dem unsereins, von ferne beobachtend, dauernde Geltung wünschen möchte. *Cui bono,* wem zu Nutz und Frommen? Die Frage ging bereits im Rom Ciceros auf die Parteien, erging an sie; mochten sie einander juristisch oder politisch gegenüberstehen, sie standen vor Gericht, und Gericht wird auch heute gehalten. 1969 meinte ich, sagen zu dürfen: Freilich urteilt es, aber verklagt nicht, spricht Recht, aber verdammt nicht – eher *consilium,* wo Ärzte, denn *dikastērion,* wo Richter befinden; 1981 darf ich solches nicht mehr sagen. Dennoch meine ich (mit meinen eigenen Worten von 1969) soviel doch sagen zu müssen: Fehler, wie eine soziale Krankheit zu heilen, sind politischen, gar philosophischen Prinzipien der Kritik ungleich angemessener als Verfehlungen, wie eine moralische Sünde zu sühnen. Hier käme alles leichtfertig ins Spiel, was ein gefährlicher Sprachmißbrauch bereithält, damit gerichtet und – angeblich im Namen der Kritik – unter Umständen *hin*gerichtet werden kann; dort herrscht glaubwürdig erklärter Ernst, einem toten Gesunden, der am Tode erst genesen sei, einen lebendigen Kranken, dessen Genesung erst

Leben verheiße, vorzuziehen. Bei Kritik und Selbstkritik geht es, genuin marxistisch, um Diagnose und Therapie – sogar, wenn Krisen auftreten, mögen sie den einzelnen, die Gruppe, die Klasse befallen und bedrängen; um einen Patienten geht es.

# 7. Schattenlinien der Chinesen

Die Balance der Macht nach Mao Tse-tung (1981)

Erinnern wir uns jener ›Beichte› Joseph Conrads – der Ich-Erzähler der Novelle »*The Shadow Line*«, sein Alter ego, legt sie stellvertretend ab –, wie selbstquälerisch er gedacht und gehandelt habe, ehe er das »Zwielicht zwischen Jugend und Reife« hinter sich lassen, die vom eigenen Unvermögen geworfene Schattenlinie überschreiten konnte. Auf seinem ersten Kommando in den Gewässern Asiens segelnd, gerät der junge Schiffer in Widrigkeiten: Tropenfieber an Bord, das Chinin vom Vorgänger verkauft, eine »Totenflaute«. Der Erste Offizier Burns beschuldigt im Fieberwahn den früheren Kapitän, der 8°20′ nördlicher Breite am Golf von Siam begraben wurde, er hätte bei vollem Verstand, bevor er starb, Schiff und Mannschaft verflucht, daß sie jene Linie nicht überquerten. Der Segler macht wenig und weniger Fahrt, treibt schließlich »in lautloser Stille, in welcher die Strömungen ihren Willen hatten, ihren feindseligen Willen«, im Kreis.

»Das Umherkriechen hat keinen Zweck, Kap'tän', griff Burns mich direkt an. ›An dem Mordbuben kann man nicht vorbeischleichen. Das geht nicht. Sie müssen ihm unerschrocken entgegentreten... Unerschrockenheit fehlt Ihnen. Zeigen Sie ihm, daß Sie sich den Deibel was aus seinen verdammten Streichen machen.‹«

Wie sein schönes Schiff machen unsern Erzähler die widerstreitenden Strömungen seines Gemüts willenlos. Er hat versäumt, vor dem Auslaufen die Bordapotheke zu inspizieren: Schuld; er hängt Träumen von *seinem* Kommando nach, anstatt sich dessen Schwere und Härte zu stellen: Ausflucht; er starrt auf die Tücken der See, nicht sehend, daß die Launen der Winde und Wellen sein eigenes Schwanken nur spiegeln: Verdruß. Gleichwohl scheint das Signal, der Schattenlinie zu spotten, von außen gegeben:

»›Herr Burns‹, sagte ich verbittert. ›Eine schwache Brise, dann Flaute, und gleich werden Sie erleben, daß das Schiff anfängt, abzufallen, weiß der Teufel wohin.‹ Er griff das Wort auf. ›Der alte gerissene Teufel‹, schrie er ohrenbetäubend und brach in ein... provozierendes, höhnisches Lachen [aus], bei dem er sich in einem unheimlich kreischenden Ton überschrie... Herr

Burns hörte plötzlich mit seinem höhnischen Geschrei auf, wandte sich wütend den Männern zu und brüllte: ›Aha! Ihr feigen Hunde ihr! ... Nun also – lacht! Lacht, sage ich euch! ... Eins – zwei – drei – lacht!‹«
Aber war wirklich, allein »durch die bannende Kraft von Burns' Gelächter der arglistige Geist zu Boden geworfen, der böse Bann gebrochen, der Fluch aufgehoben«? Eine starke Brise kam auf, dauerte an und brachte das Schiff in seinen Hafen. Die Kranken, »jeder ein verkörperter Vorwurf der bittersten Art«, konnten versorgt werden.
»Als ich wieder an Deck ging, war alles für den Transport der Leute bereit. Es war die letzte Feuerprobe jener Episode, die meinen Charakter gereift und ausgeglichen hatte, ohne daß ich es wußte.«
Was soll diese Erinnerung an Conrads Gleichnis der *shadow line*, wenn beabsichtigt ist, die chinesische Balance der Macht nach Mao Tse-tung zu analysieren? Die Schattenlinie der Novelle verläuft zweifach: die eine wirft »der alte gerissene Teufel« auf genau 8°20′ nördlicher Breite, damit der Segler sie nicht passiere, die andere wirft der Erzähler selbst, solange er den endgültigen Schritt von unbedachter Jugend zu mündigem Denken nicht über und hinter sich bringt. Aber der verstorbene Schiffskapitän mochte zwar seine Fehler gehabt haben – ein Teufel war er keineswegs, nur ein Verteufelter, dem aus postumem Aufbegehren alles Böse unterschoben wurde; daß jene Schattenlinie drohte, unüberwindbar, spukte wahrhaftig bloß in irrationalen Köpfen. Um die Beziehung auf China zu konturieren: Die Parallele läge darin, als versuche der verstorbene »Große Steuermann«, kristallen eingesargt auf 39°54′ nördlicher Breite, seine Nachfolger hinterhältig am Queren aller von ihm gezogenen Pekinger Schattenlinien zu hindern, damit das Staatsschiff wieder und wieder im permanenten Zirkel der Revolutionen treibe, den Massenströmungen und ihrem widersprüchlichen Willen preisgegeben, anstatt von pragmatischer Hand in einen sicheren, ja prosperierenden Hafen gelenkt zu werden.
*Wandzeitung in Peking, 1978:* »Genosse Mao Tse-tung hat im letzten Stadium den geistigen Kontakt zur Wirklichkeit verloren, er hat eine faschistische Familiendiktatur gebildet.«
*Arthur Miller, »Chinese Encounters«, 1979:* »Es war ein Schock, ... mit Menschen konfrontiert zu sein, die nicht nur bereitwillig sprachen, sondern sehr nachdrücklich darauf be-

standen zu erzählen, was sie selber und andere unter der sogenannten Vierer-Bande erlitten hatten. (Vierer-Bande, so lernte man bald, war lediglich ein Tarnwort für den immer noch sakrosankten Namen Mao.)«

*Ross Terrill, »Mao. Eine Biographie«, 1980* »Für China wäre es vielleicht besser gewesen, wenn Mao zwanzig Jahre früher gestorben wäre.«

Drei Stimmen, zwar anders klingend, doch auf nichts anderes lautend als »die bannende Kraft von Burns' Gelächter«, und weder östlich noch westlich imstande, den »bösen Bann«, hätte er denn Böses angerichtet, zu durchbrechen, den »arglistigen Geist«, hätte er denn Arglistiges angezettelt, niederzuwerfen. Gestorben ist Mao Tse-tung am 8. September 1976. Das Mr. Terrill genehmere Todesdatum möchte wohl der 29. September 1956 sein, einen Tag, nachdem der »Große Vorsitzende« die Übergabe der Parteiführung an Liu Shao-ch'i, den späteren Staatspräsidenten, und Teng Hsiao-p'ing, den neuen Generalsekretär, eingeleitet hatte, um selber in die ›Zweite Linie‹ zu treten, *procul ambitione et foro.*

»Ich stand in der Zweiten Linie und lenkte nicht die Tagesarbeit, ließ ein Großteil von Dingen andere Leute erledigen, baute die Autorität von anderen Leuten auf, damit, wenn ich einmal Gott vor Augen träte, es in unserem Staat nicht zu einer großen Erschütterung käme.« Als Mao Tse-tung solches sagte, am 25. Oktober 1966, war er rigoros dabei, wollte er auch »nicht alle Schuld auf die Genossen Shao-ch'i und Hsiao-p'ing schieben«, die Autorität der Ersten Linie wiederabzubauen; Teng sei »taub«, wenn nicht »faul«, Liu sei »bourgeois«. Er habe sich »die Große Macht... absichtlich entgleiten lassen« (so Mao am 24. Oktober), »doch jetzt haben sie statt dessen (ich rechnete nicht damit) ›Unabhängige Königreiche‹ aufgerichtet und eine große Anzahl von Angelegenheiten nicht mehr mit mir beraten... Schuld *haben* sie.«

Wären jene zwanzig Jahre *ohne* Mao geblieben, wäre die Nahe Geschichte Chinas nach Mr. Terrills Wunsch verlaufen, so hätten ihm Liu, sofern lange genug am Leben, und Teng gewissermaßen die Kontinuität der »Unabhängigen Königreiche« ( wie übrigens der Vorwurf der Machtanmaßung traditionell lautet) verbürgen können, hätten sie oder ihresgleichen schon seit 1956, anstatt erst seit 1976, um die Balance der Macht besorgt, bemüht sein müssen; denn ohne Mao Tse-tung würde niemand den einen als »Obersten Machthaber, der den kapitalistischen Weg geht« angeklagt, gar aus Staat und Partei ausgestoßen, würde niemand den anderen zweimal seiner Staats- und Parteiämter enthoben haben, würden beide, ob postum ob zu Lebzeiten, einer ›Rehabilitierung‹ nicht bedürftig geworden sein. Von 1956 bis 1976 ohne Mao! Wohl aufzuzählen, kaum auszudenken, was alles ungesagt und ungeschrieben, ungetan und ungeschehen geblieben wäre, so Schwerwiegendes, daß selbst gegenwärtig, jedenfalls im einen oder anderen Fall, gegen Liu und Teng auf Unterlassung geklagt werden könnte:

1957 die theoretische Schrift »Über die richtige Behandlung der Widersprüche im Volk« mitsamt der sie praktisch begleitenden Kampagne der »Hundert Blumen«; 1958/59 die Politik der »Drei Banner«: Berichtigungsbewegung in der Partei, »Großer Sprung nach vorn« in der industriellen Produktion, Volkskommunen in der Landwirtschaft; 1960 die anti-direktoriale Betriebsverfassung der Stahlwerke Anshan als Gegenmodell zum sowjetischen Musterkombinat Magnitogorsk; 1961 Umgestaltung der Armee zu einer »großen Schule des Maotsetung-denkens; 1963 Sozialistische Erziehungsbewegung gegen Restauration; gleichfalls 1963 »Vorschlag zur Generallinie der internationalen kommunistischen Bewegung«: Kritik an Revisionismus und »Großmacht-Chauvinismus« der UdSSR; 1966 Beginn der acht Jahre dauernden »Großen Proletarischen Kulturrevolution«, um die Widersprüche zwischen Massen und Führung, Massen und Bürokratie, Massen und Kultur auszutragen; 1972 Nixons Besuch bei Mao, Wende in den chinesisch-amerikanischen Beziehungen; 1974 die Kampagne zur Kritik an Konfuzius und konfuzianischer Reaktion; ebenfalls 1974 die Theorie der Drei Welten: einer Ersten aus den Hegemonialmächten UdSSR und USA, einer Zweiten aus den entwickelten Ländern wie Japan, Europa und Kanada, einer Dritten aus den Entwicklungsländern einschließlich Chinas; 1975 die »Vier großen Modernisierungen« der Landwirtschaft, der Industrie, der Landesverteidigung sowie der Wissenschaft und Technik; *last not least* alle, erst 1957 von Mao Tse-tung zur Veröffentlichung freigegebenen Gedichte, so daß sogar seine lyrisch-politischen Kommentare seit Mitte der zwanziger bis Mitte der fünfziger Jahre verloren wären.

Was wäre wenn ...? Müßig zu spekulieren, ob und worin die Liu, Teng etcetera gefehlt hätten, wären sie ab September

1956, Maos vorzeitiger Tod unterstellt, in der Ersten Linie hinterblieben, ob und welche Politiker inzwischen, vielleicht erst im Juli 1981, ihre »historische Rolle« neu einschätzen würden; die chinesischen Zeitgenossen tun sich, gerade nach Maos realem Tod im September 1976, schwer genug, daß die Liu, Teng etcetera Fehler begangen *haben.* Teng Hsiao-p'ing, der politisch nur Tot*gesagte*, einmal beiseite, könnte er in eigener Sache ja Selbstkritik üben, für Liu Shao-ch'i haben 1980 andere postum gutsagen müssen, haben auch das Beste daraus gemacht, ohne das Schlechtere unkritisch auszuschließen. Die Loyalitätserklärung des Zentralkomitees stellte seinen Ruf als Marxist wohl wieder her, widersprach indes nicht dem Vorwurf, Liu habe zuweilen auf der falschen Seite der Widersprüche zwischen den Massen einerseits, der Führung, Bürokratie und Kultur andererseits gestanden – woraus zu extrapolieren, er habe *ex negativo* sein Teil beigetragen, die Kulturrevolution über Staat und Partei, Land und Leute, *und* über sich selber zu bringen.

»Die Große Proletarische Kulturrevolution in unserem Land war eine große politische Revolution, durchgeführt vom Proletariat unter den Bedingungen des Sozialismus gegen die Bourgeoisie und alle anderen Ausbeuterklassen, zur Konsolidierung der Diktatur des Proletariats und zur Verhütung einer Restauration des Kapitalismus. Revolutionen dieser Art werden in Zukunft noch mehrmals durchgeführt werden.«

Worte, wie Mao Tse-tung aus dem Munde gesprochen, jedoch Worte, niemandem nach dem Munde geredet: Sie fielen im August 1977 und sie fielen auf dem Elften Parteitag der KP Chinas, sie wurden verantwortet von der janusköpfigen Führung Hua-Teng und verabschiedet von einer Mehrheit in Plenum, ZK, Politbüro, sie gingen in das Parteistatut ein. Gegen die offizielle brandete allerdings die öffentliche Meinung an, damals noch durch Artikel 45 der Verfassung – ein während der Kulturrevolution neugewonnenes Mehr an Demokratie – geschützt, ja ermutigt, sich in »großen Debatten« und auf »großen Wandzeitungen« uneingeschränkt, obschon nicht unverantwortlich, zu artikulieren. Hua Kuo-feng und Teng Hsiao-p'ing legten das Ruder gleichsam auf einen Zwischenkurs, der Vorsitzende und Premier Hua, um die Scylla einer zu abschätzig tiefen, sein Vize Teng, um die Charybdis einer zu hoch einschätzenden Bewertung dessen zu umschiffen, was im Grunde, ob Sache ob Person, eines und dasselbe ist, höre es auf *ihren* Namen Kulturrevolution oder auf *seinen* Namen Mao Tse-tung. Beinah so vorhersehbar, wie dem August 1977 ein Dezember 1978 nachkommen würde, holte auch den Elften Parteitag ein anderes Plenum ein, das Dritte des XI. Zentralkomitees, und mitsamt den Monaten, in denen die Tage kürzer, länger und wieder kürzer wurden, gerieten die Maßstäbe enger, weiter und wieder enger, doch währenddes hatte sich sozusagen eine mittlere Helligkeit (oder Trübung?) des Urteils ergeben.

»Auch die Große Kulturrevolution muß historisch, wissenschaftlich und den Tatsachen gemäß eingeschätzt werden. Diese von Genossen Mao Tse-tung initiierte große Revolution zielte hauptsächlich auf Bekämpfung und Verhütung des Revisionismus ab ... Es ist nötig, die in ihrem Verlauf aufgetretenen Mängel und Fehler zu einer angemessenen Zeit zusammenzufassen, um Lehren zu ziehen, Erfahrungen zu sammeln, die Erkenntnis der ganzen Partei und des ganzen Volkes zu vereinheitlichen. Aber man sollte das nicht übereilt tun.«

Nur darin, die öffentliche Meinung nicht *ad extrema* wuchern zu lassen, schien den gemäßigt ›Linken‹ um Hua wie den gemäßigt ›Rechten‹ um Teng eine gewisse Eile schon geboten. Zwischen dem 78er Plenum (dem Dritten des XI. ZK), auf welchem die Fehlerprüfung postuliert, und dem 81er Plenum (dem Sechsten desselben ZK), auf welchem die Mängelrüge formuliert wurde – im Februar 1980, inmitten eines sich langhin windenden, oftmals wendenden Weges, die Meinungen und die Mächtigen auszubalancieren, ist die kulturrevolutionär erworbene *liberté*, damit sie zu keiner gewerblich konterrevolutionären *libertinage* ultra-links oder ultra-rechts verkäme, annulliert worden. »Um zur Ausschaltung von Fehlern, die Instabilität verursachen, beizutragen, entscheidet das Fünfte Plenum, es werde dem Nationalen Volkskongreß vorschlagen, daß die Zusage des Artikels 45 in der Verfassung der Volksrepublik China gestrichen wird.«

War ein »böser Bann« zu durchbrechen, ein »arglistiger Geist« niederzuwerfen, so spukte statt eines Teufels wahrhaftig bloß ein Verteufelter in irrationalen Köpfen, waren Schattenlinien zu queren, vom verstorbenen »Großen Steuermann«, von vergangener Kulturrevolution über die Zukunft geworfen, so spiegelten die Windungen und Wendungen, das Staatsschiff auf zielstrebigen Kurs zu bringen, eher das eigene Schwanken der Mächtigen als die Mehrheiten stürzenden, Minderheiten stützenden Launen der Massen. Sie selber, in Zentralkomitee und Politbüro eingesessen, mußten stärkere oder schwächere Argumente wägen, für und wider, mußten sich zwischen *Sub*skription und *Pro*skription, Achtung und Ächtung des Maotsetungdenkens entscheiden, im Ganzen oder in Teilen, mußten den endgültigen Schritt von unbedachtem Reden zu mündigem Denken über und hinter sich bringen. Eines Jahres, eines Tages würden sie vor aller Augen gleichsam an Deck stehen, um »die letzte Feuerprobe jener Episode«, vielleicht gar einer Epoche, auszuhalten. Aber würden sie mit Joseph Conrad sagen können, sie hätten ihren »Charakter gereift und ausgeglichen«?

»Genosse Mao Tse-tung war ein großer Marxist und ein großer proletarischer Revolutionär, Stratege und Theoretiker. Es ist wahr, daß er während der ›Kulturrevolution‹ grobe Fehler begangen hat, aber wenn wir sein Wirken als Ganzes beurteilen, überwiegen seine Beiträge zur chinesischen Revolution bei weitem seine Fehler. Seine Verdienste stehen an erster und seine Irrtümer an zweiter Stelle.«

Jahr und Tag sind gekommen – am 27. Juni 1981, als das Sechste Plenum des XI. ZK eine »Resolution zu bestimmten Fragen der Geschichte unserer Partei seit der Gründung der Volksrepublik China« annahm –, sie scheinen gekommen, ohne daß zugleich die letzte Stunde des Maotsetung-denkens geschlagen hätte. Warum sollte denn das Mao Tse-tung *szu-hsiang*, worin das Binom *szu-hsiang* intensiver auch als »*Be*denken« aufgefaßt werden kann, geradezu als »*Weiter*denken« der Gedanken Maos, fortan den Anspruch einer Theorie auf eine Anleitung der Praxis verwirkt haben? Noch 1978 hatte sogar Hu Yao-pang, damals Generalsekretär der KP, zur Aufgabe der Parteipropaganda erklärt, »das Maotsetungdenken mit der Praxis der Modernisierung des Landes zu verbinden«; *sogar* Hu Yao-pang ist freilich eine Lesart von heute, denn derselbe Hu hat später die Kulturrevolution in Grund und Boden verdammt, hat Hua Kuo-feng, der bereits als Premier zurückgetreten war, Ende Juni 1981 im Parteivorsitz abgelöst, sogleich federführend in der Kritik an Hua, sollte dieser dem Zentralkomitee nicht selbstkritisch genug erschienen sein.

»Hua Kuo-feng trug bei zum Kampf, die konterrevolutionäre Chiang-Ch'ing-Clique zu stürzen, und leistete nachher nützliche Arbeit. Aber er förderte die irrige ›Zwei-was-immer-Politik‹, das heißt, ›Wir halten standhaft aufrecht, was immer

der Vorsitzende Mao an politischen Entscheidungen getroffen hat, und wir wahren mit Festigkeit, was immer der Vorsitzende Mao an Belehrungen erteilt hat‹, und er brauchte lange, um den Irrtum zu berichtigen... Er verzögerte und behinderte die Wiedereinsetzung altgedienter Kader in ihre Positionen und die Wiedergutmachung der aus der Vergangenheit überkommenen Ungerechtigkeiten... Der Elfte, im August 1977 einberufene Parteitag der KP Chinas bekräftigte – infolge der von den damaligen historischen Bedingungen auferlegten Einschränkungen und infolge des Einflusses des Genossen Hua Kuo-feng – aufs neue die irrigen Theorien, politischen Maßnahmen und Parolen der ›Kulturrevolution‹... Offenbar ist es unter seiner [Huas] Führung unmöglich, ›linke‹ Irrtümer in der Partei zu korrigieren.«
Hatte das Dritte Plenum des XI. ZK im Dezember 1978 diskutiert, ob *alle* während der Großen Proletarischen Kulturrevolution gefällten Urteile, Verurteilungen richtig und rechtens gewesen, ob *einige* nicht doch zu revidieren, oder gar *einige* Personen nicht doch (wie leichthin gesagt wird) zu ›rehabilitieren‹ oder (wie treffender gesagt würde) zu reaktivieren seien, so war zweieinhalb Jahre danach die Diskussion umgeschlagen, und das Sechste Plenum ließ die »Kulturrevolution« – keine große, keine proletarische mehr, statt dessen eine in Anführungsstrichen – bestenfalls in unbedeutenden Aktiva, ließ aber Mao Tse-tung jedenfalls in *nicht*-kulturrevolutionären, bedeutend bleibenden Aktivitäten gelten. Entlassen wurde Hua Kuofeng als Erster Parteivorsitzender, weil seine Meinung, auch die Kulturrevolution sei ein Beitrag Maos zur chinesischen Revolution überhaupt gewesen, die Mehrheit im Plenum verlor; belassen wurde Hua als einer der Stellvertreter von Hu Yaopang, belassen auch, allerdings an siebter und letzter Stelle, im Ständigen Ausschuß des Politbüros, weil seine Meinung doch eine Minderheit hinter sich fand, die öffentlich geworden war. Denn seit Anfang dieses Jahres zeichnen sich neben den innenpolitischen Konflikten im Zentralkomitee auch außenpolitische Kontroversen im Politbüro, zeichnen sich sogar Konfrontationen zwischen Partei und Armee für jedermann sichtbar ab. Der Schriftsteller Pai Hua, Autor eines Films anti Mao und Kulturrevolution, wird von der Partei prämiiert, von der Armee kritisiert, ja vorübergehend arretiert; die Militärs bewerten viele Maßnahmen, wie die Vier Modernisierungen durchgeführt würden, als Technokratie und Ökonomismus,

Entpolitisierung und Entideologisierung, als Abkehr vom »Sozialistischen Weg«, dessen Festhalten im Dezember 1980 erst beschlossene ZK-Sache war; die »Zeitung der Befreiungsarmee«, einst Sprachrohr der Kulturrevolution und immer noch der Sprachregelung durch den Vorsitzenden der Militärkommission, Teng Hsiao-p'ing, entzogen, sieht in der Bevorzugung fachlicher Qualitäten, wenn Funktionäre zur Wahl stehen, eine »Diskriminierung der Arbeiter und Bauern«; Bürgermeister und Parteichef von Peking, beide neu berufen, knüpfen, obzwar vorsichtig, an eine revolutionäre Tradition an, indem sie alle Behördenangestellten einen halben Tag im Monat zu körperlicher Arbeit verpflichten; der Oberste Politische Kommissar der Streitkräfte verteidigt in der »Volkszeitung«, während Ende Juni das Zentralkomitee zusammentritt, den Vorrang der Ideologie vor der Waffentechnik; das Verteidigungsministerium wechselt in die Hände eines Befürworters der ›Mao-Linie‹ –: Alles in allem keine Fronde, wohl aber eine wachsende Fraktion gegen Teng, die im Politbüro außenpolitisch, seltsam genug, gleichsam mit schiefer Front antritt und für geringere Konzessionen gegenüber den USA, für größere Konzilianz gegenüber der UdSSR votiert.
»Die ›Kulturrevolution‹... war verantwortlich für den schlimmsten Rückschlag und die schwersten Schäden, die Partei, Staat und Bevölkerung seit der Gründung der Volksrepublik erlitten haben. Sie wurde vom Genossen Mao Tse-tung begonnen und geleitet. Seine Hauptthesen waren: daß sich viele Vertreter der Bourgeoisie und konterrevolutionäre Revisionisten in Partei, Regierung und kulturelle Kreise eingeschlichen hätten...; daß Machthaber in der Partei, den kapitalistischen Weg gehend, ein bürgerliches Hauptquartier innerhalb des Zentralkomitees gebildet hätten...; daß die in der Vergangenheit akzeptierten Kampfformen dieses Problem nicht hätten lösen können und daß daher die von den Weggefährten des Kapitalismus usurpierte Macht nur durch die Austragung einer großen Kulturrevolution zurückgewonnen werden könnte, indem man die breiten Massen von Grund auf mobilisiert...; und daß die Kulturrevolution in der Tat eine große politische Revolution wäre, in der die eine Klasse die andere besiegen würde, eine Revolution, die zu wiederholten Zeiten durchgeführt werden müßte. Diese Thesen... waren in eine allgemeine Theorie – die ›Theorie der fortgesetzten Revolution unter der Diktatur des Proletariats‹ – eingebettet...

Diese Thesen müssen ganz und gar vom Maotsetung-denken unterschieden werden.«

Damit ›linke‹ Meinungen, »linke« Mächtige (zum neueren Beispiel die Militärs) vereinzelt blieben, damit korrigierbare Irrtümer nicht zu irreparablen Fehlern sich verhärteten, womöglich zu einer Betonung des Klassenkampfes, wie sie einer sozialistischen Sozietät abträglich sei, verantworteten und verabschiedeten Plenum, ZK, Politbüro im Juni 1981 mit einer nunmehr anders zusammengesetzten Mehrheit ihren Widerruf des August 1977. Zwar sollte Genosse Mao, hatte er die »Neue Demokratie« begründet, die Prinzipien des sozialistischen Aufbaus in China entwickelt, die Methoden des revolutionären Volkskriegs dargelegt, auch weiterhin als großer Theoretiker gelten, sollte das Maotsetung-denken, hatte es die Grundsätze des Widerspruchs in eine systematische Theorie gebracht, auch fortan die widersprüchliche Praxis anleiten; soweit gut mit Teng und Hu. Jedoch sollte Genosse Mao, hatte er die Lehre vom Widerspruch zur Konsequenz gebracht, die Kulturrevolution initiiert, die »Permanenzerklärung« der Revolution gemäß Marx abgegeben, nicht einmal ein kleiner, sondern gar kein Theoretiker mehr sein, sollte das Maotsetung-denken, hatte es weitere »Revolutionen dieser Art« für möglich, ja notwendig erachtet, kein Denken von Mao Tse-tung gewesen sein; soweit schlecht für Hua. Die »Resolution« versagt sich nicht, unter Maos »bedeutenden Schriften« auch »Über die Praxis«, »Über den Widerspruch« und »Über die richtige Behandlung der Widersprüche im Volk« anzuführen, nur versagt sie sich, mit deren Inhalt theoretisch und praktisch Ernst zu machen. Bereits in diesen drei Schriften von 1937, 1957 begreift Mao aber, darin mit chinesischer (etwa taoistischer) Tradition überein, die Allgemeinheit der Widersprüche, das meint ihr Vorkommen überall und allezeit, als ein objektives Gesetz; bereits in ihnen definiert er aber, seiner Permanenzerklärung des Widerspruchs angemessen, Sprünge (naturdialektisch gesprochen) wie Revolutionen (gesellschaftsdialektisch gesprochen) als *pu-tuan koming*, »nicht zu unterbrechende Aufträge«, daß Natur oder Gesellschaft sich ändere. Diese Schattenlinie, weithin langhin geworfen, überquert nicht, wer Widersprüche bloß beilegt.

# 8. Zu Zeiten des kleinen Wohlstands

Chinas ideologische Unwucht
(1982)

»Nun aber, da der große Weg sich verborgen hat, ist die Weltherrschaft Familienerbe geworden. Jeder liebt zunächst *seine* Eltern, jeder ist besorgt für *seine* Kinder. Die Güter und die Arbeit dienen nur dem eigenen Nutzen. Daß Herrscher ihre Macht auf Söhne vererben, ist nun die Sitte. Man baut Mauern und Türme, Gräben und Teiche, um die Städte zu sichern. Man gebraucht die Sitte und das Recht als Grundlage, um das Verhältnis von Fürst und Diener zu ordnen; die Liebe zwischen Vater und Sohn, die Eintracht zwischen älterem und jüngerem Bruder, die Harmonie zwischen Mann und Frau, um Regeln und Ordnungen zu schaffen, um Felder und Weiler zu gründen, ... um Werke für sich selbst zu tun. Es kamen Listen und Pläne infolge davon auf, und Waffen erhoben sich deshalb ... Das heißt die Zeit des kleinen Wohlstands.«

Sätze aus dem altchinesischen »Buch der Sitten« (*Li-chi*; einem Text der konfuzianischen Redaktion), Sätze, die jedermann anhalten, sich nicht zum Narren machen zu lassen, als wären die Verhältnisse nun einmal so. Unmittelbar voran steht ein Abschnitt, überschrieben »Die große Gemeinsamkeit«, worin dargestellt wird, wie die Verhältnisse sein sollten, vielleicht sein könnten, doch sicherlich niemals gewesen sein dürften. Auf eine solche Gesellschaftsordnung hatte sich zwischen 1884 und 1902, als er *Ta-t'ung shu* (sein »Buch von der Großen Gemeinsamkeit«) entwarf und abschloß, auch der Reformer K'ang Yu-wei berufen, auf diesen berief sich später auch der Revolutionär Mao Tse-tung; das Buch erschien übrigens erst postum im republikanischen Jahr 1935 und wurde erst im volksrepublikanischen Jahr 1956 wieder aufgelegt. Im Grunde beschwor Mao, indem er K'ang als einen Vorläufer, wenn auch ›utopistischen‹, anerkannte, jedoch antike und exemplarische Begriffe chinesischen Denkens, das immer, wurde es verpflichtend formuliert, soziales Denken war. Er beschwor, *mutatis mutandis*, die historisch überkommene Gesinnungsethik des Altertums, die aufkommende politische Verantwortungsethik der Neuzeit überspielend. Noch einmal Konfuzius und die Sitten:

»Zur Zeit, als der große Weg herrschte, war die Welt gemeinsamer Besitz. Man wählte die Tüchtigsten und Fähigsten zu

Führern; man sprach die Wahrheit und pflegte die Eintracht. Darum liebten die Menschen nicht nur ihre eigenen Eltern und versorgten nicht nur ihre eigenen Kinder. Die Alten konnten in Ruhe ihrem Ende entgegensehen; die kräftigen Männer hatten ihre Arbeit; die Witwer und Witwen, die Waisen und Kinderlosen und die Kranken hatten alle ihre Pflege; die Männer hatten ihre Stellung und die Frauen ihr Heim. Die Güter wollte man nicht ungenützt verloren gehen lassen; aber man suchte sie nicht unter allen Umständen für sich selbst aufzustapeln. Die eigene Kraft wollte man nicht unbetätigt lassen, aber man arbeitete nicht um des eigenen Vorteils willen. Mit allen Listen und Ränken war es zu Ende; man brauchte sie nicht. Diebe und Räuber, Mörder und Totschläger gab es nicht. Darum hatte man zwar draußen Tore, aber man schloß sie nicht. Das war die Zeit der großen Gemeinsamkeit.«
Die Geschichte der Volksrepublik scheint den Schwingungen eines Pendels vergleichbar, das zwischen den Extremen einer großen Gemeinsamkeit und eines kleinen Wohlstands, der kollektiven Volkskommune und der privaten Hühnerhaltung ausschlägt, ohne sich unterdes bei Maß und Mitte zu beruhigen. Kein harmloser Vergleich, sobald wir ans *pendulum* des Edgar Allan Poe uns erinnern: »Doch schon bedrängte mir der Streich des Pendels die Brust... und ein scharfer Schmerz fuhr mir durch alle Nerven.« Zehn Jahre (ab 1949) verläuft alles nach sowjetrussischem Muster, bis Mao schließlich die Losungen Stalins »Die Technik entscheidet alles, die Kader entscheiden alles« mit seinen Fragen konterkariert, was denn mit der Politik, was denn mit den Massen sei. »Hier fehlt es an Dialektik«, sagt er; er hätte auch sagen können, es fehle an Revolution. Fünfzehn Jahre (ab 1958/59) wird eben diese Revolution praktiziert, eben diese Dialektik theoretisiert: Politik des Großen Sprunges, die manche für eine der großen Sprünge, Politik der Großen Kulturrevolution, die manche für einen kleinbürgerlichen Bildersturm halten; *General*linie nach außen und *Massen*linie nach innen, beidemal entgegen den Funktionären, ob der KPSU oder der KPCh. Fünf, sechs Jahre bisher (ab 1977) dominieren zunehmend wieder Technik und Kader. Warnungen wie seinerzeit von P'eng Te-huai, »die Politik die Führung übernehmen lassen«, sei »kein Ersatz für wirtschaftliche Prinzipien«, lassen sich neuerdings umkehren: Ökonomische Leitung ersetze keineswegs ideologische Grundsätze. In Stichworten zur geistigen Situation der Zeit, betref-

fend China, notiert Dieter Senghaas einen »programmatische[n] Kurswechsel«; der Bremer Sozialwissenschaftler ist weder eines kommunistischen Engagements noch einer chinesischen Vorliebe verdächtig.

»In den Äußerungen der neuen Führung wird deutlich und ohne Einschränkung die Erhöhung der Leistungsfähigkeit der chinesischen Wirtschaft in den Mittelpunkt gestellt... Die Diktion der neuen Führung ist ökonomistisch.« Man beachte die Qualität, besser Disqualifizierung, dieser Vokabel zu prononciert proletarischen Zeiten. Damals war ›Ökonomismus‹, d. h. die Politik der ökonomischen Anreize mittels Geldern und Prämien, wie Liu Shao-ch'i sie propagiert hatte, ein Schimpfwort; die materielle Produktion sollte vermehrt werden, ohne die ideelle Revolution zu verraten. »Produktion *und* Revolution«, um Maos Doppel aufzunehmen. »Die Diktion der neuen Führung ist ökonomistisch. Anders als in Maos Schriften und den Dokumenten der Kulturrevolution wird nicht mehr von einer umfassenden gesellschaftspolitischen Reflexion her nach dem Zusammenhang von Produktionssteigerung und politisch-institutionellem Rahmen gefragt; der Zusammenhang von Produktivkraftentfaltung und Produktionsverhältnissen wird auf Fragen des ökonomischen Managements reduziert. Von dieser Prämisse aus sind alle weiteren Akzente im einzelnen nur konsequent.«

Nichts leichter, als den Absichten der Kulturrevolution als einer Utopie, kaum einer konkreten, *ab*zusagen; nichts leichter, als den Aussichten der Wirtschaftsrestauration als einer Utopie, kaum einer abstrakten, zu *ent*sagen. Die Volksrepublik, soll sie keine bloß bevölkerte Republik sein oder werden, bedarf aber, wie sie ehedem der Vermittlung von Revolution mit Produktion bedurft hat, nunmehr der Vermittlung von Produktion mit Revolution. Ansonsten würde Senghaas nicht dia-, sondern prognostizieren: »Betont werden Zielsetzungen und Werte wie leistungsorientiertes Arbeiten, einschließlich der Akzentuierung von Prämien und der Einführung, neben dem Zeitlohn, des Stücklohnes sowie der Herausbildung differenzierter Löhne über das bisherige Achtstufen-System hinaus. Betont werden die Rollen von Leitungsverantwortung, Direktoriatsverwaltung, Autorität und Hierarchie, weiterhin Ordnung, Disziplin und Effektivität – all dies in deutlichem Gegensatz zu den offen proklamierten Zielsetzungen der Kulturrevolution wie Selbstbestimmung, partizipatorische Führung, Aufforderung zur Kritik an überkommenen Autoritäten im großen und im kleinen.«

1956 hatte Mao Tse-tung vor dem Politbüro »Über die zehn großen Beziehungen« gesprochen; noch 1976 hat Hua Kuo-feng sich dieses Vermächtnisses, das bis dahin nur zu Studienzwecken, nicht zur Diskussion freigegeben war, gewissermaßen bemächtigt, um die Kontinuität einer Mao-Hua-Politik zu demonstrieren und zu dokumentieren; erst Ende 1981 setzte Premier Chao Tzu-yang vor dem Nationalen Volkskongreß diesen zehn *Beziehungen* seinerseits zehn *Prinzipien* entgegen. Mao konfrontiert, greifen wir fünf Punkte heraus, Schwerindustrie einer- und Leichtindustrie nebst Landwirtschaft andererseits, Ökonomie und Landesverteidigung, Staat und Produzenten, zentrale und lokale Ebenen, Revolution und Konterrevolution; Beziehungen als *Widersprüche*. Seine Rede, »die Entwicklung der Sowjetunion als warnendes Beispiel anführend« und »die Erfahrung unseres Landes zusammen[fassend]«, enthält brisante Sätze. Die brisantesten stehen unter Punkt VII; indem sie den Widerspruch »zwischen der Kommunistischen Partei und den nichtkommunistischen Parteien« behandeln, betreffen sie das Geschick der KP Chinas im besonderen, wo nicht das Schicksal der KP im allgemeinen.

»Die Kommunistische Partei und die demokratischen Parteien sind Produkte der Geschichte. Was in der Geschichte entsteht, verschwindet auch wieder im Lauf der Geschichte. Deshalb wird die Kommunistische Partei unvermeidlich eines Tages verschwinden, und mit den demokratischen Parteien wird es nicht anders sein. Ist dieses Verschwinden so unangenehm? Meiner Meinung nach wird es sehr angenehm sein. Ich halte es wirklich für gut, wenn wir die Kommunistische Partei und die Diktatur des Proletariats eines Tages nicht mehr brauchen. Unsere Aufgabe ist, ihr Verschwinden zu beschleunigen.«

Maos damalige Sätze würden mißverstanden, würden sie als Anweisung für die Gegenwart interpretiert. Sie sind angesichts der ungarischen Ereignisse von 1956, der tschechoslowakischen von 1968, der polnischen von 1982 nachzulesen; das China der beginnenden achtziger Jahre legt ihre Lektüre abermals nahe. Mao Tse-tung, ein getreuer Schüler Lenins, hält dessen Theorie von einer proletarischen Partei, von einer Diktatur des Proletariats für weiterhin gültig, bis – ja, wie lange? –, bis die Konterrevolution unterdrückt, dem Imperialismus widerstanden und der Sozialismus aufgebaut sei. Ein

Souverän wie er, dem sogar Kissinger das Prädikat ›Staatsmann‹ zuerkennt, hätte über das Datum mit sich reden lassen, über ein künftiges, und hätte das China hier und jetzt keiner chinesischen Utopie geopfert. »Gegenwärtig aber sind die proletarische Partei und die Diktatur des Proletariats absolut notwendig, und sie müssen sogar unbedingt stärker gemacht werden.«
Man würde sich wiederum täuschen, würde man Maos damalige Sätze so auslegen, als redeten sie hypertrophischen Zwängen das Wort. Gewiß meint Mao *chu-hsi*, im ›Vorsitz‹ sowohl der Partei- als der Staatsgeschäfte 1956 noch unumstritten, was er sagt: Daß eine Diktatur des Proletariats nicht umhinkönne, »einen starken Zwang auszuüben«. Gleichwohl schlägt gerade er vor, wozu die neuerdings Mächtigen sich frühestens Anfang 1982 verstehen, wenn sie beispielsweise Ministerien rigoros mindern und schmälern. Wer genau hinsieht, erkennt freilich eine der Forderungen aller Kulturrevolutionen wieder (wie Stalin etwa sie theoretisch formuliert hat, ohne sie praktisch zu befolgen): nämlich die Entfremdung der Massen von der Führung, von der Bürokratie, von der Kultur zu überwinden. Lassen wir die heutige Führung, die sich den Massen ökonomisch zu befreunden, die heutige Kultur, die Einzelne ästhetisch zu vergnügen sucht, beiseite.
»Aber der Bürokratismus und der aufgeblasene Verwaltungsapparat müssen bekämpft werden. Ich schlage vor, daß der Partei- und Staatsapparat bedeutend vereinfacht, um zwei Drittel verkleinert wird, unter der Bedingung, daß dabei erstens niemand zu Tode kommt und zweitens keine Arbeit ins Stocken gerät.«
Aus welcher Absicht hat Mao diesen Vorschlag gemacht, aus welcher realisieren ihn seine Nachfolger? Der eine hatte *politische* Gründe, die langsam und letztlich ein Absterben nicht allein des Staates, wie es Marxens Ziel war, sondern auch der Partei, was Mao als weiteres Ziel nennt, bewirken sollen; die anderen haben *wirtschaftliche* Motive, die eilig und vorläufig Einsparungen bezwecken mögen. Mao Tse-tung wollte eines Tages das Haupt geköpft wissen, ohne auf dem Wege dahin sich »der demokratischen Parteien [zu] entledigen«; Chao Tzuyang möchte dieser Tage an den Gliedern herum›doktern‹, auf die Gefahr hin, die Disziplin erschlage die Demokratie, wie offen in China kritisiert wird. Zweifellos erfüllt Ministerpräsident Chao eine *notwendige* Bedingung, wenn er die bürokra-

tischen Glieder im Frühjahr 1982 rigoros und resolut beschneidet: diese 108 Ministerien (anstelle der 34 von 1956), diese 1000 Minister und Vize- oder Vizevizeminister (manchmal 20 in einem Ressort), diese 5000 Amtschefs ... sie alle in einem einzigen Staatsrat versammelt, während das oberste beschlußfassende Organ, der Nationale Volkskongreß, sich mit etwa 10000 Delegierten begnügt. Doch zwei weitere, auch sie *notwendige* Bedingungen erfüllt Chao zweifellos nicht, und erst alle drei insgesamt wären auch *hinreichend*: der politischen wie kulturellen Desorientierung, sozusagen der abend- statt morgenwärtigen Richtung, zu steuern. Wären hinreichend wofür? Daß China demokratisch bleibe! Wir würden uns freilich betrügen, verstünden wir Demokratie auf chinesisch als etwas, was unserm Verständnis von Demokratie auf europäisch entspräche. Wie lange, wie weit haben wir uns entfernt, die Vokabel als eine Volksmassen zustehende, nicht als eine Bevölkerungsgruppen zugestandene Herrschaft aufzufassen. Mao Tse-tung jedenfalls hat darunter eine ›Große‹, eine radikale an der Basis, begriffen, in welcher die Massen (immerhin Bauern und Arbeiter zu 85%) sich selbst erziehen sollten; seine Nachfolger begreifen darunter eine der kleinen Freiheiten, eine formalrechtlich gesicherte und obrigkeitlich gewährleistete. *Demokratie*; sprach Mao chinesisch, spricht Chao europäisch von ihr; seitdem datiert unser Wohlwollen, unser Wohlverhalten.

»Wer an den überlieferten Methoden festhält, dem wird der Weg durch Berge und Ströme versperrt sein. Wer aber angesichts einer neuen Situation neue Methoden benutzt, wird einen leichten Weg mit blühenden Blumen und schattigen Weiden einschlagen.« Sätze, in denen Chao sich chinesisch nur verkleidet, keine, in denen er (laut »Neue Zürcher« vom 10. Januar dieses Jahres) »mit geradezu poetischen Wendungen eine radikale Umkehr« fordert. Täuschen wir uns weder über den Weg noch über die Methode (was nichts anderes als ›Wegweisung‹ bedeutet): Der kleine Weg, da der große sich verborgen, die Wegweisung zu kleinem Wohlstand, da die große Gemeinsamkeit sich verschlossen hat, ist gemeint. Sammeln wir nur einige Daten, die Stationen unterwegs angeben. Das China der beginnenden achtziger Jahre hat, erstmals, Auslandsschulden; man redet von vier Milliarden US-Dollar, zu zahlen nicht für unbeglichene Importe, wie die Sowjetunion sie gegenwärtig für argentinisches Getreide zu transferieren hat, sollte sie es mit

Rüstungs›gütern‹ nicht wettmachen, sondern für gebrochene Verträge, die in Tengscher Euphorie abgeschlossen, aber nicht eingehalten wurden. Dieses China *leidet* unter Arbeitslosigkeit, unter Kriminalität; erstmalig. Das China der beginnenden achtziger Jahre hat, erstmals, Inflation; man redet von zwanzig Prozent. Die Zeiten, da Peking in offiziellen Broschüren fragen *und* antworten konnte, warum China keine Inflation kenne, sind offenbar vorbei; und der Bochumer Experte für Ostasiens Ökonomie, Willy Kraus, könnte den Achtzigern nicht gutsagen, was er den Sechzigern, Siebzigern (in »Wirtschaftliche Entwicklung und sozialer Wandel in der Volksrepublik China«) gut geschrieben hat.

»Trotz revolutionärer wirtschaftlicher und gesellschaftlicher Umwälzungen hat sich die chinesische Führung ... nicht davon abhalten lassen, auf zahlreichen Gebieten der Wirtschafts- und Sozialpolitik äußerst konservativ vorzugehen. Das gilt für die Lohn- und Preispolitik, die Investitionspolitik, insbesondere aber für die Geld- und Finanzpolitik. Offenbar hat sich die Volksrepublik China [zu Zeiten Maos] von dem Grundsatz leiten lassen, daß der allgemeine Mangel an Ressourcen nicht auf inflationistischem Wege zu beseitigen sei und daß darüber hinaus die Begleitumstände der Inflationierung – z. B. Entlastung der Exportsituation und der Devisenbilanz, Planabweichungen, Verminderung der privaten Spartätigkeit u. a. m. – die vielfältigen Anstrengungen zur beschleunigten Wirtschaftsentwicklung sogar zunichte machen könnten. Dagegen sind zahlreiche andere Entwicklungsländer allzu bereitwillig den Empfehlungen gefolgt, inflationistische Tendenzen als normale Begleiterscheinungen wirtschaftlichen Wachstums in Kauf zu nehmen ...«

Unsere Gazetten meldeten Anfang Dezember 1981, im Nationalen Volkskongreß formiere sich »Widerstand gegen Teng«; sie meldeten Mitte Januar 1982 gar nichts oder nur wenig; aber sie meldeten Mitte Februar dieses Jahres: »Teng Hsiao-p'ing wieder in Peking«, »Rückzug auf das große Ganze«, »Chinas Reformer verschwand aus der Öffentlichkeit«. Tatsächlich war Teng, dessen Vorname *Hsiao-p'ing* ja »Kleiner Frieden« bedeutet – den »Großen Frieden« hatten einmal die *T'ai-p'ing*, hatte auch Mao Tse-tung verheißen – einen Monat außerhalb Pekings gewesen: um Ferien zu machen, wie er privat gesagt haben soll, um sich »von der ersten in die zweite Linie zurückzuziehen«, wie offiziell geäußert worden ist. »Was war

wirklich geschehen?« fragte »DER SPIEGEL« und wußte es diesmal nicht besser: »Den nicht von ihm [Teng] selbst mitgeteilten Satz vom Rückzug in die zweite Linie ließ die Agentur Hsinhua [›Neues China‹] bei der Wiedergabe der ... Äußerungen aus – Anzeichen für Meinungsverschiedenheiten, vielleicht gar einen Machtkampf in Peking.«
Wir sind immer der Meinung gewesen, man müsse chinesische Termini ernst nehmen, in diesem Falle den Terminus »erste« beziehungsweise »zweite Linie«. Der stellvertretende Parteivorsitzende Teng redet, falls nicht andere für ihn reden, wie seinerzeit der Vorsitzende Mao geredet hat, als er 1959 sich ebenfalls, zugunsten *auch* von Teng Hsiao-p'ing, in die zweite Linie der Führung zurückzog. 1959 und 1982, ein Vierteljahrhundert; große Sprünge voran und große Schritte zurück; Volkskommunen, in denen Massen beinah kommunistisch, und *joint ventures*, in denen Einzelne beinah kapitalistisch produzieren. Das Erstaunliche daran, daß einer aus der ersten in die zweite Linie trete, scheint indes weniger der Unterschied der Linie als vielmehr die Verschiedenheit der Personen zu sein. Wir wagen die Vermutung, ein *Teng* möchte es *dem* Mao einfach nachtun, möchte ebenfalls einer sein, der persönliche Rücktritte riskieren kann, ohne sachliche Fortschritte zu verspielen; wir wagen die Vermutung, ein nicht unbedeutender Ökonom, der politisch sehr vieles, vergleiche sich einem bedeutenden Politiker, der ökonomisch sehr wenig vergibt. Kein Macht*kampf* zwischen Lebenden, denn ›Maoisten‹ hält Teng für *ohn*mächtige Schatten, jedoch eine Macht*probe* mit dem Toten, denn Maos Schatten ist für Teng *über*mächtig: erleidet er doch politisch ein Desaster, ökonomisch eine Destitution, kulturell ein Debakel. Ihm dürfte kaum schmecken, daß Chinas Offizielle den Widersacher seit Monaten »ein glänzendes Vorbild« nennen (nachdem sie ihn einige Monate zuvor abgeurteilt hatten), daß seit Dezember 1981 das Parteiorgan »Rote Fahne« zum nachdrücklichen Studium des Maotsetung-denkens aufruft; denn: »Der Zusammenbruch der Partei ist heute keine abstrakte theoretische Frage, sondern eine real existierende Gefahr im gegenwärtigen Kampf.«
Fürchten die einen, allein der parteipolitische Zusammenbruch führe zum Niedergang des Sozialismus in China, so hoffen die andern, allein die ökonomische Effizienz lasse China zum Sozialismus fortschreiten. Mao Tse-tung hätte diese Befürchtung und diese Hoffnung für einen dialektischen Widerspruch

gehalten, der im Dreischritt der unvermittelten Praxis, der vermittelnden Theorie, der alsdann vermittelten Praxis zu lösen wäre. Nachfolger wie Chao Tzu-yang sehen nur ökonomische Schwierigkeiten, aber keine politischen Widersprüche, lassen sich auf keine »großen Beziehungen«, sondern nur auf großartige »Richtlinien für den künftigen Wirtschaftsaufbau« ein; sie wollen Plan und Markt, erleichternden Dirigismus und erleichterten Sozialismus miteinander verbinden, wollen »das geschlossene System der Warenzirkulation mit wenigen Kanälen und vielen Stationen durch einen offenen Markt mit vielen Kanälen und wenigen Stationen ersetzen«; Sozialdemokratie. Noch einmal werde Senghaas zitiert:

»Damit hängt eng die Hervorhebung von Fachexpertise, wirtschaftlicher und technologischer Kompetenz, der führenden Rolle von Fachpersonal und Kadern zusammen. Während im Erziehungs- und Wissenschaftsbereich seit Beginn der Kulturrevolution autoritäre Strukturen eher abgebaut worden sind, werden nunmehr eine Reakademisierung, eine scharfe Auslese der Besten, Prüfungen als Eingangs-, Zwischen- und Endhürden von Berufskarrieren, Spezialwissen, wenn erforderlich auch ohne politische Bewußtseinsbildung, propagiert. Damit wird der Neutralität von Wissenschaft und Technologie das Wort geredet; der in der Kulturrevolution betonte Klassencharakter beider wird verneint.«

Gleichwohl betonen noch jüngste Verlautbarungen, welche Seite immer sie laut werden läßt, die Rolle des Klassenkampfes. Daß die ›Linken‹, deren Einfluß in der Armee nach wie vor unbestreitbar ist, praktisch auf Klassenkampf insistieren, erstaunt niemanden; daß aber auch die ›Rechten‹, deren Beeinflussung der Partei abermals umstritten scheint, den Klassenkampf theoretisch favorisieren, mag des Überlegens wert sein, warum sie solchen Tribut entrichten, er wäre denn rein verbal. Indes hat die Volksrepublik China ihre Worte, fielen sie *ex cathedra*, immer bewahrheitet, zum Nutzen der Aufhorchenden wie zum Schaden der Weghörenden; wenn sie vom Klassenkampf spricht, von welchem Katheder immer, muß etwas ›daran sein‹. Eine der möglichen Antworten gibt, um ihn ein letztes Mal anzuführen, Dieter Senghaas:

»Es kann ... nicht überraschen, daß in den neueren offiziellen Dokumenten Chinas zwar immer noch die Rede von Klassenkampf ist, jedoch scheint dieser in der politischen Sphäre angesiedelt, die bewußt von der durch Sachgesetzlichkeiten bestimmten Ökonomie abgetrennt wird. Die für den Maoismus und eine materialistische Theorie kennzeichnende Dialektik von Überbau und Unterbau, von Politik und Ökonomie, von Bewußtseinsbildung und Gesellschaftsstruktur wird – ähnlich wie schon in den Dokumenten des großen früheren Gegenspielers Mao Tse-tungs, Liu Shao-ch'is – verneint.«

Senghaas äußert sich eher kritisierend denn akklamierend. Sollte er recht haben, würden diejenigen Chinesen, die eine schlechthin für den Marxismus – nicht für irgendeinen ›Maoismus‹ oder irgendeine »materialistische Theorie« – definitive, konstitutive Dialektik verneinen, ob zwischen Überbau und Unterbau, Politik und Wirtschaft, Bewußtsein und Gesellschaft, den Marxismus negieren; und Zweifel seien erlaubt, ob Liu Shao-ch'i, mag er manche Gegenposition zu Mao aufgebaut haben, jemals so weit gegangen wäre. Deshalb dürfte es kaum angebracht sein, von einem »Liuismus der neuen Führung« gerade »im politisch-administrativen Bereich« zu sprechen: Liu hat niemals den *auch* ökonomischen Klassenkampf geleugnet, hat ihn allenfalls anders akzentuiert. Die neue Führung, sollte sie noch führen, ist mit ihrem Ökonomismus so unmarxistisch wie unpolitisch geworden; ein Buch des Titels, wie jemand ›ein guter Kommunist‹ werde, wäre kaum von ihr anzunehmen, wäre es schon erhältlich, Bücher des Titels, wie man ein guter Ökonom werde, sind *en vogue*.

So gilt, »Werke für sich selbst zu tun. Es kamen Listen und Pläne infolge davon auf, und Waffen erhoben sich deshalb... Das heißt die Zeit des kleinen Wohlstands.« Sätze, zwei Jahrtausende und vier Jahrhunderte alt, die jedermann anhalten, sich nicht zum Narren machen zu lassen, als wären die Verhältnisse nun einmal so; denn sie könnten auch *so* sein: »Darum hatte man zwar draußen Tore, aber man schloß sie nicht. Das war die Zeit der großen Gemeinsamkeit.«

# II. Dokumente

## 1. Mao Tse-tung
## »Über die zehn großen Beziehungen«
## (1956)

*Vorbemerkung*
Am 26. Dezember 1976, der Wiederkehr des Geburtstages von Mao Tse-tung, erschien als erster von acht Mao-Texten, die bis dahin offiziell nicht veröffentlicht waren, die nachstehend abgedruckte Rede vom 25. April 1956; sie wurde 1977 auch in Band V der Ausgewählten Werke aufgenommen. (Weitere sechs Texte wurden 1977 zum ersten Mal publiziert, ebenfalls in der *Jen-min jih-pao* (»Volkszeitung«), der siebte und letzte Mitte 1978, ebendort; sie datieren aus den Jahren 1958–1966.) »Damit war ein Text vorgelegt«, merkt Helmut Martin an, »der sozusagen den radikalen Mao des großen Sprungs und vor allem der Kulturrevolution verdrängte und statt dessen die Aufmerksamkeit auf die pragmatischere Aufbauphase der 50er Jahre lenkte«, gleichsam eine »Blaupause für die zukünftige gesellschaftliche Entwicklung, für den eigenen Kurs [Hua Kuofengs] also.« Indes lassen die wenig später veröffentlichten Texte – 1977 z. B. »Weisung über die ›Betriebsverfassung der Stahlwerke in Anshan‹« von 1960, »China wird einen großen Sprung nach vorn machen« von 1964 –, läßt auch die Rede selber einen solchen Kurzschluß von einem eher revolutionären auf einen eher pragmatischen Mao nicht zu.

In den letzten Monaten hat das Politbüro des Zentralkomitees die Arbeitsberichte von 34 zentralen Abteilungen für Industrie, Landwirtschaft, Transport, Handels- und Finanzwesen usw. gehört. Aus diesen ersah es eine Reihe von Problemen, die den sozialistischen Aufbau und die sozialistische Umgestaltung betreffen. Sie lassen sich zu insgesamt zehn Fragen oder zehn großen Beziehungen zusammenfassen.
Es geht um einen grundlegenden Kurs, wenn diese zehn Fragen aufgeworfen werden, nämlich um den Kurs, alle positiven Faktoren im In- und Ausland in Bewegung zu setzen und sie in den Dienst der sozialistischen Sache zu stellen. Auch früher haben wir, um der Herrschaft des Imperialismus, des Feudalismus und des bürokratischen Kapitalismus ein Ende zu setzen und die volksdemokratische Revolution zum Sieg zu führen, den Kurs verfolgt, alle positiven Faktoren in Bewegung zu setzen. Um nun die sozialistische Revolution durchzuführen und einen sozialistischen Staat aufzubauen, folgen wir dem gleichen Kurs. Aber in unserer Arbeit gibt es noch einige Probleme, über die diskutiert werden muß. Besondere Beachtung verdient die Tatsache, daß kürzlich gewisse Mängel und Fehler der Sowjetunion ans Tageslicht gekommen sind, die im Laufe ihres Aufbaus des Sozialismus auftraten. Wollt ihr ihren Umwegen folgen? Dadurch, daß wir Lehren aus ihren Erfahrungen gezogen haben, konnten wir früher bestimmte Umwege vermeiden. Wir haben allen Grund, jetzt erst recht so zu verfahren.
Was sind die positiven Faktoren im In- und Ausland? Im Land sind die Arbeiter und Bauern die grundlegende Kraft. Die Kräfte der Mitte sind

solche, die gewonnen werden können. Die reaktionären Kräfte sind zwar ein negativer Faktor, doch wir sollten gute Arbeit leisten, um diesen negativen Faktor nach Möglichkeit in einen positiven umzuwandeln. In internationaler Hinsicht müssen wir uns mit allen Kräften, mit denen ein Zusammenschluß möglich ist, zusammenschließen; die nicht neutralen Kräfte können neutralisiert werden, wenn wir uns darum bemühen; und sogar die reaktionären Kräfte können aufgespalten und genutzt werden. Kurz gesagt, wir müssen alle direkten und indirekten Kräfte in Bewegung setzen und dafür kämpfen, unser Land zu einem starken sozialistischen Staat aufzubauen.
Ich möchte jetzt die zehn Probleme erörtern.

## I. Die Beziehung zwischen der Schwerindustrie auf der einen und der Leichtindustrie und der Landwirtschaft auf der anderen Seite

Beim Aufbau unseres Landes liegt das Hauptgewicht auf der Schwerindustrie. Der Erzeugung der Produktionsmittel muß Vorrang gegeben werden, das haben wir bereits festgelegt. Aber daraus folgt auf gar keinen Fall, daß die Produktion der Konsumgüter, insbesondere von Getreide, vernachlässigt werden darf. Ohne ausreichende Nahrungsmittel und andere lebensnotwendige Güter können vor allem die Arbeiter nicht versorgt werden. Hat es dann noch Sinn, von der Entwicklung der Schwerindustrie zu reden? Deshalb muß die Beziehung zwischen der Schwerindustrie auf der einen Seite und der Leichtindustrie und der Landwirtschaft auf der anderen richtig behandelt werden.
Bei der Behandlung dieser Beziehung haben wir keine prinzipiellen Fehler begangen. Das haben wir besser gemacht als die Sowjetunion und einige osteuropäische Länder. Solche Probleme wie in der Sowjetunion, die lange Zeit nicht imstande war, beim Getreideertrag den höchsten vorrevolutionären Stand zu erreichen, und solche ernsten Probleme, wie sie sich aus der allzu ungleichmäßigen Entwicklung von Leichtindustrie und Schwerindustrie in einigen osteuropäischen Ländern ergeben haben, existieren bei uns nicht. Ihre einseitige Betonung der Schwerindustrie und die Vernachlässigung der Landwirtschaft und der Leichtindustrie haben Warenknappheit auf den Märkten und Unstabilität der Währungen zur Folge. Wir dagegen messen der Landwirtschaft und der Leichtindustrie größere Bedeutung bei. Wir haben uns schon immer der Landwirtschaft angenommen und sie entwickelt, und wir konnten daher die für die Entwicklung der Industrie notwendige Menge von Getreide und Rohstoffen in beträchtlichem Ausmaß sicherstellen. Güter des täglichen Bedarfs sind bei uns verhältnismäßig reichlich vorhanden, und die Preise und die Währung sind stabil.

Unser Problem besteht nun darin, die Investitionen in die Schwerindustrie einerseits und in die Landwirtschaft und die Leichtindustrie andererseits weiter in einem angemessenen Verhältnis aufeinander abzustimmen – zugunsten einer stärkeren Entwicklung von Landwirtschaft und Leichtindustrie. Soll das heißen, daß die Schwerindustrie nicht mehr die Hauptsache ist? Nein, sie bleibt die Hauptsache und der Schwerpunkt unserer Investitionen. Aber der Anteil, der in Landwirtschaft und Leichtindustrie fließt, muß etwas höher werden.
Was wird sich aus dieser Steigerung ergeben? Erstens wird die Bevölkerung noch besser versorgt; zweitens wird rascher Geld akkumuliert, wodurch wir die Schwerindustrie mit größeren und besseren Resultaten entwickeln können. Auch die Schwerindustrie kann zur Akkumulation beitragen, aber unter unseren gegenwärtigen ökonomischen Bedingungen können Leichtindustrie und Landwirtschaft mehr und schneller akkumulieren.
Hier erhebt sich nun die Frage: Ist euer Wunsch, die Schwerindustrie zu entwickeln, echt oder nur vorgetäuscht, ist er brennend oder lau? Falls euer Wunsch nur vorgetäuscht oder lau ist, dann geht ihr auf die Landwirtschaft und die Leichtindustrie los und investiert weniger in sie. Wollt ihr aber wirklich die Schwerindustrie entwickeln, ist dies euer brennender Wunsch, dann werdet ihr der Landwirtschaft und der Leichtindustrie große Aufmerksamkeit schenken, damit mehr Getreide da ist und die Leichtindustrie noch mehr Rohstoffe zur Verfügung hat, damit noch mehr akkumuliert wird. Dann werden in Zukunft auch mehr Mittel in die Schwerindustrie investiert werden können.
Um die Schwerindustrie zu entwickeln, können wir zweierlei Wege gehen. Der eine ist, weniger Wert auf die Entwicklung der Landwirtschaft und der Leichtindustrie zu legen, der andere, sie stärker zu entwickeln. Auf lange Sicht wird der erste Weg zu einer geringeren und langsameren Entwicklung der Schwerindustrie führen oder sie zumindest auf eine weniger solide Basis stellen. Und wenn wir dann in einigen Jahrzehnten alles zusammenrechnen, wird das Ergebnis ungünstig ausfallen. Der zweite Weg hingegen wird zu einer stärkeren und rascheren Entwicklung der Schwerindustrie führen und wird sie, weil die Lebenshaltung der Bevölkerung gesichert ist, auf eine solidere Grundlage stellen.

## II. Die Beziehung zwischen der Industrie in den Küstengebieten und der Industrie im Landesinnern

In unserem Land war die Industrie bisher in den Küstengebieten konzentriert. Mit den Küstengebieten sind Liaoning, Hopeh, Peking, Tientsin, Ost-Honan, Schantung, Anhui, Kiangsu, Schanghai, Tschekiang, Fukien, Kuangtung und Kuangsi gemeint. Rund 70 Prozent unserer Leicht- und Schwerindustrie sind in den Küstengebieten und nur 30 Prozent im Landesinnern. Dieses Mißverhältnis ist uns von der Geschichte hinterlassen worden. Die Industriebasen an der Küste müssen in vollem Maße genutzt werden. Aber um im Verlauf der Entwicklung der Industrie zu einer ausgeglichenen Standortverteilung zu gelangen, muß die Industrie im Landesinnern energisch gefördert werden. In der Frage der Beziehung zwischen diesen beiden haben wir ebenfalls keine schweren Fehler begangen. In den letzten Jahren allerdings haben wir die Küstenindustrie etwas unterbewertet und nicht genügend für ihre Entwicklung getan. Das muß sich ändern.

Früher war Krieg in Korea, und die internationale Lage war sehr gespannt. Das mußte Einfluß auf unsere Einstellung zur Küstenindustrie haben. Nun ist ein neuer Aggressionskrieg gegen China oder ein neuer Weltkrieg in naher Zukunft unwahrscheinlich, und eine Friedensperiode von zehn Jahren oder mehr ist möglich. Also wäre es falsch, die Kapazität der Industrieanlagen an der Küste und ihr technisches Potential weiterhin nicht voll zu nutzen. Selbst wenn wir nur fünf Jahre haben, um nicht zehn zu sagen, müssen wir eben vier Jahre lang angestrengt an der Entwicklung der Küstenindustrie arbeiten und sie im fünften Jahr verlegen, sollte ein Krieg ausbrechen. Nach unseren bisherigen Informationen können Betriebe der Leichtindustrie im allgemeinen ziemlich rasch gebaut werden und relativ schnell akkumulieren. Nachdem sie voll zu produzieren begonnen haben, können sie binnen vier Jahren nicht nur die in sie investierten Mittel wieder hereinbringen, sondern darüber hinaus so viel Gewinn abwerfen, wie für den Bau von drei, zwei, einer oder doch wenigstens einer halben Fabrik gebraucht wird. Warum sollten wir uns ein solch gutes Geschäft entgehen lassen? Zu meinen, daß die Atombombe bereits über uns schwebt und es nur eine Angelegenheit von Sekunden ist, bis sie uns auf den Kopf fällt, hat mit der Realität nichts zu tun. Es wäre falsch, deswegen zur Küstenindustrie eine passive Haltung einzunehmen.

Daraus folgt nicht, daß alle neuen Fabriken in den Küstengebieten errichtet werden sollten. Zweifellos muß der größere Teil der neuen Industriebetriebe im Landesinnern angesiedelt werden, damit die Standortverteilung nach und nach ausgeglichener wird; überdies hilft uns das bei den Vorbereitungen auf einen Kriegsfall. Aber in den Küstengebieten können auch eine Reihe neuer Fabriken und Bergwerke errichtet werden, darunter sogar einige große. Was den Ausbau und den Umbau bereits bestehender Leicht- und Schwerindustriebetriebe an der Küste betrifft, so haben wir bisher einiges dafür getan und werden in Zukunft noch viel mehr dafür tun.

Dadurch, daß wir die Kapazitäten der alten Industrien in den Küstengebieten gut nutzen und entwickeln, werden wir noch besser imstande sein, die Industrie im Landesinnern zu entwickeln und zu unterstützen. Eine passive Haltung dazu würde die rasche Entwicklung der Industrie im Landesinnern behindern. Also auch hier handelt es sich darum, ob der Wunsch nach Entwicklung dieser Industrie echt ist oder nicht. Ist er echt und nicht vorgetäuscht, dann muß die Industrie in den Küstengebieten, insbesondere die Leichtindustrie, noch aktiver genutzt und entwickelt werden.

## III. Die Beziehung zwischen dem Wirtschaftsaufbau und dem Aufbau der Landesverteidigung

Ohne Landesverteidigung geht es nicht. Unsere Verteidigungskraft hat schon ein gewisses Niveau erreicht. Durch den Krieg des Widerstands gegen die USA-Aggression und der Hilfe für Korea und nach einigen Jahren der Konsolidierung und der Ausbildung ist unsere Armee stärker geworden. Sie ist heute stärker als die sowjetische Rote Armee vor dem Zweiten Weltkrieg. Auch ihre Ausrüstung hat sich verbessert. Unsere Verteidigungsindustrie befindet sich im Aufbau. Seit Pan Gu Himmel und Erde trennte und so die Welt schuf, konnten wir niemals Flugzeuge und Autos bauen; jetzt haben wir damit begonnen.
Die Atombombe haben wir noch nicht. Aber früher hatten wir auch keine Flugzeuge und keine Kanonen. Die japanischen Imperialisten und Tschiang Kai-schek haben wir mit Hirse und Gewehren besiegt. Wir sind stärker als früher und werden noch stärker werden. Wir werden nicht nur mehr Flugzeuge und Kanonen haben, sondern auch Atombomben. Wollen wir in der heutigen Welt nicht tyrannisiert werden, können wir eben ohne die Bombe nicht auskommen. Was also tun? Eine zuverlässige Methode ist, die Ausgaben für Militär und Verwaltung auf einen angemessenen Anteil zu senken und die Ausgaben für den Wirtschaftsaufbau zu erhöhen. Nur ein größeres Tempo des Wirtschaftsaufbaus kann größere Fortschritte im Aufbau der Landesverteidigung bringen.
Wir haben auf dem 3. Plenum des VII. Zentralkomitees unserer Partei im Jahre 1950 bereits die Frage der Vereinfachung des Staatsapparates und der Herabsetzung der militärischen und administrativen Ausgaben aufgeworfen, und wir betrachteten diese Maßnahme als eine der drei Voraussetzungen für die Erreichung einer grundlegenden Besserung unserer finanziellen und ökonomischen Lage. In der Periode des ersten Fünfjahrplans wurden für Militär und Verwaltung 30 Prozent der Gesamtausgaben des Staatsbudgets aufgewendet. Das ist ein zu großer Anteil. In der Periode des zweiten Fünfjahrplans müssen wir ihn auf etwa 20 Prozent senken, damit mehr Mittel für den Aufbau von mehr Fabriken, für die Erzeugung von mehr Maschinen frei werden. Nach einiger Zeit werden wir nicht nur viele Flugzeuge und Kanonen haben, sondern wahrscheinlich auch unsere eigenen Atombomben.
Wieder erhebt sich die Frage: Wollt ihr die Atombombe unbedingt, hundertprozentig, haben? Oder aber seid ihr nur zu einigen Zehnteln

dafür, und nicht hundertprozentig? Ist euer Wunsch echt, hundertprozentig, dann verringert ihr den Anteil der Militär- und Verwaltungsausgaben und pumpt mehr in den Aufbau der Wirtschaft. Seid ihr aber nur halbherzig dafür, nur zu einigen Zehnteln, dann bleibt ihr im alten Trott. Hier geht es um den strategischen Kurs. Ich hoffe, daß die Militärkommission diese Frage erörtern wird.
Wäre es gut, jetzt all unsere Truppen zu demobilisieren? Nein, das wäre nicht gut. Denn da sind immer noch Feinde, die uns bedrängen, die uns einkreisen! Wir müssen unsere Landesverteidigung unbedingt stärken. Eben darum müssen wir vor allem unseren Wirtschaftsaufbau verstärkt vorantreiben.

## IV. Die Beziehung zwischen Staat, Produktionseinheiten und Produzenten

Die Beziehung zwischen Staat einerseits und Fabriken und landwirtschaftlichen Genossenschaften andererseits, die Beziehung zwischen Fabriken und landwirtschaftlichen Genossenschaften einerseits und einzelnen Produzenten andererseits, beide müssen gut geregelt werden. Darum dürfen wir nicht nur eine Seite berücksichtigen, sondern müssen alle drei Seiten, den Staat, das Kollektiv und die Einzelpersonen, in Betracht ziehen. Genau das meinten wir, wenn wir früher oft sagten: »Sowohl die Interessen der Armee als auch die des Volkes berücksichtigen« und »sowohl die staatlichen als auch die privaten Interessen berücksichtigen«. Angesichts der Erfahrungen der Sowjetunion und auch unserer eigenen müssen wir von nun an diese Frage noch besser lösen.
Nehmen wir die Arbeiter als Beispiel. Mit der Erhöhung ihrer Arbeitsproduktivität sollte eine schrittweise Verbesserung ihrer Arbeitsbedingungen und ihrer kollektiven Wohlfahrt einhergehen. Seit je befürworten wir ein einfaches Leben und harte Arbeit, sind wir dagegen, daß die persönlichen materiellen Interessen über alles gestellt werden. Gleichzeitig sind wir auch stets dafür eingetreten, daß für das tägliche Leben der Massen Sorge getragen wird, und wir bekämpfen den Bürokratismus, der ihrem Wohl und Wehe gegenüber gleichgültig ist. Mit der Entwicklung der gesamten Volkswirtschaft müssen auch die Löhne entsprechend geändert werden. Wir haben kürzlich beschlossen, die Löhne etwas zu erhöhen, vor allem die niedrigen, die Löhne der Arbeiter, damit der Unterschied zwischen diesen und den höheren verringert wird. Unsere Löhne sind im allgemeinen nicht hoch. Aber das Leben der Arbeiter hat sich, verglichen mit früher, doch wesentlich verbessert, unter anderem, weil mehr Menschen Arbeit haben und weil die Preise niedrig und stabil bleiben. Unter der proletarischen Staatsmacht haben unsere Arbeiter stets ein hohes politisches Bewußtsein und unerschöpflichen Arbeitsenthusiasmus an den Tag gelegt. Als das

Zentralkomitee Ende des vergangenen Jahres zum Kampf gegen den Rechtskonservatismus aufrief, wurde das von den Arbeitermassen mit Begeisterung unterstützt. In drei Monaten angestrengter Arbeit haben sie, was es bisher nicht gegeben hat, schon das Plansoll des ersten Quartals dieses Jahres übererfüllt. Wir müssen alles tun, um diesen Geist des harten Kampfes zu entfalten, gleichzeitig aber der Lösung der dringenden Probleme in ihrer Arbeit und ihrem Alltagsleben noch größere Aufmerksamkeit schenken.

Hier möchte ich auf die Frage der Selbständigkeit der Fabriken unter zentralisierter Leitung eingehen. Es ist wohl nicht richtig, alles in den Händen der zentralen Ebene bzw. der Provinz- und Stadtebenen zu konzentrieren, den Fabriken aber keine Befugnisse, keine Bewegungsfreiheit und keine Erträge zuzugestehen. Wie die Befugnisse und die Erträge im richtigen Verhältnis unter der zentralen, den Provinz- bzw. Stadtebenen und den Fabriken aufzuteilen sind, darüber haben wir noch nicht viel Erfahrungen, das müssen wir noch genauer untersuchen. Zentralisierung und Selbständigkeit bilden, prinzipiell, eine Einheit von Gegensätzen, es muß beides, sowohl Zentralisierung als auch Selbständigkeit, geben. Zum Beispiel haben wir jetzt eine Versammlung, das ist Zentralisierung; nach Beendigung der Versammlung gehen einige von uns spazieren, einige werden lesen, andere essen. Das ist Selbständigkeit. Wenn wir die Versammlung nicht abschließen und allen Beteiligten nicht ein wenig Selbständigkeit gewähren, sondern die Versammlung bis ins Unendliche fortsetzen, wäre das nicht unser aller Tod? Das gilt für Einzelpersonen und nicht weniger für Fabriken und andere Produktionseinheiten. Jeder Produktionseinheit muß eine mit der Zentralisation in Wechselbeziehung stehende Selbständigkeit eingeräumt werden, nur so kann sie sich noch kraftvoller entwickeln.

Nun zu den Bauern. Unsere Beziehungen zu den Bauern waren immer gut, aber in der Getreidefrage haben wir einmal einen Fehler begangen. Im Jahr 1954 führten Überschwemmungen in einigen Teilen unseres Landes zum Absinken der Erträge. Trotzdem haben wir sieben Milliarden *Djin* Getreide mehr angekauft. Absinken der Erträge, Steigerung des Ankaufs – das führte dazu, daß im Frühling des vergangenen Jahres in vielen Orten fast jedermann vom Getreide sprach, daß fast jeder Haushalt vom staatlichen Getreideabsatzmonopol redete. Die Bauern waren unzufrieden, sowohl innerhalb als auch außerhalb der Partei gab es viele Klagen. Obwohl nicht wenige absichtlich übertrieben und die Gelegenheit benutzten, um uns anzugreifen, kann man doch nicht sagen, daß wir keine Unzulänglichkeiten hatten. Ungenügende Untersuchung und Unklarheit über die tatsächliche Lage führten zum Mehrankauf von sieben Milliarden *Djin*; das war eine Unzulänglichkeit. Nachdem wir diese entdeckt hatten, kauften wir dann im Jahr 1955 sieben Milliarden *Djin* weniger an. Außerdem führten wir das System der »drei festgelegten Quoten« ein, d. h. festgelegte Ertrags-,

Ankaufs- und Verkaufsquoten[1]*. Dazu kam noch eine gute Ernte. Durch Senkung des Ankaufs und Steigerung des Ertrags haben die Bauern über 20 Milliarden *Djin* mehr Getreide zur Verfügung. Also sagen auch jene Bauern, die vorher unzufrieden waren: »Die Kommunistische Partei ist wirklich gut.« Diese Lehre muß sich die ganze Partei gut einprägen.

Die Sowjetunion hat mit ihren Maßnahmen die Bauern zu sehr geschröpft. Mit ihrer sogenannten Getreideablieferungspflicht[2] und anderen Maßnahmen wird den Bauern zu viel weggenommen und zu wenig dafür gezahlt. Diese Methode der Akkumulation von Geldmitteln hat die Begeisterung der Bauern für die Produktion sehr gedämpft. Du willst, daß die Henne mehr Eier legt, willst sie aber nicht füttern. Das Pferd soll schneller rennen, aber grasen darf es nicht. Das ist eine Logik!

Unsere Politik den Bauern gegenüber ist anders als die der Sowjetunion. Wir berücksichtigen beides, die Interessen des Staates und die der Bauern. Unsere Landwirtschaftssteuer ist seit je relativ niedrig. Beim Austausch von industriellen und landwirtschaftlichen Produkten verfolgen wir eine Politik der Verkleinerung der Preisschere, eine Politik des gleichwertigen oder fast gleichwertigen Austausches. Der Staat kauft landwirtschaftliche Produkte zu angemessenen Preisen. Die Bauern erleiden dabei keinen Schaden. Mehr noch, unsere Ankaufspreise werden schrittweise erhöht. Bei der Versorgung der Bauern mit Industriewaren verfolgen wir eine Politik der Vergrößerung des Absatzes bei niedriger Gewinnspanne, der Stabilisierung oder angemessenen Herabsetzung der Preise. Bei der Getreidebelieferung der Bauern in den getreidearmen Gebieten gewähren wir im allgemeinen gewisse Zuschüsse. Trotz alledem werden wir, wenn wir nicht achtgeben, wieder Fehler dieser oder jener Art begehen. Angesichts der schweren Fehler der Sowjetunion in dieser Frage müssen wir noch sorgfältiger sein und die Beziehungen zwischen Staat und Bauern gut regeln.

Ebenso muß die Beziehung zwischen Genossenschaften und Bauern gut geregelt werden. Wieviel von den Einnahmen einer Genossenschaft jeweils an den Staat, an die Genossenschaft selbst und an die Bauern gehen soll und in welcher Form, über all das müssen geeignete Bestimmungen festgelegt werden. Der an die Genossenschaft gehende Anteil dient unmittelbar den Bauern. Die Produktionskosten brauchen nicht erklärt zu werden, auch die Verwaltungskosten sind notwendig. Der Akkumulationsfonds dient der erweiterten Reproduktion und der Wohlfahrtsfonds dem Wohl der Bauern. Jedoch sollten wir gemeinsam mit den Bauern einen vernünftigen Verteilungsschlüssel für diese Ausgaben ausarbeiten. Die Produktions- und Verwaltungskosten müssen möglichst niedrig gehalten werden. Auch der Akkumulations- und

* Die Anmerkungen befinden sich am Ende des Kapitels auf S. 187.

der Wohlfahrtsfonds müssen in Grenzen gehalten werden. Man kann nicht hoffen, in nur einem Jahr alle guten Dinge zu vollenden.
Außer im Fall besonders schwerer Naturkatastrophen müssen wir auf der Grundlage einer erhöhten landwirtschaftlichen Produktion dafür sorgen, daß 90 Prozent der Genossenschaftsmitglieder Jahr für Jahr ein etwas höheres Einkommen haben. Bei den übrigen 10 Prozent soll das Einkommen nicht geringer werden. Sollte es doch dazu kommen, so müssen rechtzeitig Wege zur Lösung des Problems gefunden werden.
Kurz, man muß immer beiden Seiten Beachtung schenken und nicht nur einer, sind das nun Staat und Fabrik, Staat und Arbeiter, Fabrik und Arbeiter, Staat und Genossenschaft, Staat und Bauer oder Genossenschaft und Bauer. Wenn man nur eine Seite, ganz gleich welche, beachtet, schadet das dem Sozialismus und der Diktatur des Proletariats. Das ist eine große Frage, die 600 Millionen Menschen betrifft, und sie verlangt eine wiederholte Erziehungsarbeit in der ganzen Partei und unter dem Volk des ganzen Landes.

## V. Die Beziehung zwischen der zentralen Ebene und den lokalen Ebenen

Die Beziehung zwischen der zentralen Ebene und den lokalen Ebenen stellt ebenfalls einen Widerspruch dar. Um diesen Widerspruch zu lösen, ist gegenwärtig darauf zu achten, die Befugnisse der lokalen Ebenen etwas zu erweitern, ihre Selbständigkeit zu erhöhen und ihnen einen größeren Handlungsspielraum zu geben, immer unter der Voraussetzung, daß die einheitliche zentrale Führung gefestigt werden muß. Dies wird für unsere Aufgabe des Aufbaus eines starken sozialistischen Staates von Vorteil sein. Unser Land ist so ausgedehnt, unsere Bevölkerung so groß, und die Verhältnisse bei uns sind so komplex, daß es weit besser ist, wenn die Initiative von beiden Seiten – der zentralen und den lokalen Ebenen – kommt, statt nur von einer. Wir dürfen nicht dem Beispiel der Sowjetunion folgen und alles in den Händen der Zentralbehörden konzentrieren, die lokalen Organe fesseln und ihnen jedes Recht auf Bewegungsfreiheit nehmen.
Die zentralen Organe wollen die Industrie entwickeln, und das wollen auch die lokalen Organe. Selbst die zentral geleitete Industrie bedarf der Mitwirkung der lokalen Organe. Und für Landwirtschaft und Handel gilt das noch mehr. Kurz, wenn wir den sozialistischen Aufbau fördern wollen, müssen wir die örtliche Initiative zur Entfaltung bringen. Wenn wir die zentrale Leitung festigen wollen, müssen wir die Interessen der lokalen Ebenen berücksichtigen.
Heute ist es so, daß Dutzende Hände in die Arbeit der lokalen Organe eingreifen, was diese erschwert. Ist einmal ein Ministerium gebildet, ist es schon darauf aus, Revolution zu machen, also erteilt es Befehle. Da die Ministerien es nicht für angebracht halten, den Parteikomitees und

den Volksräten der Provinzen Befehle zu erteilen, nehmen sie direkten Kontakt mit den entsprechenden Abteilungen und Ämtern der Provinzen bzw. Städte auf und erteilen ihnen tagtäglich Befehle. Obwohl das Zentralkomitee der Partei und der Staatsrat nichts von diesen Befehlen wissen, kommen sie doch alle angeblich von den zentralen Stellen und setzen die lokalen Organe unter starken Druck. Die Flut von Formularen ist eine wahre Plage. Dieser Zustand muß sich ändern.

Wir müssen jenen Arbeitsstil fördern, der darin besteht, sich bei der Behandlung anstehender Fragen mit den lokalen Ebenen zu beraten. Das Zentralkomitee der Partei pflegt sich mit den lokalen Ebenen zu beraten; es erteilt niemals Befehle überstürzt, d. h. ohne vorangegangene Konsultationen mit ihnen. Wir hoffen, daß die zentralen Abteilungen dieser Frage gebührende Aufmerksamkeit schenken, sich zuerst einmal mit den lokalen Organen über alle sie betreffenden Angelegenheiten besprechen und erst nach hinreichender Konsultation Verordnungen erlassen werden.

Die zentralen Abteilungen können in zwei Kategorien eingeteilt werden: Die einen leiten bis hinunter zu den Betrieben direkt an, aber ihre Verwaltungsorgane und Betriebe in den verschiedenen Landesteilen unterstehen auch der Kontrolle durch die lokalen Ebenen. Die anderen haben die Aufgabe, Leitlinien festzulegen und Arbeitspläne zu erstellen, für deren Ausführung die lokalen Ebenen zuständig und verantwortlich sind.

Für ein so großes Land wie das unsere, für eine so große Partei wie die unsere ist die richtige Behandlung der Beziehung zwischen der zentralen Ebene und den lokalen Ebenen äußerst wichtig. Dieser Frage schenken auch manche kapitalistische Länder große Aufmerksamkeit. Obwohl sich ihr Gesellschaftssystem von dem unseren grundsätzlich unterscheidet, so ist es doch wert, die Erfahrungen ihrer Entwicklung zu studieren. Was unsere eigenen Erfahrungen anlangt, so war das kurz nach Gründung unserer Republik eingeführte System der Verwaltungsgroßregionen zu jener Zeit wohl notwendig, hatte aber auch seine Unzulänglichkeiten, die später von dem parteifeindlichen Bündnis von Gao Gang und Jao Schu-schi zu einem gewissen Grad ausgenutzt wurden. Dann wurde beschlossen, das System der Verwaltungsgroßregionen abzuschaffen und alle Provinzen unmittelbar der zentralen Leitung zu unterstellen. Das war richtig. Aber als die Dinge so weit gediehen, daß die lokalen Ebenen ihrer notwendigen Selbständigkeit beraubt wurden, war das Ergebnis auch nicht befriedigend. Unsere Verfassung sieht vor, daß die Gesetzgebung allein der zentralen Ebene zusteht. Aber vorausgesetzt, daß sie den politischen Richtlinien der zentralen Ebene nicht zuwiderhandeln, können die lokalen Ebenen je nach ihren besonderen Bedingungen und den Erfordernissen ihrer Arbeit selbst Vorschriften, Regeln und Maßnahmen ausarbeiten. Dies wird von der Verfassung nicht untersagt. Wir wollen beides, Einheit wie Besonderheit. Um ein starkes sozialistisches Land aufzubauen, ist eine starke und einheitliche zentrale Führung unbedingt erforderlich, muß es eine einheitliche Planung und Disziplin für das ganze Land geben. Diese unentbehrliche Einheit darf keinesfalls untergraben werden. Gleichzeitig muß aber die Initiative der örtlichen Ebenen voll zur Geltung gebracht werden. Jeder Örtlichkeit soll die ihren lokalen Bedingungen entsprechende Besonderheit zugestanden werden. Besonderheiten dieser Art haben mit der von Gao Gang praktizierten nichts gemein, sondern sind im Interesse der Gesamtheit und für die Stärkung der Einheit des ganzen Landes notwendig.

Da ist noch die Frage der Beziehungen der lokalen Ebenen untereinander, hier denke ich vor allem an die Beziehungen zwischen den übergeordneten und den untergeordneten lokalen Ebenen. Wenn sich schon die Provinzen und Städte über die zentralen Abteilungen beschweren, kann es da sein, daß die Bezirke, Kreise, Distrikte und Gemeinden keine Klagen über die Provinzen und Städte haben? Die zentrale Ebene muß für die Entfaltung der Initiative der Provinzen und Städte sorgen, und die letzteren sollen dasselbe gegenüber den Bezirken, Kreisen, Distrikten und Gemeinden tun; im einen wie im anderen Fall dürfen die unteren Ebenen nicht in eine Zwangsjacke gesteckt werden. Selbstverständlich muß auch den Genossen der unteren Ebenen klargemacht werden, für welche Angelegenheiten eine einheitliche Regelung notwendig ist und daß sie nicht nach Gutdünken handeln dürfen. Kurz, wo Vereinheitlichung möglich und notwendig ist, soll sie verwirklicht werden; wo nicht, darf man sie keinesfalls aufzwingen. Alle Provinzen, Städte, Bezirke, Kreise, Distrikte und Gemeinden sollen angemessene Selbständigkeit und angemessene Rechte haben, und sie sollten darum kämpfen. Der Kampf um solche Rechte im Interesse des ganzen Landes und nicht im lokalbeschränkten Interesse kann nicht als Lokalpatriotismus oder Schreien nach Unabhängigkeit bezeichnet werden.

Die Beziehungen der Provinzen und der Städte untereinander sind auch eine Art der Beziehungen zwischen verschiedenen lokalen Ebenen und müssen ebenfalls gut behandelt werden. Es ist immer unser Prinzip gewesen, dafür einzutreten, daß das Gesamtinteresse berücksichtigt, daß gegenseitig Hilfe geleistet wird und gegenseitige Zugeständnisse gemacht werden.

In der Frage der Behandlung der Beziehungen zwischen der zentralen Ebene und den lokalen Ebenen und der Beziehungen der lokalen Ebenen untereinander sind unsere Erfahrungen noch unzureichend, noch nicht ausgereift. Wir hoffen, daß ihr diese Frage gewissenhaft studieren und diskutieren und eure Erfahrungen von Zeit zu Zeit zusammenfassen werdet, damit die Erfolge ausgebaut, die Unzulänglichkeiten aber überwunden werden können.

## VI. Die Beziehung zwischen der Han-Nationalität und den nationalen Minderheiten

Was die Beziehungen zwischen der Han-Nationalität und den nationalen Minderheiten betrifft, so ist unsere Politik verhältnismäßig gut fundiert und wird im ganzen gesehen von den nationalen Minderheiten begrüßt. Wir kämpfen hauptsächlich gegen den Groß-Han-Chauvinismus. Auch der Lokalnationalismus muß bekämpft werden, aber das bildet im allgemeinen nicht den Schwerpunkt.

Die Bevölkerung der nationalen Minderheiten unseres Landes ist zahlenmäßig klein, aber die von ihnen bewohnten Gebiete sind groß. Die Han machen 94 Prozent der Gesamtbevölkerung aus, bilden die überwältigende Mehrheit. Wenn sie Groß-Han-Chauvinismus praktizierten und die nationalen Minderheiten diskriminierten, so wäre das sehr schlimm. Aber wer hat mehr Land? Die nationalen Minderheiten, sie bevölkern 50 bis 60 Prozent des Territoriums. Wir sagen: China ist ein Land mit weitausgedehntem Territorium, mit reichen Naturschätzen und großer Bevölkerung; tatsächlich ist es die Han-Nationalität, deren Bevölkerung groß ist, und sind es die nationalen Minderheiten, deren Siedlungsgebiete weitausgedehnt und reich an Naturschätzen sind, zumindest aller Wahrscheinlichkeit nach reich an Bodenschätzen.

Die verschiedenen nationalen Minderheiten haben alle zur historischen Entwicklung Chinas beigetragen Die riesige Han-Bevölkerung entstand in einem langen Prozeß der Vermischung vieler Nationalitäten. In unserer Geschichte haben die reaktionären Herrscher, vor allem die der Han, unsere verschiedenen Nationalitäten einander entfremdet und die nationalen Minderheiten gedemütigt. Es ist nicht leicht, die daraus entstandenen Einflüsse rasch zu beseitigen, nicht einmal unter den Werktätigen. Deshalb müssen wir sowohl die Kader als auch die Volksmassen umfassend und unermüdlich im Sinne der proletarischen Nationalitäten-Politik erziehen und darauf bestehen, immer wieder das Verhältnis der Han-Nationalität und der nationalen Minderheiten zueinander zu überprüfen. Vor zwei Jahren gab es schon einmal so eine Überprüfung, und jetzt ist wieder eine fällig. Falls das Verhältnis nicht normal ist, müssen wir es allen Ernstes zu verbessern suchen und nicht nur in Worten.

Wir müssen sorgfältig untersuchen, welches System der ökonomischen Verwaltung und welches des Finanzwesens für die Gebiete der nationalen Minderheiten geeignet sind.

Wir müssen den nationalen Minderheiten aufrichtig und aktiv bei der Entwicklung ihrer Wirtschaft und Kultur helfen. In der Sowjetunion sind die Beziehungen zwischen der russischen Nationalität und den nationalen Minderheiten überaus abnorm, wir sollten eine Lehre daraus ziehen. Die Luft in der Atmosphäre, die Wälder auf der Erde und die Schätze im Boden sind alle für den sozialistischen Aufbau benötigte wichtige Faktoren, aber kein materieller Faktor kann ohne den Faktor Mensch erschlossen und genutzt werden. Wir müssen für gute Beziehungen zwischen der Han-Nationalität und den nationalen Minderheiten sorgen und die Einheit aller Nationalitäten festigen, damit sie in gemeinsamer Anstrengung das große sozialistische Vaterland aufbauen.

## VII. Die Beziehung zwischen der Kommunistischen Partei und den nichtkommunistischen Parteien

Was ist besser, nur eine einzige Partei oder mehrere Parteien zu haben? Wie die Dinge heute liegen, scheint es wohl besser, wenn mehrere Parteien bestehen. Das war nicht nur in der Vergangenheit richtig, sondern mag auch für die Zukunft gelten. Es bedeutet Koexistenz auf lange Sicht und gegenseitige Kontrolle.

Die vielen demokratischen Parteien in unserem Land, die sich hauptsächlich aus Leuten der nationalen Bourgeoisie und ihren Intellektuellen zusammensetzen, sind im Widerstand gegen die japanische Aggression und im Kampf gegen Tschiang Kai-schek entstanden und existieren bis auf den heutigen Tag. In dieser Hinsicht ist es bei uns anders als in der Sowjetunion. Wir haben die demokratischen Parteien mit voller Absicht weiterbestehen lassen, geben ihnen die Möglichkeit, ihre Ansichten zu äußern, und verfolgen ihnen gegenüber die Politik von »sowohl Einheit als auch Kampf«. Wir müssen uns mit all jenen demokratischen Persönlichkeiten zusammenschließen, die uns in guter Absicht kritisieren. Wie sollten weiterhin die Initiative solcher patriotisch gesinnten Leute aus der Kuomintang-Armee und -Regierung wie We Li-huang und Weng Wen-hao aktivieren. Sogar solchen Leuten wie Lung Yün, Liang Schu-ming oder Peng Yi-hu, die uns beschimpfen, sollten wir ein Auskommen geben, und wir sollten ihnen erlauben, über uns herzuziehen; den Unsinn, den sie verzapfen, müssen wir widerlegen, die berechtigten Vorwürfe jedoch akzeptieren. Das ist besser für die Partei, für das Volk und für den Sozialismus.

Da in China weiter Klassen und Klassenkampf existieren, muß es in der einen oder anderen Form Opposition geben. Obwohl alle demokratischen Parteien und parteilosen Demokraten erklärt haben, daß sie die Führung durch die Kommunistische Partei Chinas anerkennen, stehen viele von ihnen tatsächlich mehr oder weniger in Opposition zu uns. In Fragen wie »Die Revolution zu Ende führen«, wie dem Widerstand gegen die USA-Aggression und der Hilfe für Korea, wie der Bodenreform usw. waren sie sowohl gegen als auch für uns. Bis auf den heutigen Tag haben sie Vorbehalte gegen die Unterdrückung der Konterrevolutionäre. Das Gemeinsame Programm, so sagten sie, sei ideal, also wollten sie keine Verfassung vom sozialistischen Typ. Doch als der Verfassungsentwurf herauskam, haben sie alle zustimmend die Hand

gehoben. Es ist oft so, daß sich die Dinge in ihr Gegenteil verwandeln. Das trifft auch für die Haltung der demokratischen Parteien zu vielen Fragen zu. Sie stehen in Opposition und stehen auch nicht in Opposition, und sie gehen häufig von Opposition zu Nichtopposition über.
Die Kommunistische Partei und die demokratischen Parteien sind Produkte der Geschichte. Was in der Geschichte entsteht, verschwindet auch wieder im Lauf der Geschichte. Deshalb wird die Kommunistische Partei unvermeidlich eines Tages verschwinden, und mit den demokratischen Parteien wird es nicht anders sein. Ist dieses Verschwinden so unangenehm? Meiner Meinung nach wird es sehr angenehm sein. Ich halte es für wirklich gut, wenn wir die Kommunistische Partei und die Diktatur des Proletariats eines Tages nicht mehr brauchen. Unsere Aufgabe ist, ihr Verschwinden zu beschleunigen. Darüber haben wir schon sehr oft gesprochen.
Gegenwärtig aber sind die proletarische Partei und die Diktatur des Proletariats absolut notwendig, und sie müssen sogar unbedingt stärker gemacht werden. Sonst können wir die Konterrevolutionäre nicht unterdrücken, den Imperialisten nicht Widerstand leisten und den Sozialismus nicht aufbauen bzw. nicht konsolidieren, selbst wenn es uns gelingt, ihn aufzubauen. Die Theorie Lenins über die proletarische Partei und die Diktatur des Proletariats ist absolut nicht »überholt«, wie manche Leute behaupten. Die Diktatur des Proletariats kann nicht umhin, einen starken Zwang auszuüben. Aber der Bürokratismus und der aufgeblasene Verwaltungsapparat müssen bekämpft werden. Ich schlage vor, daß der Partei- und Staatsapparat bedeutend vereinfacht, um zwei Drittel verkleinert wird, unter der Bedingung, daß dabei erstens niemand zu Tode kommt und zweitens keine Arbeit ins Stocken gerät.
Aber die Vereinfachung des Partei- und Staatsapparats bedeutet nicht, daß wir uns der demokratischen Parteien entledigen wollen. Ich hoffe, ihr werdet euch der Einheitsfrontarbeit annehmen, damit sich die Beziehungen zwischen uns und ihnen verbessern, und jede Anstrengung machen, ihre Initiative für den Sozialismus zu aktivieren.

## VIII. Die Beziehung zwischen Revolution und Konterrevolution

Was für ein Faktor sind die Konterrevolutionäre? Sie sind ein negativer Faktor, ein zerstörerischer Faktor, eine Gegenkraft zu den positiven Faktoren. Können sich Konterrevolutionäre wandeln? Die starrköpfigen werden sich ohne Zweifel niemals ändern. Unter den gegebenen Bedingungen unseres Landes wird sich die große Mehrheit der Konterrevolutionäre jedoch schließlich in verschiedenem Grade wandeln können. Dank unserer richtigen Politik sind nicht wenige Konterrevolutionäre so weit umerzogen worden, daß sie nicht mehr gegen die Revolution arbeiten, ein paar haben sogar etwas Nützliches geleistet.
An folgenden Punkten muß aber festgehalten werden:

Erstens sollte anerkannt werden, daß die Bewegung zur Unterdrükkung der Konterrevolutionäre 1951/52 notwendig war. Es gibt da die Auffassung, daß man jene Bewegung nicht unbedingt hätte durchführen müssen. Diese Auffassung ist falsch.
Maßnahmen Konterrevolutionären gegenüber sind Hinrichtung, Haft, Überwachung und auf freiem Fuß lassen. Was Hinrichtung bedeutet, ist jedem bekannt. Unter Haft verstehen wir, sie ins Gefängnis zu sperren und durch körperliche Arbeit umzuerziehen. Überwachung heißt, sie weiter in der Gesellschaft leben zu lassen, um sie unter der Kontrolle der Volksmassen umzuerziehen. Unter »auf freiem Fuß lassen« verstehen wir, daß man diejenigen, die verhaftet werden könnten, aber nicht unbedingt verhaftet werden müssen, im allgemeinen nicht verhaftet, bzw. solche, die in der Haft gutes Verhalten gezeigt haben, freiläßt. Es ist notwendig, daß die verschiedenen Konterrevolutionäre je nach den Umständen unterschiedlich behandelt werden.
Jetzt spreche ich einmal nur von der Hinrichtung. Bei jener Kampagne zur Unterdrückung der Konterrevolutionäre ist eine Anzahl von Leuten hingerichtet worden. Was waren das für Leute? Sie waren Konterrevolutionäre, die große Blutschuld auf sich geladen hatten und von den Volksmassen bitter gehaßt wurden. In dieser großen Revolution, die 600 Millionen erfaßt, hätten die Massen nicht mobilisiert werden können, wären jene »Östlichen Himmelsdespoten« und »Westlichen Himmelsdespoten« nicht von uns hingerichtet worden. Ohne jene Unterdrückungsbewegung hätte die Bevölkerung unserer jetzigen Politik der Milde nicht zugestimmt. Nun, da einige gehört haben, daß Stalin eine Anzahl Menschen irrtümlich hat hinrichten lassen, meinen sie, wir hätten jene Konterrevolutionäre auch zu Unrecht hingerichtet. Das stimmt nicht. Daß es absolut richtig war, diese Konterrevolutionäre hinzurichten, dies zu bekräftigen ist heute von aktueller Bedeutung.
Zweitens muß festgestellt werden, daß es immer noch Konterrevolutionäre gibt, wenn ihre Zahl auch beträchtlich kleiner geworden ist. Nachdem der Fall Hu Feng ans Tageslicht gekommen war, war es notwendig, Konterrevolutionäre aufzuspüren. Jene, die noch versteckt sind, muß man noch aufstöbern. Es muß festgestellt werden, daß noch einige wenige Konterrevolutionäre existieren, die auf diese oder jene Weise konterrevolutionäre Sabotageakte verüben, die zum Beispiel Rinder töten, Getreide in Brand stecken, Fabriken zerstören, Informationen stehlen und reaktionäre Sprüche plakatieren. Deshalb ist es nicht richtig zu meinen, die Konterrevolutionäre seien bereits vollständig eliminiert, und wir könnten uns sorglos schlafen legen. Solange in China und in der Welt Klassenkampf existiert, dürfen wir in unserer Wachsamkeit nicht nachlassen. Andererseits ist es auch nicht richtig zu sagen, daß es jetzt noch sehr viele Konterrevolutionäre gibt.
Drittens sollte es von nun an bei der Unterdrückung von Konterrevolutionären in der Gesellschaft weniger Verhaftungen und Hinrichtungen geben. Diese Konterrevolutionäre sind die unmittelbaren Todfeinde der

Volksmassen und werden von ihnen zutiefst gehaßt. Deshalb muß eine kleine Zahl hingerichtet werden. Aber die meisten von ihnen sollten den landwirtschaftlichen Genossenschaften zur Produktionsarbeit unter Überwachung übergeben und durch körperliche Arbeit umerzogen werden. Aber wir können nicht verkünden, daß es keine Hinrichtungen mehr geben wird, und dürfen auch nicht die Todesstrafe abschaffen.
Viertens. Bei der Hinaussäuberung von Konterrevolutionären aus den Partei- und Staatsorganen, Lehranstalten und Armee-Einheiten muß man an der in Yenan begonnenen Politik »Keinen einzigen hinrichten, die meisten nicht verhaften« festhalten. Mit überführten Konterrevolutionären sollen sich die jeweiligen Organisationen selbst befassen. Aber die Sicherheitsorgane verhaften sie nicht, die Staatsanwaltschaften erheben keine Anklage gegen sie, und die Gerichtshöfe verurteilen sie nicht. Von hundert Konterrevolutionären sollten über neunzig so behandelt werden. Das meinen wir mit »die meisten nicht verhaften«. Was Hinrichtung anlangt: Keinen einzigen hinrichten.
Was sind das für Leute, die wir nicht hinrichten? Leute wie Hu Feng, Pan Han-niän und Jao Schu-schi, sogar gefangene Kriegsverbrecher wie Kaiser Pu Yi und Kang Dsö werden nicht hingerichtet. Daß wir sie nicht hingerichtet haben, heißt nicht, daß sie wegen ihrer Verbrechen nicht die Todesstrafe verdienen, sondern nur, daß solche Hinrichtungen nicht vorteilhaft sind. Würde einer dieser Verbrecher hingerichtet, würde man die Verbrechen eines Zweiten, eines Dritten mit den seinen vergleichen, und dann würden viele Köpfe rollen. Das ist das erste. Zweitens sind irrtümliche Hinrichtungen möglich. Die Geschichte hat bewiesen, daß ein Kopf, wenn er gefallen ist, nicht wieder aufgesetzt werden kann. Er kann auch nicht wie Schnittlauch, der abgeschnitten worden ist, wieder nachwachsen. Wenn ein Kopf irrtümlich abgeschnitten wurde, kann man den Fehler nicht mehr korrigieren, selbst wenn man dies wünscht. Drittens wäre das eine Vernichtung von Beweismaterial. Zur Unterdrückung von Konterrevolutionären braucht ihr Beweismaterialien. So ein Konterrevolutionär dient oft als lebender Zeuge gegen einen anderen, und wenn es Prozesse gibt, könnt ihr ihn zu Rate ziehen. Wenn ihr ihn vernichtet habt, werdet ihr möglicherweise keine Beweise mehr finden. Und das ist nur von Vorteil für die Konterrevolution, nicht aber für die Revolution. Der vierte Punkt ist: Diese Konterrevolutionäre hinzurichten würde erstens nicht die Produktion steigern, zweitens nicht das wissenschaftliche Niveau erhöhen, drittens nicht die »vier Plagen« vernichten helfen, viertens nicht die Landesverteidigung stärken und fünftens nicht zur Rückgewinnung Taiwans beitragen. Das würde euch nur den Ruf einbringen, daß ihr Gefangene tötet, und Gefangene töten hat schon von jeher einen schlechten Ruf. Und noch eins: Die Konterrevolutionäre in den Partei- und Staatsorganen unterscheiden sich von denen in der Gesellschaft. Die letzteren sitzen der Bevölkerung direkt im Nacken, die ersteren dagegen sind etwas weiter von den Volksmassen entfernt, sie haben sich

Feinde im allgemeinen geschaffen, aber selten einen besonderen. Was schadet es, wenn von diesen kein einziger hingerichtet wird? Diejenigen, die dazu physisch in der Lage sind, sollen durch körperliche Arbeit umerzogen werden, und diejenigen, die das nicht sind, die können wir ernähren. Konterrevolutionäre sind wertlos, sind Schädlinge, aber habt ihr sie einmal, könnt ihr sie etwas für das Volk leisten lassen.
Sollten wir aber deshalb ein Gesetz erlassen, nach welchem kein einziger Konterrevolutionär in Partei- und Staatsorganen hingerichtet werden darf? Das ist unsere interne Richtlinie, die wir nicht bekanntzugeben, sondern nur nach Möglichkeit in die Tat umzusetzen brauchen. Nehmen wir einmal an, jemand würde eine Bombe in diesen Raum werfen und alle, oder die Hälfte, oder ein Drittel der hier Anwesenden töten. Was meint ihr, sollte er hingerichtet werden oder nicht? Gewiß muß er hingerichtet werden.
Wenn wir bei der Hinaussäuberung von Konterrevolutionären aus den Partei- und Staatsorganen der Richtlinie folgen, keinen einzigen hinzurichten, so darf uns das nicht hindern, ihnen gegenüber streng vorzugehen. Aber diese Richtlinie wird uns davor bewahren, nicht wiedergutzumachende Fehler zu begehen. Und wenn Fehler begangen worden sind, gibt sie uns die Möglichkeit, sie zu korrigieren. Auf diese Weise können viele Menschen beruhigt, kann Mißtrauen von Genossen innerhalb der Partei gegeneinander vermieden werden. Wenn Konterrevolutionäre nicht hingerichtet werden, so heißt das, wir müssen ihnen zu essen geben. Allen Konterrevolutionären muß ein Ausweg für ihre weitere Existenz offengelassen werden, damit sie ein neues Leben beginnen können. Das wird der Sache des Volkes nützen und auch im Ausland gut aufgenommen werden.
Die Unterdrückung von Konterrevolutionären erfordert noch ein hartes Stück Arbeit. Wir dürfen dabei nicht nachlassen. In Zukunft muß nicht nur die Unterdrückung der Konterrevolutionäre in der Gesellschaft fortgesetzt werden, wir müssen auch alle jene Konterrevolutionäre, die sich in den Partei- und Staatsorganen, Lehranstalten und Truppeneinheiten versteckt halten, aufstöbern. Zwischen uns und dem Feind muß unbedingt ein klarer Trennungsstrich gezogen werden. Wir wissen nur allzu gut, wie ernst die Gefahr für die sozialistische Sache und die Diktatur des Proletariats wäre, ließen wir es zu, daß sich der Feind in unsere Reihen, ja sogar in führende Organe einschleicht.

## IX. Die Beziehung zwischen richtig und falsch

Sowohl innerhalb als auch außerhalb der Partei muß klar zwischen richtig und falsch unterschieden werden. Was mit jenen geschehen soll, die Fehler begangen haben, ist eine wichtige Frage. Die richtige Haltung gegenüber diesen Genossen ist es, durch Anwendung der Richtlinie »Aus früheren Fehlern lernen, um künftige zu vermeiden;

die Krankheit bekämpfen, um den Patienten zu retten« ihnen bei der Korrektur ihrer Fehler zu helfen und ihnen zu erlauben, weiter an der Revolution teilzunehmen. Zu jener Zeit, als die von Wang Ming angeführten Dogmatiker im Sattel saßen, hat unsere Partei in dieser Frage geirrt, indem sie sich die schlechte Seite von Stalins Arbeitsstil zu eigen machte. Die Dogmatiker lehnten die Kräfte der Mitte in der Gesellschaft ab und erlaubten in der Partei den anderen nicht, ihre Fehler zu korrigieren; sie verboten ihnen, an der Revolution teilzunehmen.

*Die wahre Geschichte des Ah Q* ist eine gute Geschichte. Ich empfehle den Genossen, die sie schon gelesen haben, sie nochmals zu lesen, und jenen Genossen, die sie noch nicht kennen, sie aufmerksam zu lesen. In dieser Erzählung bildet Lu Hsün vor allem einen rückständigen Bauern ohne politisches Bewußtsein ab. Er widmet der Beschreibung, wie ein »falscher ausländischer Teufel« dem Ah Q die Revolution verbietet, ein eigenes Kapitel – es heißt »Kein Recht auf Revolution«. In Wahrheit ist das, was Ah Q unter Revolution versteht, nichts anderes als das Recht, zu klauen wie manche andere. Aber selbst diese Art Revolution wird ihm vom »falschen ausländischen Teufel« nicht erlaubt. Mir scheint, daß manche in dieser Hinsicht dem »falschen ausländischen Teufel« ziemlich ähnlich sind. Sie schließen diejenigen, die in Irrtümer verfallen sind, von der Revolution aus und ziehen zwischen Irrtum und Konterrevolution keine Grenze. Sie sind sogar so weit gegangen, eine Reihe von Leuten hinzurichten, deren Schuld nur Fehler waren. Diese Lektion müssen wir uns zu Herzen nehmen. Menschen außerhalb der Partei von der Revolution auszuschließen oder irrenden Genossen in der Partei nicht zu erlauben, ihre Fehler zu berichtigen – beides ist schlecht.

Manche sagen, man müsse die Genossen, die Fehler begangen haben, beobachten und sehen, ob sie sie verbessern. Ich aber bin der Meinung, beobachten allein genügt nicht, man muß ihnen darüber hinaus bei der Berichtigung ihrer Fehler helfen. Das heißt, man muß erstens beobachten und zweitens helfen. Jeder braucht Hilfe; jene, die keinen Fehler begangen haben, brauchen Hilfe, und um so mehr jene, die sich geirrt haben. Wohl niemand ist frei von Fehlern, der eine begeht mehr, der andere weniger, die Hilfe muß also einsetzen, wenn Fehler gemacht wurden. Nur beobachten, das ist passiv; es müssen Bedingungen geschaffen werden, unter denen jenen, die Fehler begangen haben, geholfen werden kann, diese zu berichtigen. Zwischen richtig und falsch muß klar unterschieden werden, denn die innerparteilichen Auseinandersetzungen über Prinzipienfragen spiegeln in der Partei den in der Gesellschaft existierenden Klassenkampf wider. Unbestimmtheit dabei ist unzulässig. Entsprechend den Umständen an den Genossen mit Fehlern angemessen und wohlfundiert Kritik zu üben, ja sogar den notwendigen Kampf gegen sie aufzunehmen – das ist ganz normal und trägt dazu bei, daß sie ihre Fehler korrigieren. Ihnen die Hilfe zu

verweigern oder sogar Schadenfreude zu empfinden, ist Sektierertum.
Für die Revolution ist es immer besser, wenn mehr Menschen an ihr teilnehmen. Von jenen ganz wenigen abgesehen, die auf ihren Fehlern beharren und trotz wiederholter Erziehungsmaßnahmen besserungsunwillig bleiben, sind die meisten, die sich geirrt haben, fähig, ihre Irrtümer zu berichtigen. Wer Typhus gehabt hat, ist immun. Mit den Fehlern ist es ähnlich: Wer welche begangen hat, wird weniger machen, wenn er nur gut aus ihnen lernt. Auf der anderen Seite neigen Leute zu Fehlern, die bisher keine begangen haben, weil sie leichter hochnäsig werden. Wir müssen achtgeben, denn wenn man bei der Bekämpfung von Leuten, die Fehler begangen haben, die Grenze überschreitet, kann es oft passieren, daß man am Ende selbst in die Zwickmühle gerät. Gao Gang hat einen Stein hochgestemmt, um ihn auf andere zu schleudern, doch er wurde schließlich selbst zerschmettert. Genossen, die Fehler gemacht haben, wohlwollend entgegenzukommen, wird allgemeine Sympathie finden und die Menschen zusammenschließen. Eine hilfsbereite oder eine feindselige Haltung gegenüber den in Irrtümern befangenen Genossen – das ist ein Kriterium, mit dem man beurteilen kann, ob jemand gute oder schlechte Absichten hat.
Die Richtlinie »Aus früheren Fehlern lernen, um künftige zu vermeiden; die Krankheit bekämpfen, um den Patienten zu retten« dient dem Zusammenschluß der ganzen Partei. Wir müssen an ihr festhalten.

## X. Die Beziehung zwischen China und anderen Ländern

Wir haben die Losung des Lernens von anderen Ländern ausgegeben. Ich meine, das geht in Ordnung. Die Führer mancher Länder sind zur Zeit nicht gewillt, ja wagen es nicht, diese Losung auszugeben. Man braucht einigen Mut dazu. Mit anderen Worten, man muß aufhören, sich in Positur zu werfen.
Man muß zugeben, daß jede Nation ihre starken Seiten hat. Wie könnte sie sich sonst behaupten? Wie könnte sie sonst fortschreiten? Zugleich hat jede Nation Schwächen. Manche halten den Sozialismus für vollkommen, nicht ein einziger Makel ist an ihm zu entdecken. Wie in aller Welt kann das sein? Man muß zugestehen, daß da immer zwei Seiten sind, die starken und die schwachen. Unsere Parteizellensekretäre, die Kompanieführer und die Zugführer unserer Armee haben alle gelernt, beide Aspekte festzuhalten, die starken und die schwachen Punkte in ihre Notizbücher einzutragen, wenn sie die Arbeitserfahrungen zusammenfassen. Sie wissen, daß alles zwei Seiten hat, warum also reden wir nur von einer? Es wird immer zwei Seiten geben, auch in zehntausend Jahren. Die Zukunft hat ihre zwei Seiten, die Gegenwart hat die ihren, und jeder Mensch hat seine zwei Seiten. Kurz, da sind immer zwei

Seiten, nicht nur eine. Wer sagt, es gibt nur eine, nimmt nur den einen Aspekt zur Kenntnis und weiß nichts vom anderen.
Unsere Politik ist es, von den Vorzügen aller Nationen und aller Länder zu lernen und uns alles anzueignen, was in ihrer Politik, Wirtschaft, Wissenschaft, Technik, Literatur und Kunst wirklich gut ist. Aber unsere Einstellung beim Lernen muß analytisch und kritisch sein, nicht blind, wir dürfen nicht wahllos alles nachahmen oder mechanisch übertragen. Ihre Mängel und Schwächen dürfen wir uns natürlich nicht aneignen.
Die gleiche Haltung sollten wir zu den Erfahrungen der Sowjetunion und der anderen sozialistischen Länder einnehmen. Manche von uns waren sich früher darüber nicht im klaren und haben sogar ihre Schwächen übernommen. Als sie noch voller Stolz glaubten, etwas Großartiges aufgelesen zu haben, da war das in diesen Ländern bereits längst über Bord geworfen. Zum Schluß mußten sie wie der Affenkönig Sun Wu-kung einen Purzelbaum schlagen. Zum Beispiel gab es Leute, die uns einen prinzipiellen Fehler vorwarfen, weil wir ein Kulturministerium und ein Film-Amt errichtet haben und nicht wie die Sowjetunion ein Film-Ministerium und ein Kultur-Amt. Sie konnten nicht ahnen, daß die Sowjetunion kurz darauf wie wir ein Kulturministerium errichten würde. Manche Leute machen sich niemals die Mühe der Analyse, sie drehen sich so, wie gerade der »Wind« weht. Wenn heute der Nordwind bläst, sind sie Anhänger des Nordwinds; ist morgen Westwind, werfen sie sich dem Westwind in die Arme; kommt wieder Nordwind auf, lassen sie sich wieder vom Nordwind treiben. Eine eigene Meinung haben sie nicht, und sie fallen häufig von einem Extrem ins andere.
Jene in der Sowjetunion, die einst Stalin zehntausend Klafter hoch in den Himmel hoben, haben ihn nun mit einem Tritt neuntausend Klafter tief in die Hölle befördert. Auch in unserem Land gibt es Leute, die diesem Beispiel folgen. Das Zentralkomitee ist der Ansicht, Fehler und Leistungen Stalins stehen im Verhältnis von 30 zu 70, alles in allem war er ein großer Marxist. Aufgrund dieser Einschätzung ist der Artikel »Über die historischen Erfahrungen der Diktatur des Proletariats« geschrieben worden. Diese Bewertung von 30 Prozent Fehlern und 70 Prozent Leistungen ist ungefähr richtig. Stalin hat China gegenüber einiges falsch gemacht. Das »linke« Abenteurertum Wang Mings in der letzten Periode des Zweiten Revolutionären Bürgerkriegs und sein Rechtsopportunismus in der Anfangsperiode des Widerstandskriegs gegen die japanische Aggression gehen auf Stalin zurück. Zur Zeit des Befreiungskrieges wollte Stalin uns erst die Revolution verbieten. Er sagte, wenn der Bürgerkrieg ausbreche, sei die chinesische Nation in Gefahr, sich selbst zugrunde zu richten. Als dann gekämpft wurde, hat er halb an uns geglaubt und halb an uns gezweifelt. Als wir gesiegt hatten, hatte er den Verdacht, unser Sieg sei ein Sieg von der Tito-Art, und in den Jahren 1949 und 1950 waren wir wirklich einem starken

Druck ausgesetzt. Trotzdem sind wir der Meinung, daß das Verhältnis seiner Fehler zu seinen Leistungen 30 zu 70 ist. Diese Bewertung ist nur gerecht.

Auf dem Gebiet der Gesellschaftswissenschaften, des Marxismus-Leninismus müssen wir alles, was Stalin richtig gesagt hat, unermüdlich weiter studieren. Wir müssen das Allgemeingültige studieren und dieses Studium mit der Realität in China verbinden. Jeden einzelnen Satz, einschließlich der Sätze von Marx, direkt zu übernehmen, würde nur ins Chaos führen. Unsere Theorie ist eine Verbindung der allgemeingültigen Wahrheit des Marxismus-Leninismus mit der konkreten Praxis der chinesischen Revolution. Es gab eine Zeit, da haben manche in der Partei Dogmatismus praktiziert, und wir haben ihn kritisiert. Trotzdem gibt es heute immer noch Dogmatismus. Er existiert noch in akademischen Kreisen und auch in Kreisen, die mit der Ökonomie zu tun haben.

In den Naturwissenschaften sind wir ziemlich rückständig, hier müssen wir mit besonderem Eifer vom Ausland lernen. Aber auch kritisch, nicht blind. Was die Technik betrifft, müssen wir meiner Meinung nach zunächst in den meisten Fällen anderen folgen, das ist wohl besser für uns, weil es uns zur Zeit noch an technischem Können und Wissen mangelt. Doch dort, wo wir uns schon im klaren sind, brauchen wir nicht jedes Detail übernehmen.

Alle verrotteten bürgerlichen Systeme, Ideologien und Lebensweisen des Auslands müssen wir entschieden ablehnen und kritisieren. Doch das sollte uns in keiner Weise davon abhalten, uns die fortgeschrittene Wissenschaft und Technik der kapitalistischen Länder anzueignen und das zu lernen, was wissenschaftlich an ihrer Betriebsführung ist. In den industriell entwickelten Ländern werden die Betriebe mit weniger Leuten geführt, ihre Leistung ist hoch, und man versteht dort, gut zu kalkulieren. Wir sollten das alles gewissenhaft erlernen, in Übereinstimmung mit unseren Prinzipien, damit unsere Arbeit verbessert werden kann. Heute ist es ja so, daß jene, die Englisch zu ihrem Studienfach gemacht haben, nicht Englisch studieren und daß wissenschaftliche Abhandlungen, die mit anderen Ländern ausgetauscht werden sollten, nicht mehr ins Englische, Französische, Deutsche und Japanische übersetzt werden. Das ist auch so eine Art Blindheit. Die wahllose Ablehnung aller ausländischen Wissenschaft, Technik und Kultur ebenso wie die vorhin erwähnte wahllose Nachahmung alles Ausländischen haben mit einer marxistischen Einstellung nicht das geringste zu tun und nützen unserer Sache nichts.

Meiner Ansicht nach hat China zwei Schwächen, die zugleich zwei Stärken sind.

Erstens war unser Land ein koloniales und halbkoloniales, nicht aber ein imperialistisches Land, und es ist immer schikaniert worden. Industrie und Landwirtschaft sind unterentwickelt, das wissenschaftlich-technische Niveau ist niedrig. Wir haben zwar ein ausgedehntes

Territorium, reiche Naturschätze, eine große Bevölkerung, eine lange Geschichte, den Roman *Der Traum der Roten Kammer* in der Literatur usw., können uns aber in vieler Hinsicht nicht mit den anderen Ländern messen, haben also keinen Grund zur Überheblichkeit. Aber es gibt Leute, die, weil sie zu lange Sklaven waren, sich in allem und jedem minderwertig vorkommen, und sie sind nicht fähig, Ausländern aufrecht gegenüberzutreten. Sie sind wie Djia Gui[3] in der Oper *Der Fa-Men-Tempel.* Der lehnt den Platz ab, der ihm angeboten wird, denn er sei, so sagt er, das Stehen gewohnt und wolle sich nicht setzen. In dieser Hinsicht sollten wir etwas energischer sein, unser nationales Selbstbewußtsein heben und den Geist der »Geringschätzung des USA-Imperialismus«, wie er im Krieg des Widerstands gegen die USA-Aggression und der Hilfe für Korea entwickelt wurde, weiter entfalten.
Zweitens erfolgte unsere Revolution spät. Zwar kam die Revolution von 1911, die den Kaiser stürzte, vor der russischen Revolution, aber es gab damals keine Kommunistische Partei, und die Revolution scheiterte. Die Volksrevolution siegte im Jahre 1949, mehr als dreißig Jahre nach der Oktoberrevolution. Auch in dieser Hinsicht ist es noch nicht so weit, daß wir uns Überheblichkeit erlauben dürfen. Die Sowjetunion unterscheidet sich von uns in folgendem: 1. Das zaristische Rußland war eine imperialistische Macht; 2. sie hatte die Oktoberrevolution. Deshalb sind viele Sowjetmenschen überheblich und tragen die Nase sehr hoch.
Unsere zwei Schwächen sind zugleich Stärken. Wie ich schon anderswo gesagt habe, sind wir erstens »arm« und zweitens »blank«. Mit »arm« meine ich, daß wir nicht viel Industrie haben und daß unsere Landwirtschaft unterentwickelt ist. Unter »blank« verstehe ich, daß wir wie ein unbeschriebenes Blatt sind. Unser kulturelles und wissenschaftliches Niveau ist nicht hoch. Vom Gesichtspunkt der Entwicklung aus betrachtet, ist das keine schlechte Sache. Die Armen wollen Revolution, während es den Reichen schwerfällt, Revolution zu machen. Länder mit hohem wissenschaftlich-technischem Niveau sind höchst arrogant. Wir aber sind wie ein unbeschriebenes Blatt, auf dem man gut schreiben kann.
»Arm« und »blank« zu sein ist daher für uns überaus vorteilhaft. Auch wenn unser Land eines Tages reich und stark sein wird, müssen wir weiterhin auf unserem revolutionären Standpunkt beharren, bescheiden und umsichtig bleiben, nach wie vor von den anderen lernen, dürfen wir uns nicht vor Stolz aufblähen. Nicht nur in der Zeit des ersten Fünfjahrplans sollten wir von den anderen Ländern lernen; auch nach Erfüllung von Dutzenden Fünfjahrplänen werden wir das noch tun müssen. Auch noch in zehntausend Jahren müssen wir bereit sein zu lernen! Ist da vielleicht etwas Schlechtes dabei?

Ich habe insgesamt zehn Punkte behandelt. Diese zehn Beziehungen sind alle Widersprüche. Die Welt besteht aus Widersprüchen. Ohne

Widersprüche keine Welt. Unsere Aufgabe ist es, diese Widersprüche richtig zu behandeln. Was die Frage betrifft, ob alle diese Widersprüche nun in der Praxis völlig zufriedenstellend gelöst werden können oder nicht, müssen wir beide Möglichkeiten ins Auge fassen; und im Verlauf der Behandlung dieser Widersprüche werden wir notwendigerweise auf neue Widersprüche, neue Probleme stoßen. Doch wie wir schon oft gesagt haben: Der Weg ist voller Windungen und Wendungen, aber die Zukunft ist licht. Wir müssen uns bemühen, alle positiven Faktoren, innerhalb wie außerhalb der Partei, im Inland wie im Ausland, die direkten wie die indirekten, voll und ganz zur Geltung zu bringen und unser Land zu einem starken sozialistischen Staat aufzubauen.

*Anmerkungen*

[1] Das System der »drei festgelegten Quoten« trat im Frühjahr 1955 in Kraft. Die »Ertragsquote« wurde damals auf Grund des Getreideertrags pro *Mu* in einem Jahr normaler Ernte festgelegt; drei Jahre lang mußte nicht mehr als diese Quote an den Staat verkauft werden, auch wenn die Produktion stieg. Unter »Ankaufsquote« ist der festgelegte Anteil zu verstehen, den der Staat von den Bauernhaushalten mit Getreideüberschuß zusätzlich ankaufte. Die »Verkaufsquote« schließlich war jene Getreidemenge, mit der der Staat die Haushalte versorgte, denen es an Getreide mangelte. Die Maßnahme der »drei festgelegten Quoten« wurde getroffen, um den Enthusiasmus der Bauern für die Steigerung der Produktion zu erhöhen.

[2] Die Getreideablieferungspflicht, die von 1933 bis 1957 in der Sowjetunion existierte, war das wichtigste Mittel für den Staat, landwirtschaftliche Produkte zu erhalten. Die Kolchosen und die Einzelbauern waren verpflichtet, jedes Jahr nach einem vom Staat festgelegten Schlüssel Produkte zu Fixpreisen abzuliefern.

[3] Die Peking-Oper *Der Fa-Men-Tempel* spielt in der Zeit der Ming-Dynastie. Djia Gui ist dort ein unterwürfiger Lakai von Liu Djin, einem Eunuchen am Ming-Hof.

# Chou En-lai
# **»Bericht über die Tätigkeit der Regierung«**
# (1975)

*Vorbemerkung*
Seinen letzten Rechenschaftsbericht als Ministerpräsident der VR China erstattete Chou En-lai am 13. Januar 1975; am 8. Januar 1976 ist er gestorben. Der vom Vierten Nationalen Volkskongreß gebilligte Bericht vermag manches Vorurteil, der Premier Chou und der Vorsitzende Mao hätten einander im besonderen wie im allgemeinen widersprochen, *ad absurdum* zu führen; auch erhärtet er, daß die neuerdings oft besprochenen, gerne von oder für Teng Hsiao-p'ing beanspruchten »Vier Modernisierungen im Bereich der Landwirtschaft, Industrie und Verteidigung sowie Wissenschaft bzw. Technologie« bereits von Chou En-lai antizipiert wurden. Übrigens nicht erst 1975; schon 1964 (in seinem Regierungsbericht vor dem Dritten Nationalen Volkskongreß) werden die »Vier Modernisierungen« gefordert. Der angeblich von Mao Tse-tung *über*arbeitete, besser wohl *mit*erarbeitete Text ruft außerdem zu einem neuen Großen Sprung auf. Diesen Impetus vermittelt auch der Bericht von 1975.

Verehrte Abgeordnete!

Auf Beschluß des Zentralkomitees der Kommunistischen Partei Chinas erstatte ich im Namen des Staatsrates dem IV. Nationalen Volkskongreß den Bericht über die Tätigkeit der Regierung.
Die vom Vorsitzenden Mao, unserem großen Führer, persönlich eingeleitete und geführte Große Proletarische Kulturrevolution ist seit dem III. Nationalen Volkskongreß das größte und bedeutendste Ereignis im politischen Leben der Volksmassen aller Nationalitäten unseres Landes. Diese Revolution ist in ihrem Wesen eine große politische Revolution des Proletariats gegen die Bourgeoisie und alle anderen Ausbeuterklassen. Sie hat die zwei bürgerlichen Hauptquartiere von Liu Schao-tschi und Lin Biao zerschlagen und deren Intrigen durchkreuzt, die auf die Restauration des Kapitalismus abzielten. Die Bewegung zur Kritik an Lin Biao und Konfuzius, die gegenwärtig überall im Lande vor sich geht, ist die Fortsetzung und Vertiefung dieser großen Revolution. Mit ihrem Sieg hat die Große Proletarische Kulturrevolution die Diktatur des Proletariats in unserem Land gefestigt, sie fördert den sozialistischen Aufbau und gewährleistet, daß unser Land den unterdrückten Völkern und unterjochten Nationen der ganzen Welt zur Seite steht. Die Kulturrevolution hat neue Erfahrungen geliefert für die Weiterführung der Revolution unter der Diktatur des Proletariats, sie ist von großer historischer Bedeutung und hat einen weitreichenden Einfluß.
Während der Großen Proletarischen Kulturrevolution und in der Bewegung zur Kritik an Lin Biao und Konfuzius haben die Volksmassen aller Nationalitäten unseres Landes eine umfangreiche Massenbe-

wegung für das Studium des Marxismus, des Leninismus, der Maotsetungideen entfaltet und dadurch ihr Bewußtsein vom Klassenkampf und vom Kampf zweier Linien erhöht; die Kampagne »Kampf-Kritik-Umgestaltung« hat im Bereich des Überbaus große Erfolge zu verzeichnen. Die Revolutionskomitees der Dreierverbindung von älteren, mittelaltrigen und jüngeren Mitgliedern sind eng mit den Volksmassen verbunden; in großer Zahl wachsen vitale Fortsetzer der revolutionären Sache des Proletariats heran; die proletarische Revolution in Literatur und Kunst, gekennzeichnet durch die Musterstücke der revolutionären Bühnenkunst, entwickelt sich in die Tiefe; die Revolution im Bildungswesen und im Gesundheitswesen zeichnet ein lebendiges Bild; die Kader, Arbeiter, Bauern, Soldaten, Schüler und Studenten und die im Handel Beschäftigten gehen unbeirrbar den »Weg des 7. Mai«; über eine Million »Barfußärzte« wachsen heran; annähernd 10 Millionen Jugendliche mit Schulbildung sind aufs Land gegangen; ein Massenkontingent von Aktivisten für die marxistische theoretische Arbeit unter Beteiligung der Arbeiter, Bauern und Soldaten erstarkt. All diese neuen Dinge haben im Bereich des Überbaus die allseitige Diktatur des Proletariats über die Bourgeoisie gestärkt und dienen der weiteren Festigung und Entwicklung der ökonomischen Basis des Sozialismus.

Wir haben den 3. Fünfjahrplan übererfüllt. Auch der 4. Fünfjahrplan wird 1975 erfolgreich abgeschlossen werden. In Chinas Landwirtschaft sind in 13 aufeinanderfolgenden Jahren reiche Ernten eingebracht worden. Im Jahre 1974 war der Gesamtwert der landwirtschaftlichen Produktion laut Schätzung um 51 Prozent höher als 1964. Das ist der überzeugende Beweis für die Überlegenheit des Systems der Volkskommune. Seit der Befreiung ist die Bevölkerung unseres Landes zwar um 60 Prozent angewachsen, aber die Produktion ist bei Getreide um 140 Prozent und bei Baumwolle um 470 Prozent gestiegen. In unserem Land, mit seiner Bevölkerung von annähernd 800 Millionen, ist der Grundbedarf der Volksmassen an Nahrung und Kleidung gesichert. Der Gesamtwert der industriellen Produktion war 1974, laut Schätzung, um 190 Prozent höher als 1964. Bei den wichtigsten Erzeugnissen ist die Produktionssteigerung in diesem Zeitraum sehr groß: bei Stahl um 120 Prozent, bei Rohkohle um 91 Prozent, bei Erdöl um 650 Prozent, bei elektrischem Strom um 200 Prozent, bei Kunstdünger um 330 Prozent, bei Traktoren um 520 Prozent, bei Baumwollgarn um 85 Prozent und bei Kunstfasern um 330 Prozent. Im vergangenen Jahrzehnt haben wir, gestützt auf die eigene Kraft, 1100 große und mittelgroße Projekte fertiggestellt, erfolgreich Wasserstoffbomben getestet und künstliche Erdsatelliten gestartet. Im Gegensatz zu den wirtschaftlichen Erschütterungen und zur Inflation in der kapitalistischen Welt sind die Einnahmen und Ausgaben unseres Staates ausgeglichen. Unser Staat hat weder Auslands- noch Inlandsschulden. Die Preise sind stabil. Das Leben des Volkes verbessert sich Schritt für

Schritt. Von Tag zu Tag gedeiht der sozialistische Aufbau und gewinnt an Schwung. Die Reaktionäre im In- und Ausland behaupteten damals, die Große Proletarische Kulturrevolution werde unsere Volkswirtschaft ruinieren, die Tatsachen haben ihnen nun schlagkräftig geantwortet.
Mit den Völkern aller Länder haben wir im gemeinsamen Kampf gegen den Kolonialismus, den Imperialismus und besonders gegen das Hegemoniestreben der Supermächte bedeutsame Siege errungen. Wir haben die Einkreisung, Blockade, Aggression und Subversion durch den Imperialismus und den Sozialimperialismus vereitelt und unsere Einheit mit den Völkern aller Länder verstärkt, insbesondere mit den Völkern der Dritten Welt. Chinas Sitz in der UNO, dessen unser Land lange Zeit rechtswidrig beraubt war, ist uns zurückgegeben worden. Die Zahl der Länder, die diplomatische Beziehungen mit unserem Land aufgenommen haben, hat sich auf fast 100 erhöht. Über 150 Länder und Gebiete unterhalten Wirtschafts-, Handels- und kulturelle Beziehungen mit uns. Unser Kampf findet bei allen Völkern Sympathie und Unterstützung. Wir haben Freunde überall in der Welt.
Durch die Kulturrevolution und die Bewegung zur Kritik an Lin Biao und Konfuzius gestählt, haben sich die Volksmassen aller Nationalitäten unseres Landes noch enger zusammengeschlossen, sind unsere Streitkräfte noch stärker geworden, hat sich unser großes Vaterland weiter gefestigt. All unsere Erfolge sind große Siege des Marxismus, des Leninismus, der Maotsetungideen, sind große Siege der revolutionären Linie des Vorsitzenden Mao.

Verehrte Abgeordnete!

Der X. Parteitag unserer Partei hat die vom Vorsitzenden Mao ausgearbeitete grundlegende Linie und Politik der Partei für die ganze Geschichtsperiode des Sozialismus nochmals dargelegt und noch klarer die Richtung für die Weiterführung der Revolution unter der Diktatur des Proletariats gewiesen. Die Volksmassen aller Nationalitäten unseres Landes müssen sich unter der Führung des Zentralkomitees der Partei mit dem Vorsitzenden Mao an der Spitze noch enger zusammenschließen, sich an die grundlegende Linie und Politik der Partei halten, sich um die Erfüllung der vom X. Parteitag gestellten Kampfaufgaben bemühen, die Siege der Großen Proletarischen Kulturrevolution konsolidieren und ausbauen und neue Siege in der sozialistischen Revolution und beim sozialistischen Aufbau erkämpfen.
Unsere vorrangige Aufgabe ist, umfangreich, tiefgehend und anhaltend die Bewegung zur Kritik an Lin Biao und Konfuzius weiterzuführen. Der Kampf zwischen den zwei Klassen, dem Proletariat und der Bourgeoisie, zwischen den zwei Wegen, dem des Sozialismus und dem des Kapitalismus, und zwischen den zwei Linien, der marxistischen und der revisionistischen, wird von langer Dauer und verwickelt sein und zuweilen sogar sehr heftig werden. Wir dürfen keinesfalls in unserem

Kampfwillen nachlassen, weil die Bewegung zur Kritik an Lin Biao und Konfuzius bereits bedeutende Ergebnisse gezeitigt hat. Wir müssen weiterhin tiefgehend Lin Biaos revisionistische Linie und die Doktrinen von Konfuzius und Menzius kritisieren, wir müssen nach dem Prinzip: *Das Alte in den Dienst der Gegenwart stellen*, die historischen Erfahrungen aus dem Kampf zwischen der konfuzianischen und der legalistischen Schule und aus den Klassenkämpfen insgesamt zusammenfassen, im Kampf ein Massenkontingent von Aktivisten für die marxistische theoretische Arbeit aufbauen und mit dem Marxismus alle Bereiche des Überbaus erobern. Der Schlüssel für die Erfüllung dieser Aufgabe ist, daß sich die Kader und Volksmassen durch eingehendes, unermüdliches Studium der Werke von Marx, Engels, Lenin und Stalin und der Werke des Vorsitzenden Mao mit den Grundtheorien des Marxismus wappnen. Wir müssen durch die Kritik an Lin Biao und Konfuzius die Revolution in Literatur und Kunst, die Revolution im Bildungswesen und im Gesundheitswesen und die Kampagne »Kampf-Kritik-Umgestaltung« an allen Fronten weiter vorantreiben, alle neuen Dinge unterstützen und die Richtung des Sozialismus noch besser einhalten.
Wir müssen unter der Führung der Partei den Aufbau der Revolutionskomitees aller Ebenen verstärken. Die Führungsgremien aller Ebenen müssen ihre Bewußtheit bei der Durchführung der revolutionären Linie des Vorsitzenden Mao erhöhen und sich noch enger mit den Volksmassen verbinden. Wir müssen uns bemühen, Kader aus den Reihen der Jugend, der Frauen und der nationalen Minderheiten heranzubilden und vorwiegend aus den Reihen der Arbeiter, der armen Bauern und unteren Mittelbauern die Besten auf führenden Posten einzusetzen. Es gilt, nach dem Prinzip »Weniger Truppen, aber bessere, und eine einfachere Verwaltung« die Verwaltungsebenen zu reduzieren. Die alten und neuen Kader müssen voneinander lernen und ihre Reihen noch fester schließen; sie müssen bereit sein, sowohl niedrigere als auch höhere Posten auszufüllen, und sie müssen unentwegt an der kollektiven Produktionsarbeit teilnehmen und von ganzem Herzen dem Volk dienen.
Wir müssen die beiden ihrem Wesen nach unterschiedlichen Arten von Widersprüchen streng voneinander unterscheiden und sie richtig behandeln, die politischen Richtlinien der Partei gewissenhaft in die Tat umsetzen und bis in jede Grundorganisation hinein die Aufgabe der Konsolidierung der Diktatur des Proletariats erfüllen. Gestützt auf die breiten Volksmassen, müssen wir wohlüberlegt, treffsicher und unerbittlich die Handvoll von Klassenfeinden schlagen, wobei der Schwerpunkt auf Treffsicherheit liegt. Entsprechend der Richtlinie *Einheit – Kritik und Selbstkritik – Einheit* und nach demokratischen Methoden müssen wir die Widersprüche im Volk gewissenhaft und richtig lösen und damit die sozialistische Initiative der Volksmassen voll zur Geltung bringen.
*Einheit des Staates, Geschlossenheit des Volkes und aller Nationalitäten innerhalb des Landes – das sind die grundlegenden Garantien für den*

*sicheren Triumph unserer Sache.* Wir müssen die große Einheit aller Nationalitäten unseres Landes verstärken. Wir müssen uns vorbehaltlos auf die Arbeiterklasse, die armen Bauern und unteren Mittelbauern stützen, uns mit den anderen Werktätigen und den breiten Massen der Intellektuellen zusammenschließen und die von der Arbeiterklasse geführte und auf dem Bündnis der Arbeiter und Bauern beruhende revolutionäre Einheitsfront einschließlich der patriotischen demokratischen Parteien, patriotischen Persönlichkeiten, im Ausland lebenden patriotischen chinesischen Staatsangehörigen und der Landsleute von Hongkong und Makao weiter entwickeln. Wir müssen über 95 Prozent der Kader und der Massen zusammenschließen und alle Kräfte, mit denen ein Zusammenschluß möglich ist, um gemeinsam für den Aufbau unseres großen sozialistischen Vaterlandes zu kämpfen.

Die sozialistische Revolution ist eine gewaltige Triebkraft für die Entwicklung der gesellschaftlichen Produktivkräfte. Wir müssen an der Richtlinie: *Die Revolution anpacken, die Produktion, die Arbeit und die Vorbereitung auf einen Kriegsfall fördern,* festhalten, uns unter der Kommandoführung durch die Revolution um die Steigerung der Produktion bemühen und den Aufbau des Sozialismus beschleunigen, damit die materielle Grundlage des sozialistischen Systems in unserem Land weiter gefestigt wird.

In Befolgung der Weisung des Vorsitzenden Mao wurde im Bericht über die Tätigkeit der Regierung an den III. Nationalen Volkskongreß erwähnt, daß die Volkswirtschaft unseres Landes vom 3. Planjahrfünft an nach einer Konzeption von zwei Schritten entwickelt werden könnte: beim ersten Schritt, im Verlauf von 15 Jahren, nämlich bis 1980, ein unabhängiges, relativ vollständiges System der Industrie und der Volkswirtschaft insgesamt aufzubauen; beim zweiten Schritt, noch in diesem Jahrhundert, allseitig die Landwirtschaft, die Industrie, die Landesverteidigung, Wissenschaft und Technik zu modernisieren, damit die Volkswirtschaft unseres Landes in den vordersten Reihen der Welt stehen kann.

Wir werden 1975 den 4. Fünfjahrplan erfüllen und übererfüllen. So schaffen wir eine noch festere Grundlage dafür, bis zum Jahre 1980 den ersten Schritt der obengenannten Konzeption zu verwirklichen. Der Lage im Inland wie in der Welt nach zu schließen, wird das nächste Jahrzehnt entscheidend sein für die Verwirklichung der beiden Schritte. Innerhalb dieses Zeitraums werden wir nicht nur ein unabhängiges, relativ vollständiges System der Industrie und der Volkswirtschaft schaffen, sondern auch dem hohen Ziel zustreben, den zweiten Schritt der Konzeption zu verwirklichen. Entsprechend dieser Zielsetzung wird der Staatsrat einen Perspektivplan für zehn Jahre, Fünfjahrpläne und einzelne Jahrespläne ausarbeiten. Die dem Staatsrat unterstehenden Ministerien und Kommissionen, die örtlichen Revolutionskomitees aller Ebenen bis in die Grundeinheiten wie Industriebetriebe und Produktionsgruppen müssen die Massen dazu mobilisieren, durch

eingehende Diskussionen eigene Pläne auszuarbeiten und sich für die vorfristige Erreichung unseres hohen Ziels einzusetzen.
Um eine noch größere Entwicklung unserer sozialistischen Wirtschaft zu erreichen, müssen wir an der Generallinie: *Unter Anspannung aller Kräfte, immer vorwärtsstrebend, »mehr, schneller, besser und wirtschaftlicher« den Sozialismus aufbauen,* festhalten, den Kurs: *Die Landwirtschaft als Grundlage und die Industrie als den führenden Faktor betrachten,* und die ganze Reihe von Richtlinien für das »Auf-beiden-Beinen-Gehen« weiterhin verfolgen. Es gilt, den Volkswirtschaftsplan entsprechend der Reihenfolge Landwirtschaft–Leichtindustrie–Schwerindustrie auszurichten, unter der einheitlichen Planung des Staates die Initiative sowohl der zentralen als auch der örtlichen Ebene vollauf zur Geltung zu bringen, *die Betriebsverfassung des Hüttenkombinats Anschan* noch besser durchzuführen und die Massenbewegungen *»Lernt in der Industrie von Datjing!«* und *»Lernt in der Landwirtschaft von Dadschai!«* zu vertiefen.
Unsere führenden Genossen aller Ebenen müssen beim Anleiten der wirtschaftlichen Arbeit der sozialistischen Revolution im Bereich des Überbaus große Aufmerksamkeit schenken und den Klassenkampf und den Kampf zweier Linien fest anpacken. Die Produktion kann nur dann zum Erfolg geführt werden, wenn man die Revolution gut anpackt. Man muß den Revisionismus und die kapitalistischen Tendenzen sowie solch falsche Ansichten und solch falsches Herangehen wie das blinde Anbeten alles Ausländischen und das Hinterdreinkriechen im Schneckentempo, übermäßigen Aufwand und Verschwendung tiefgehend kritisieren.
Der Vorsitzende Mao hat dargelegt: *»In der Hauptsache auf die eigene Kraft vertrauen, zu deren Unterstützung Hilfe von auswärts gewinnen, sich von abergläubischen Vorurteilen freimachen, unabhängig und selbständig die Industrie, die Landwirtschaft betreiben und die technische wie auch die Kulturrevolution durchführen, mit der sklavischen Gesinnung brechen, den Dogmatismus begraben, gewissenhaft von den guten Erfahrungen anderer Länder lernen und unbedingt auch deren schlechte Erfahrungen studieren – und diese uns als Lehre dienen lassen: das eben ist unsere Linie.«* Diese Linie hat es uns ermöglicht, die Blockade durch den Imperialismus zu durchbrechen und dem Druck des Sozialimperialismus standzuhalten. Wie stark auch der Sturm der Wirtschaftskrise durch die kapitalistische Welt tobt, die Wirtschaft unseres Landes entwickelt sich weiterhin solide und schwungvoll. Wir müssen uns für immer an diese Linie halten.

Verehrte Abgeordnete!

Die gegenwärtige internationale Lage ist nach wie vor durch große Unordnung in der Welt gekennzeichnet. Und die Unordnung wird immer größer. Die kapitalistische Welt sieht sich der schwersten

Wirtschaftskrise seit dem Zweiten Weltkrieg gegenüber. Die verschiedenen Grundwidersprüche in der Welt spitzen sich weiter zu. Einerseits entwickelt sich unter den Völkern der Welt schwunghaft die Tendenz zur Revolution: Staaten wollen Unabhängigkeit, Nationen wollen Befreiung, Völker wollen Revolution – das ist bereits zu einer unwiderstehlichen Strömung der Geschichte geworden. Andererseits ringen die beiden Supermächte, die USA und die Sowjetunion, immer heftiger miteinander um die Welthegemonie. In allen Weltgegenden rivalisieren sie; der Schwerpunkt ihres Ringens jedoch liegt in Europa. Der sowjetische Sozialimperialismus ist nun dabei, »ein Scheinmanöver im Osten zu vollführen, den Angriff aber im Westen zu unternehmen«. Die beiden Supermächte, die USA und die Sowjetunion, sind die größten internationalen Unterdrücker und Ausbeuter unserer Zeit, sie sind der Herd eines neuen Weltkriegs. Ihre heftige Rivalität muß eines Tages zum Weltkrieg führen. Die Völker aller Länder müssen sich darauf vorbereiten. Auf der Welt wird überall von Entspannung und Frieden geredet. Gerade das beweist, daß es in dieser Welt keine Entspannung gibt, geschweige denn einen dauerhaften Frieden. Gegenwärtig wachsen die Faktoren sowohl für die Revolution als auch für den Krieg an. Ganz gleich, ob der Krieg die Revolution hervorruft oder die Revolution den Krieg verhindert, die internationale Lage entwickelt sich stets zugunsten der Völker, und die Zukunftsperspektiven der Welt sind immer glänzend.

Wir müssen weiterhin die revolutionäre Linie des Vorsitzenden Mao für die Außenpolitik befolgen, unser Augenmerk auf die Volksmassen richten, unsere Hoffnungen in sie setzen und in den Beziehungen mit dem Ausland noch bessere Arbeit leisten. Wir müssen am proletarischen Internationalismus festhalten, die Einheit mit den sozialistischen Staaten, mit den unterdrückten Völkern und unterjochten Nationen der ganzen Welt verstärken und zur gegenseitigen Unterstützung beitragen. Wir müssen uns mit allen Kräften auf der Welt, mit denen eine Vereinigung möglich ist, vereinigen, um gegen den Kolonialismus, den Imperialismus und insbesondere gegen das Hegemoniestreben der Supermächte zu kämpfen. Wir sind bereit, auf der Grundlage der fünf Prinzipien der friedlichen Koexistenz Beziehungen mit allen Ländern aufzunehmen und zu entwickeln.

Die Dritte Welt ist die Hauptkraft im Kampf gegen Kolonialismus, Imperialismus und Hegemoniestreben. China ist ein sozialistisches Entwicklungsland und gehört zur Dritten Welt. Wir müssen uns mit den Staaten und Völkern Asiens, Afrikas und Lateinamerikas noch enger zusammenschließen und sie in ihrem Kampf für die Erlangung und Wahrung der nationalen Unabhängigkeit, für die Verteidigung der staatlichen Souveränität, für den Schutz der nationalen Ressourcen und für die Entwicklung der nationalen Wirtschaft entschlossen unterstützen. Wir unterstützen entschieden die gerechten Kämpfe der Völker von Korea, Vietnam, Kambodscha, Laos, Palästina und der arabischen

Staaten sowie der Völker im südlichen Teil Afrikas. Wir unterstützen die Staaten und Völker der Zweiten Welt in ihrem Kampf gegen Kontrolle, Bedrohung und Schikane durch die Supermächte. Wir unterstützen es, daß sich die westeuropäischen Staaten in diesem Kampf vereinigen. Wir sind bereit, auf der Grundlage der chinesisch-japanischen gemeinsamen Erklärung gemeinsam mit der Regierung und dem Volk von Japan für die Förderung der freundschaftlichen und gutnachbarlichen Beziehungen zwischen den beiden Ländern zu arbeiten.

Zwischen China und den USA bestehen grundlegende Differenzen. Dank den gemeinsamen Bemühungen beider Seiten haben sich in den letzten drei Jahren die Beziehungen zwischen den beiden Ländern einigermaßen gebessert, und der Verkehr zwischen beiden Völkern hat sich entwickelt. Solange die Prinzipien des von China und von den USA unterzeichneten Schanghaier Kommuniques ernsthaft durchgeführt werden, können die Beziehungen beider Staaten weiter verbessert werden.

Die sowjetische Führungsclique hat den Marxismus-Leninismus verraten. Unsere prinzipielle Polemik mit ihr wird lange andauern. Aber wir vertreten seit je die Ansicht, daß diese Polemik die Aufrechterhaltung normaler staatlicher Beziehungen zwischen China und der Sowjetunion nicht behindern sollte. Dic sowjetische Führung hat eine Reihe von Schritten zur Verschlechterung der Beziehungen zwischen beiden Staaten unternommen, subversive Tätigkeit gegen unser Land ausgeübt und sogar bewaffnete Grenzkonflikte provoziert. Sie handelt der bereits 1969 von den Ministerpräsidenten Chinas und der Sowjetunion erzielten Verständigung zuwider und weigert sich, eine Vereinbarung über die Aufrechterhaltung des Status quo an der Grenze, über die Verhütung bewaffneter Zusammenstöße, über das Auseinanderrücken der Streitkräfte beider Seiten in den umstrittenen Grenzgebieten zu unterzeichnen, eine Vereinbarung, die gegenseitige Nichtanwendung von Gewalt und gegenseitigen Nichtangriff mit beinhalten sollte. Die Verhandlungen über die Grenzfrage zwischen China und der Sowjetunion haben daher bis heute zu keinem Ergebnis geführt. Die sowjetische Führung bequemt sich nicht einmal dazu, anzuerkennen, daß es an der Grenze zwischen China und der Sowjetunion umstrittene Gebiete gibt, sie ist nicht einmal bereit, auf das Auseinanderrücken der Streitkräfte beider Seiten in den umstrittenen Grenzgebieten und auf die Verhütung bewaffneter Zusammenstöße einzugehen, drischt jedoch leere Phrasen von Verträgen über gegenseitige Nichtanwendung von Gewalt und gegenseitigen Nichtangriff. Wenn das nicht dazu dient, das sowjetische Volk und die Weltöffentlichkeit hinters Licht zu führen, wozu denn sonst? Wir raten der sowjetischen Führung, sich lieber ehrlich an den Verhandlungstisch zu setzen, um etwas zur Lösung der Probleme zu tun, als weiterhin solche Täuschungsmanöver auszuführen.

Der Vorsitzende Mao lehrt uns: »*Tiefe Tunnel graben, überall Getreidevorräte anlegen, nie nach Hegemonie trachten!*«, »*Trefft Vorbereitungen auf einen Kriegsfall, Vorbereitungen auf Naturkatastrophen, tut alles für das Volk!*« Wir müssen wachsam bleiben, unsere Verteidigung verstärken und uns auf einen Kriegsfall vorbereiten. Die heroische Volksbefreiungsarmee hat die ruhmvolle Aufgabe, das Vaterland zu verteidigen. Die ganze Armee muß entschieden die Linie des Vorsitzenden Mao für den Armeeaufbau durchführen, den Aufbau der Armee verstärken und die Vorbereitung auf einen Kriegsfall intensivieren. Wir müssen gewissenhaft beim Aufbau der Volksmiliz gute Arbeit leisten. Die Volksbefreiungsarmee und die Volksmiliz müssen jederzeit bereit sein, gemeinsam mit den Volksmassen aller Nationalitäten unseres Landes alle Feinde, die einen Einfall wagen sollten, zu vernichten.
Wir werden Taiwan befreien! Landsleute von Taiwan und Volksmassen des ganzen Landes, schließt euch zusammen und setzt euch gemeinsam für die Verwirklichung des erhabenen Ziels ein, Taiwan zu befreien und unser Vaterland zu vereinigen!

Verehrte Abgeordnete!

In der ausgezeichneten Lage sowohl im Inland als auch in der internationalen Arena müssen wir vor allem Chinas eigene Angelegenheiten mit Erfolg regeln und danach streben, einen verhältnismäßig großen Beitrag für die Menschheit zu leisten.
Wir müssen die Weisung des Vorsitzenden Mao fest im Gedächtnis behalten, den wichtigsten Angelegenheiten und der Linie große Aufmerksamkeit zu widmen, und auf den Grundprinzipien beharren: »*Den Marxismus und nicht den Revisionismus praktizieren; sich zusammenschließen und nicht Spaltertätigkeit betreiben; offen und ehrlich sein und sich nicht mit Verschwörungen und Ränken befassen.*«
Wir müssen die einheitliche Führung der Partei mit aller Entschiedenheit unterstützen. *In den sieben Bereichen – Industrie, Landwirtschaft, Handel, Kultur und Bildungswesen, Armee, Regierung und Partei – leitet die Partei alles.* Unsere Arbeit auf jedem Gebiet muß unter der einheitlichen Führung der Parteikomitees aller Ebenen stehen.
Wir müssen die ruhmvolle Tradition, Disziplin zu halten, weiter pflegen, den demokratischen Zentralismus gewissenhaft verwirklichen und auf der Grundlage der revolutionären Linie des Vorsitzenden Mao folgendes erreichen: *einheitliche Auffassungen, eine einheitliche Politik, einheitliche Pläne, ein einheitliches Kommando und einheitliche Aktionen.*
Wir müssen auf der Massenlinie beharren: *Aus den Massen schöpfen und in die Massen hineintragen,* der großen Mehrheit der Massen fest vertrauen und uns auf sie stützen. Sowohl in der Revolution als auch beim Aufbau gilt es, kühn die Massen zu mobilisieren und energisch Massenbewegungen zu entfalten.

Wir müssen hart kämpfen, mit Fleiß und Sparsamkeit unser Land aufbauen und alle Vorhaben betreiben. *Wir müssen eine solche Energie, einen solchen revolutionären Enthusiasmus und einen solchen Geist des vollen Einsatzes beibehalten, wie sie früher während der Perioden der revolutionären Kriege an den Tag gelegt wurden, um die revolutionäre Arbeit zu Ende zu führen.*
Wir müssen am proletarischen Internationalismus festhalten und *den Großmacht-Chauvinismus entschlossen, gründlich, restlos und vollständig beseitigen.* Wir werden nie nach Hegemonie trachten, wir wollen nie eine Supermacht werden. Wir werden stets auf seiten der unterdrückten Völker und unterjochten Nationen der ganzen Welt stehen.
Unter der Führung des Zentralkomitees der Partei mit dem Vorsitzenden Mao an der Spitze hat sich unser Volk mit großer Hingabe für das Erstarken des Vaterlandes eingesetzt, alle Schwierigkeiten und Gefahren bezwungen und es in einer Zeitspanne von nur etwas mehr als zwanzig Jahren fertiggebracht, ein armes und rückständiges Land in ein sozialistisches Land zu verwandeln, das schon zu blühen begonnen hat. Wir können China mit Sicherheit in den kommenden über zwanzig Jahren, noch in diesem Jahrhundert, zu einem modernen und mächtigen sozialistischen Staat aufbauen. Wir müssen uns weiterhin anstrengen, die Erfolge ausbauen und unsere Mängel überwinden, bescheiden und umsichtig sein, uns vor Überheblichkeit und Unbesonnenheit in acht nehmen, um von Sieg zu Sieg vorwärtszuschreiten. *Schließen wir uns zusammen,* unter der Anleitung der revolutionären Linie des Vorsitzenden Mao, *um noch größere Siege zu erringen!*

# Die zweite Verfassung der VR China
(1975)

*Vorbemerkung*
Ihre erste Verfassung hatte sich die VR China 1954 gegeben (1949 war lediglich ein »Gemeinsames Programm« der Einheitsfront beschlossen worden), ihre zweite gab sie sich am 17. Januar 1975. In dieser werden »Maos Generallinie und die Neuerungen der Kulturrevolution zum allgemein verbindlichen Staatsrecht erklärt« (Th. Scharping). D. h. in Artikel 13 sind »große Debatten und Zeitungen mit großen Schriftzeichen [Wandzeitungen]« garantiert, als ein Recht der Volksmassen, »diese Form anzuwenden zur Schaffung einer politischen Situation, in der sowohl Zentralismus als auch Demokratie, sowohl Disziplin als auch Freiheit, sowohl der einheitliche Wille als auch das persönliche Wohlbehagen... des Einzelnen vereint sind«. Das gewissermaßen grundrechtlich kodifizierte Wohlbehagen, sofern es einer einheitlichen Willensbildung nicht zuwiderläuft, ist ein Verfassungsnovum zumindest in Asien. Die Konstitution von 1975 zeichnet sich überdies durch lapidare Kürze ihrer nur dreißig Artikel aus.

## Präambel

Die Gründung der Volksrepublik China manifestierte den großen Sieg des chinesischen Volkes in der neudemokratischen Revolution, das, nach über hundert Jahren heldenhaften Kampfes, schließlich unter der Führung der Kommunistischen Partei Chinas durch den revolutionären Volkskrieg die reaktionäre Herrschaft des Imperialismus, des Feudalismus und des bürokratischen Kapitalismus gestützt hatte, und kennzeichnete den Beginn der neuen Geschichtsperiode der sozialistischen Revolution und der Diktatur des Proletariats.
In den vergangenen mehr als 20 Jahren sind die Volksmassen aller Nationalitäten unseres Landes unter der Führung der Kommunistischen Partei Chinas weiter siegreich vorwärtsgeschritten, sie haben große Siege in der sozialistischen Revolution und beim sozialistischen Aufbau, große Siege in der Großen Proletarischen Kulturrevolution errungen und die Diktatur des Proletariats gefestigt und gestärkt.
Die sozialistische Gesellschaft umfaßt eine ziemlich lange geschichtliche Periode. Diese ganze Geschichtsperiode hindurch existieren Klassen, Klassenwidersprüche und Klassenkämpfe, existiert der Kampf zwischen den beiden Wegen, dem des Sozialismus und dem des Kapitalismus, existiert die Gefahr einer Restauration des Kapitalismus, existiert die Bedrohung durch Umsturz und Aggression seitens des Imperialismus und des Sozialimperialismus. Solche Widersprüche können nur durch die Theorie über die Weiterführung der Revolution unter der Diktatur des Proletariats und durch die von ihr angeleitete Praxis gelöst werden.

Wir müssen an der grundlegenden Linie und Politik der Kommunistischen Partei Chinas für die ganze sozialistische Geschichtsperiode und an der Weiterführung der Revolution unter der Diktatur des Proletariats festhalten, damit unser großes Vaterland stets auf dem von dem Marxismus, dem Leninismus, den Maotsetungideen vorgezeichneten Weg voranschreitet.
Wir müssen die von der Arbeiterklasse geführte und auf dem Bündnis der Arbeiter und Bauern beruhende große Einheit der Volksmassen aller Nationalitäten festigen und die revolutionäre Einheitsfront weiterentwickeln. Wir müssen die Widersprüche zwischen uns und dem Feind und die Widersprüche im Volke richtig voneinander unterscheiden und sie richtig behandeln. Wir müssen die drei großen revolutionären Bewegungen – Klassenkampf, Produktionskampf und wissenschaftliches Experimentieren – weiterführen, unabhängig und selbständig, im Vertrauen auf die eigene Kraft, durch harten Kampf, mit Fleiß und Sparsamkeit und unter Anspannung aller Kräfte, immer vorwärtsstrebend, »mehr, schneller, besser und wirtschaftlicher« den Sozialismus aufbauen, Vorbereitungen auf einen Kriegsfall, Vorbereitungen auf Naturkatastrophen treffen und alles für das Volk tun.
In den internationalen Angelegenheiten müssen wir am proletarischen Internationalismus festhalten. China will nie eine Supermacht werden. Wir müssen die Einheit mit den sozialistischen Staaten, mit allen unterdrückten Völkern und unterjochten Nationen stärken und zur gegenseitigen Unterstützung beitragen. Wir müssen die friedliche Koexistenz mit Staaten unterschiedlicher Gesellschaftsordnung anstreben, auf der Grundlage der fünf Prinzipien der gegenseitigen Achtung der Souveränität und territorialen Integrität, des gegenseitigen Nichtangriffs, der gegenseitigen Nichteinmischung in die inneren Angelegenheiten, der Gleichberechtigung und des gegenseitigen Nutzens sowie der friedlichen Koexistenz; wir müssen die Aggressions- und Kriegspolitik des Imperialismus und des Sozialimperialismus und den Hegemonismus der Supermächte bekämpfen.
Unser Volk ist von der Zuversicht erfüllt, unter der Führung der Kommunistischen Partei Chinas die in- und ausländischen Feinde zu besiegen, alle Schwierigkeiten zu überwinden, unser Land zu einem mächtigen sozialistischen Staat der Diktatur des Proletariats aufzubauen und damit für die Menschheit einen verhältnismäßig großen Beitrag zu leisten.
Volksmassen aller Nationalitäten im ganzen Land, schließt euch zusammen, um noch größere Siege zu erringen!

## Kapitel I: Allgemeine Grundsätze

*Artikel 1*

Die Volksrepublik China ist ein sozialistischer Staat der Diktatur des Proletariats, der von der Arbeiterklasse geführt wird und auf dem Bündnis der Arbeiter und Bauern beruht.

*Artikel 2*

Die Kommunistische Partei Chinas ist der führende Kern des ganzen chinesischen Volkes. Die Arbeiterklasse führt den Staat durch ihre Vorhut, die Kommunistische Partei Chinas. Der Marxismus, der Leninismus, die Maotsetungideen sind die theoretische Grundlage, von der unsere Nation ihr Denken leiten läßt.

*Artikel 3*

Alle Macht in der Volksrepublik China gehört dem Volk. Die Organe, durch die das Volk seine Macht ausübt, sind die Volkskongresse aller Ebenen, die sich zu ihrem Hauptteil aus Abgeordneten der Arbeiter, Bauern und Soldaten zusammensetzen.
Die Volkskongresse aller Ebenen und die anderen Staatsorgane verwirklichen den demokratischen Zentralismus.
Die Abgeordneten der Volkskongresse aller Ebenen werden in demokratischen Beratungen gewählt. Die Wahleinheiten und Wähler haben das Recht, jeden von ihnen gewählten Abgeordneten zu kontrollieren und ihn jederzeit gemäß den gesetzlichen Bestimmungen abzuberufen und durch einen neuen zu ersetzen.

*Artikel 4*

Die Volksrepublik China ist ein einheitlicher Nationalitätenstaat. Alle Regionen mit nationaler Gebietsautonomie sind unabtrennbare Bestandteile der Volksrepublik China.
Alle Nationalitäten sind gleichberechtigt. Der Großnationalitäten-Chauvinismus ebenso wie der Lokalnationalismus müssen bekämpft werden.
Jede Nationalität genießt die Freiheit, ihre eigene Sprache und Schrift zu gebrauchen.

*Artikel 5*

Im gegenwärtigen Stadium bestehen in der Volksrepublik China hauptsächlich zwei Formen des Eigentums an den Produktionsmitteln: das sozialistische Volkseigentum und das sozialistische Kollektiveigentum der werktätigen Massen.
Der Staat erlaubt den nicht in der Landwirtschaft tätigen Einzelwerktätigen, im Rahmen der Gesetze, ohne andere auszubeuten, individuell zu arbeiten, wobei diese Arbeit von den Organisationen der Wohn-

blöcke in den Städten und Kleinstädten beziehungsweise von den Produktionsgruppen der ländlichen Volkskommunen einheitlich geregelt wird. Zugleich sollen diese Werktätigen Schritt für Schritt auf den Weg der sozialistischen Kollektivierung geleitet werden.

*Artikel 6*

Der staatliche Sektor der Wirtschaft ist die führende Kraft in der Volkswirtschaft.
Die Bodenschätze, die Gewässer und die dem Staat gehörenden Waldungen, unerschlossenen Ländereien und anderen Naturreichtümer sind Volkseigentum.
Der Staat kann in Übereinstimmung mit den dafür gesetzlich festgelegten Bestimmungen Grund und Boden in Stadt und Land sowie andere Produktionsmittel durch Ankauf enteignen, mit oder ohne Entschädigung in Anspruch nehmen oder verstaatlichen.

*Artikel 7*

Die ländliche Volkskommune ist eine Organisation, in der die politische Macht mit der wirtschaftlichen Verwaltung zu einer Einheit verschmilzt.
Die Wirtschaft des kollektiven Eigentums in der ländlichen Volkskommune nimmt im gegenwärtigen Stadium im allgemeinen die Form eines in drei Stufen gegliederten Eigentums an, mit der Produktionsgruppe als Grundlage: Eigentum der Volkskommune, Eigentum der Produktionsbrigade und Eigentum der Produktionsgruppe, wobei die Produktionsgruppe Grundeinheit für die Rechnungsführung ist.
Unter der Voraussetzung, daß die Entwicklung und der absolute Vorrang der Kollektivwirtschaft der Volkskommune gewährleistet sind, dürfen die einzelnen Mitglieder der Volkskommune kleine Parzellen für ihre private Nutzung bewirtschaften und häusliches Nebengewerbe in geringem Umfang ausüben, in Viehzuchtgebieten dürfen sie einen geringen Viehbestand für ihre private Nutzung besitzen.

*Artikel 8*

Das sozialistische öffentliche Eigentum ist unantastbar. Der Staat sichert die Konsolidierung und Entwicklung der sozialistischen Wirtschaft und verbietet jedem, mit irgendwelchen Mitteln die sozialistische Wirtschaft und die Gemeininteressen zu untergraben.

*Artikel 9*

Der Staat verwirklicht das sozialistische Prinzip »Wer nicht arbeitet, soll auch nicht essen« und »Jeder nach seinen Fähigkeiten, jedem nach seiner Leistung.«
Der Staat schützt das Eigentumsrecht der Bürger auf ihr Arbeitseinkommen, ihre Ersparnisse, ihre Häuser und ihre Verbrauchsgüter.

*Artikel 10*

Der Staat befolgt die Richtlinie: Die Revolution anpacken, die Produktion, die Arbeit und die Vorbereitung auf einen Kriegsfall fördern. Er fördert die planmäßige proportionale Entwicklung der sozialistischen Wirtschaft, indem er die Landwirtschaft als Grundlage und die Industrie als den führenden Faktor betrachtet und die Initiative sowohl der zentralen als auch der örtlichen Ebene zur vollen Geltung bringt. Er verbessert auf der Grundlage der stetigen Erhöhung der gesellschaftlichen Produktion schrittweise das materielle und kulturelle Leben des Volkes und festigt die Unabhängigkeit und Sicherheit des Landes.

*Artikel 11*

Die Staatsorgane und die Mitarbeiter des Staates müssen den Marxismus, den Leninismus, die Maotsetungideen gewissenhaft studieren, sich konsequent von der proletarischen Politik leiten lassen, den Bürokratismus bekämpfen, sich eng mit den Massen verbinden und ganz dem Volk dienen. Die Funktionäre aller Ebenen müssen an der kollektiven Produktionsarbeit teilnehmen.
Die Staatsorgane müssen das Prinzip hoher Leistungen bei einfacherer Verwaltungsstruktur durchführen. In ihren Führungsgremien ist die Dreierverbindung von älteren, mittelaltrigen und jüngeren Mitgliedern zu verwirklichen.

*Artikel 12*

Das Proletariat muß im Bereich des Überbaus einschließlich aller Sektoren der Kultur eine allseitige Diktatur über die Bourgeoisie ausüben. Kultur und Bildungswesen, Literatur und Kunst, Körperkultur und Sport, Gesundheitswesen sowie wissenschaftliche Forschung müssen der proletarischen Politik dienen, müssen den Arbeitern, Bauern und Soldaten dienen und sind mit der produktiven Arbeit zu verbinden.

*Artikel 13*

Freie Äußerung von Ansichten, offene Aussprachen, große Debatten und Dazibaos sind eine neue Form, geschaffen von den Volksmassen für die Durchführung der sozialistischen Revolution. Der Staat garantiert den Volksmassen das Recht, diese Form anzuwenden zur Schaffung einer politischen Situation, in der sowohl Zentralismus als auch Demokratie, sowohl Disziplin als auch Freiheit, sowohl der einheitliche Wille als auch das persönliche Wohlbehagen und die lebendige Aktivität des Einzelnen vereint sind, was dazu beitragen soll, die Führung des Staates durch die Kommunistische Partei Chinas und die Diktatur des Proletariats zu festigen.

*Artikel 14*

Der Staat schützt das sozialistische System, unterdrückt jede landesverräterische und konterrevolutionäre Tätigkeit und bestraft alle Landesverräter und Konterrevolutionäre.
Der Staat entzieht, dem Gesetz entsprechend, den Grundherren, Großbauern, reaktionären Kapitalisten und anderen üblen Elementen für eine bestimmte Zeit die politischen Rechte und ermöglicht ihnen zugleich die weitere Existenz, damit sie durch Arbeit zu Bürgern umerzogen werden, die die Gesetze einhalten und von ihrer Hände Arbeit leben.

*Artikel 15*

Die Chinesische Volksbefreiungsarmee und die Volksmiliz sind die von der Kommunistischen Partei Chinas geführten Streitkräfte der Arbeiter und Bauern, sind die bewaffneten Kräfte der Volksmassen aller Nationalitäten.
Der Vorsitzende des Zentralkomitees der Kommunistischen Partei Chinas befehligt die bewaffneten Kräfte des ganzen Landes.
Die Chinesische Volksbefreiungsarmee wird stets eine Kampftruppe sein, die gleichzeitig eine Arbeitstruppe und eine Produktionstruppe ist.
Die Aufgabe der bewaffneten Kräfte der Volksrepublik China sind der Schutz der Errungenschaften der sozialistischen Revolution und des sozialistischen Aufbaus, die Verteidigung der Souveränität, der territorialen Integrität und der Sicherheit des Staates und der Schutz vor Subversion und Aggression durch den Imperialismus, den Sozialimperialismus und deren Lakaien.

## Kapitel II: Staatsaufbau

### Abschnitt 1: Der Nationale Volkskongreß

*Artikel 16*

Der Nationale Volkskongreß ist das oberste staatliche Machtorgan unter der Führung der Kommunistischen Partei Chinas.
Der Nationale Volkskongreß setzt sich aus Abgeordneten zusammen, die von den Provinzen, den autonomen Gebieten, den regierungsunmittelbaren Städten und der Volksbefreiungsarmee gewählt werden. Gegebenenfalls kann eine gewisse Anzahl patriotischer Persönlichkeiten eigens eingeladen werden, als Abgeordnete teilzunehmen.
Der Nationale Volkskongreß wird auf die Dauer von fünf Jahren gewählt. Unter besonderen Umständen kann seine Legislaturperiode verlängert werden.
Der Nationale Volkskongreß tritt jährlich einmal zur Tagung zusammen, die nötigenfalls vorverlegt oder verschoben werden kann.

*Artikel 17*

Der Nationale Volkskongreß hat folgende Funktionen und Befugnisse: Änderungen der Verfassung, Gesetzgebung, Ernennung und Abberufung des Ministerpräsidenten des Staatsrates und der Mitglieder des Staatsrates auf Vorschlag des Zentralkomitees der Kommunistischen Partei Chinas, Bestätigung des Volkswirtschaftsplans, des Staatshaushaltsplans und der Haushaltsrechnung sowie Ausübung jener Funktionen und Befugnisse, die der Nationale Volkskongreß für erforderlich erachtet.

*Artikel 18*

Der Ständige Ausschuß des Nationalen Volkskongresses ist das ständige Organ des Nationalen Volkskongresses. Er hat folgende Funktionen und Befugnisse: Einberufung der Tagungen des Nationalen Volkskongresses, Auslegung der Gesetze, Verabschiedung der Erlasse, Entsendung bevollmächtigter Vertreter ins Ausland und deren Abberufung, Empfang der bei ihm akkreditierten Vertreter anderer Staaten, Ratifizierung und Kündigung von mit anderen Staaten abgeschlossenen Verträgen und Ausübung der anderen Funktionen und Befugnisse, die ihm vom Nationalen Volkskongreß übertragen sind.
Der Ständige Ausschuß des Nationalen Volkskongresses setzt sich aus dem Vorsitzenden, den Stellvertretern des Vorsitzenden und den Mitgliedern zusammen. Sie werden vom Nationalen Volkskongreß gewählt beziehungsweise abberufen.

## Abschnitt 2: Der Staatsrat

*Artikel 19*

Der Staatsrat ist die Zentrale Volksregierung. Der Staatsrat ist dem Nationalen Volkskongreß und dessen Ständigem Ausschuß verantwortlich und rechenschaftspflichtig.
Der Staatsrat setzt sich zusammen aus dem Ministerpräsidenten, den Stellvertretern des Ministerpräsidenten, den Ministern und den Vorsitzenden der Kommissionen.

*Artikel 20*

Der Staatsrat hat folgende Funktionen und Befugnisse: Festsetzung von Verwaltungsmaßnahmen und Verkündung von Beschlüssen und Verordnungen in Übereinstimmung mit der Verfassung, den Gesetzen und Erlassen; einheitliche Leitung der Tätigkeit der Ministerien, der Kommissionen und der örtlichen Staatsorgane aller Ebenen des Landes; Erstellung und Durchführung des Volkswirtschaftsplans und des Staatshaushaltsplans; Leitung der administrativen Angelegenheiten des Staates und Ausübung der anderen Funktionen und Befugnisse, die ihm vom Nationalen Volkskongreß oder von dessen Ständigem Ausschuß übertragen sind.

## Abschnitt 3: Die örtlichen Volkskongresse und die örtlichen Revolutionskomitees aller Ebenen

*Artikel 21*

Die örtlichen Volkskongresse aller Ebenen sind die örtlichen Organe der Staatsmacht.
Die Dauer der Legislaturperiode der Volkskongresse der Provinzen und der regierungsunmittelbaren Städte beträgt fünf Jahre. Die Dauer der Legislaturperiode der Volkskongresse der Bezirke, der Städte und der Kreise beträgt drei Jahre. Die Dauer der Legislaturperiode der Volkskongresse der ländlichen Volkskommunen und der Kleinstädte beträgt zwei Jahre.

*Artikel 22*

Die örtlichen Revolutionskomitees aller Ebenen sind die ständigen Organe der örtlichen Volkskongresse und zugleich die örtlichen Volksregierungen der jeweiligen Ebenen.
Das örtliche Revolutionskomitee jeder Ebene setzt sich aus dem Vorsitzenden, den Stellvertretern des Vorsitzenden und den Mitgliedern zusammen. Sie werden vom Volkskongreß der entsprechenden Ebene gewählt beziehungsweise abberufen, was dem nächsthöheren Staatsorgan zur Überprüfung und Genehmigung zu berichten ist.
Jedes örtliche Revolutionskomitee ist dem Volkskongreß der entsprechenden Ebene und dem nächsthöheren Staatsorgan verantwortlich und rechenschaftspflichtig.

*Artikel 23*

Die örtlichen Volkskongresse aller Ebenen und die von ihnen gewählten örtlichen Revolutionskomitees sind in den jeweiligen Gebieten für folgendes zuständig: die Durchführung der Gesetze und Erlasse zu gewährleisten, die sozialistische Revolution und den sozialistischen Aufbau anzuleiten, die örtlichen Volkswirtschaftspläne, Haushaltspläne und -rechnungen zu überprüfen und zu bestätigen, die revolutionäre Ordnung zu wahren und die Rechte der Bürger zu sichern.

## Abschnitt 4: Die autonomen Organe der Regionen mit nationaler Autonomie

*Artikel 24*

Alle autonomen Gebiete, autonomen Bezirke und autonomen Kreise sind Regionen mit nationaler Autonomie. Ihre autonomen Organe sind die Volkskongresse und die Revolutionskomitees.
Die autonomen Organe der Regionen mit nationaler Autonomie können neben der Ausübung der Funktionen und Befugnisse örtlicher Staatsorgane, wie sie in Kapitel II Abschnitt 3 der Verfassung vorgese-

hen sind, im Rahmen der ihnen gesetzlich übertragenen Befugnisse die Autonomie ausüben.
Die übergeordneten Staatsorgane müssen den autonomen Organen aller Regionen mit nationaler Autonomie die Ausübung dieser Autonomie in vollem Maße garantieren und sollen alle nationalen Minderheiten in der sozialistischen Revolution und beim sozialistischen Aufbau aktiv unterstützen.

### Abschnitt 5: Die Organe der Rechtsprechung und der Staatsanwaltschaft

*Artikel 25*

Die Rechtsprechung wird durch das Oberste Volksgericht, die örtlichen Volksgerichte aller Ebenen und die besonderen Volksgerichte ausgeübt. Die Volksgerichte aller Ebenen sind den Volkskongressen der entsprechenden Ebenen und deren ständigen Organen verantwortlich und rechenschaftspflichtig. Die Präsidenten der Volksgerichte aller Ebenen werden von den ständigen Organen der Volkskongresse der entsprechenden Ebenen ernannt beziehungsweise abberufen.
Die Funktionen und Befugnisse der staatsanwaltschaftlichen Organe werden von den Organen für die öffentliche Sicherheit aller Ebenen ausgeübt.
In der staatsanwaltschaftlichen Tätigkeit wie bei der Verhandlung von Rechtsfällen muß die Massenlinie durchgeführt werden. Bei schweren konterrevolutionären Straffällen müssen die Massen zur Diskussion der Straffälle und Kritik der Straftaten mobilisiert werden.

## Kapitel III: Grundrechte und Grundpflichten der Bürger

*Artikel 26*

Die Grundrechte und Grundpflichten der Bürger sind: Unterstützung der Führung durch die Kommunistische Partei Chinas, Unterstützung des sozialistischen Systems, Einhaltung der Verfassung und der Gesetze der Volksrepublik China.
Es ist die erhabene Pflicht eines jeden Bürgers, das Vaterland zu schützen und jeder Aggression Widerstand zu leisten. Es ist die Ehrenpflicht der Bürger, entsprechend dem Gesetz Militärdienst zu leisten.

*Artikel 27*

Jeder Bürger, der das 18. Lebensjahr vollendet hat, hat das aktive und passive Wahlrecht. Ausgenommen davon sind Personen, denen gesetzlich das aktive und passive Wahlrecht aberkannt ist.
Die Bürger haben das Recht auf Arbeit und das Recht auf Bildung. Die

Werktätigen haben das Recht auf Erholung und das Recht auf materielle Unterstützung im Alter und im Fall von Krankheit oder Arbeitsunfähigkeit.
Die Bürger haben das Recht, vor jedem Staatsorgan beliebiger Ebene gegen jeden Mitarbeiter der Staatsorgane, der das Recht gebrochen oder seine Pflicht verletzt hat, schriftlich oder mündlich Klage zu führen. Niemand darf ihnen dabei Schwierigkeiten bereiten, sie daran hindern oder dafür Vergeltung üben.
Den Frauen stehen in allen Bereichen die gleichen Rechte wie den Männern zu.
Ehe, Familie, Mutter und Kind stehen unter dem Schutz des Staates.
Der Staat schützt die legitimen Rechte und Interessen der im Ausland lebenden chinesischen Staatsangehörigen.

*Artikel 28*

Die Bürger haben das Recht auf die Freiheit der Rede, der Korrespondenz, der Presse, der Versammlung, der Koalition, von Straßenumzügen, von Protestdemonstrationen und des Streiks, sie haben Religionsfreiheit sowie die Freiheit, sich zu keinem religiösen Glauben zu bekennen und den Atheismus zu propagieren.
Die Freiheit der Person und die Wohnung der Bürger sind unverletzbar. Kein Bürger darf ohne Beschluß eines Volksgerichts oder Genehmigung eines Organs für öffentliche Sicherheit verhaftet werden.

*Artikel 29*

Die Volksrepublik China gewährt jedem Ausländer das Aufenthaltsrecht, der wegen der Unterstützung einer gerechten Sache, wegen der Teilnahme an einer revolutionären Bewegung oder wegen seiner wissenschaftlichen Tätigkeit verfolgt wird.

## Kapitel IV: Staatsflagge, Staatswappen und Hauptstadt

*Artikel 30*

Die Staatsflagge ist eine rote Fahne mit fünf Sternen.
Das Staatswappen zeigt in der Mitte das von fünf Sternen überstrahlte Tiänanmen, umgeben von einem Ährenkranz, darunter ein Zahnrad.
Die Hauptstadt ist Peking.

# Die dritte Verfassung der VR China
(1978)

*Vorbemerkung*
Ihre dritte Verfassung gibt sich die VR China bereits drei Jahre nach der zweiten, am 5. März 1978; die Anzahl der Artikel ist auf sechzig verdoppelt, der Wortlaut weitschweifiger geworden. An die Stelle der einen sozialistischen Freiheit treten die vielen liberalen Freiheiten, die konkrete Zusage des persönlichen Wohlbehagens im Artikel 13 von 1975 weicht der abstrakten Absichtserklärung auf Wohlbehagen in der Präambel von 1978; das Recht auf »große Debatten und das Anschlagen von Wandzeitungen« (Art. 13 von 1975) wird in Gänsefüßchen gesetzt (Art. 45 von 1978), als stünde es sowieso auf schwachen Füßen; tatsächlich wird es 1980 gestrichen. Gleichwohl hat diese Verfassung ihre Gültigkeit, wie offiziell angemerkt wird, »für die neue Entwicklungsetappe der sozialistischen Revolution und des sozialistischen Aufbaus in unserem Land«. Gleichwohl wird seit Ende Dezember 1978 offiziell diskutiert, ob nicht bereits eine neue Konstitution vonnöten sei, z. B. um positive Hinweise auf die Kulturrevolution als eine große und proletarische zu tilgen. Doch ist Ende Mai 1982 weder auszumachen, daß diese Entscheidung nur aufgeschoben, noch, daß sie schon aufgehoben wäre.

## Präambel

Nach über hundert Jahren heldenhaften Kampfes hat das chinesische Volk unter der Führung der Kommunistischen Partei Chinas mit dem Vorsitzenden Mao Tse-tung, unserem großen Führer und Lehrer, an der Spitze durch den revolutionären Volkskrieg schließlich die reaktionäre Herrschaft des Imperialismus, des Feudalismus und des bürokratischen Kapitalismus gestürzt, in der neudemokratischen Revolution vollständig gesiegt und im Jahre 1949 die Volksrepublik China errichtet.
Die Gründung der Volksrepublik China kennzeichnet den Beginn der Geschichtsperiode des Sozialismus in unserem Land. Seither haben die Volksmassen aller Nationalitäten unseres Landes unter der Führung des Vorsitzenden Mao und der Kommunistischen Partei Chinas auf den Gebieten Politik, Wirtschaft, Kultur, Militärwesen und Außenpolitik die proletarisch-revolutionäre Linie des Vorsitzenden Mao durchgeführt, und sie haben durch wiederholte Kämpfe gegen in- und ausländische Feinde und durch die Große Proletarische Kulturrevolution gewaltige Siege in der sozialistischen Revolution und beim sozialistischen Aufbau errungen. Die Diktatur des Proletariats in unserem Land wurde gefestigt und gestärkt. China ist ein sozialistischer Staat mit beginnender Prosperität geworden.
Der Vorsitzende Mao Tse-tung ist der Gründer der Volksrepublik China. All unsere Siege in Revolution und Aufbau wurden unter der Anleitung des Marxismus-Leninismus und der Maotsetungideen errungen. Das große Banner des Vorsitzenden Mao immer hochzuhalten und

entschlossen zu verteidigen, das ist die grundlegende Garantie dafür, daß die Volksmassen aller Nationalitäten unseres Landes vereint kämpfen und die proletarische Revolution zu Ende führen.

Mit dem siegreichen Abschluß der ersten Großen Proletarischen Kulturrevolution sind die sozialistische Revolution und der sozialistische Aufbau unseres Landes in eine neue Etappe ihrer Entwicklung eingetreten. In Übereinstimmung mit der grundlegenden Linie der Kommunistischen Partei Chinas für die gesamte Geschichtsperiode des Sozialismus stellt sich dem chinesischen Volk in dieser neuen Etappe die allgemeine Aufgabe: Festhalten an der Weiterführung der Revolution unter der Diktatur des Proletariats, Entfaltung der drei großen revolutionären Bewegungen Klassenkampf, Produktionskampf und wissenschaftliches Experimentieren, Aufbau Chinas noch in diesem Jahrhundert zu einem großen und starken sozialistischen Land mit moderner Landwirtschaft, Industrie, Landesverteidigung und Wissenschaft und Technik.

Es gilt, daran festzuhalten, daß das Proletariat gegen die Bourgeoisie kämpfen muß, daß wir für den sozialistischen Weg und gegen den kapitalistischen Weg kämpfen müssen. Wir müssen den Revisionismus bekämpfen und eine Restauration des Kapitalismus verhüten. Wir müssen vorbereitet sein, um jeglicher Subversion und Aggression des Sozialimperialismus und des Imperialismus gegen unser Land entgegentreten zu können.

Wir müssen die von der Arbeiterklasse geführte und auf dem Bündnis der Arbeiter und Bauern beruhende revolutionäre Einheitsfront konsolidieren und entwickeln, die dem Zusammenschluß mit der großen Zahl der Intellektuellen und der anderen Werktätigen, mit den patriotischen demokratischen Parteien, den patriotischen Persönlichkeiten, den Landsleuten von Taiwan, von Hongkong und Makao sowie mit den Auslandschinesen dient. Wir müssen die große Einheit aller Nationalitäten unseres Landes stärken. Wir müssen den Widerspruch zwischen uns und dem Feind und die Widersprüche im Volk richtig voneinander unterscheiden und sie richtig behandeln. Wir müssen im ganzen Volk eine politische Situation schaffen, in der sowohl Zentralismus als auch Demokratie, sowohl Disziplin als auch Freiheit, sowohl einheitlicher Wille als auch das persönliche Wohlbehagen und die lebendige Aktivität des Einzelnen vereint sind, damit die Mobilisierung aller positiven Faktoren, die Überwindung aller Schwierigkeiten, die weitere Festigung der Diktatur des Proletariats und ein schnellerer Aufbau unseres Landes begünstigt wird.

Taiwan ist geheiligtes Territorium Chinas. Wir sind entschlossen, Taiwan zu befreien und so das große Werk der Vereinigung des Vaterlandes zu vollenden.

Hinsichtlich der internationalen Angelegenheiten müssen wir Beziehungen mit anderen Staaten herstellen und entwickeln – auf der Grundlage der fünf Prinzipien gegenseitige Achtung der Souveränität und territorialen Integrität, gegenseitiger Nichtangriff, gegenseitige Nichteinmischung in die inneren Angelegenheiten, Gleichberechtigung und gegenseitiger Nutzen, friedliche Koexistenz. Unser Staat wird nie nach Hegemonie trachten, nie eine Supermacht werden. Wir müssen den proletarischen Internationalismus hochhalten, entsprechend der Theorie von den drei Welten die Einheit mit dem Weltproletariat, den unterdrückten Völkern und den unterjochten Nationen, mit den sozialistischen Staaten und den Ländern der Dritten Welt stärken und uns mit allen Ländern, die der Aggression, Subversion, Intervention, Kontrolle und Schikane durch die sozialimperialistische und die imperialistische Supermacht ausgesetzt sind, zusammenschließen, damit eine breitestmögliche internationale Einheitsfront gegen den Hegemonismus der Supermächte und gegen einen neuen Weltkrieg gebildet wird, und wir müssen für den Fortschritt und die Befreiung der Menschheit kämpfen.

## Kapitel I: Allgemeine Grundsätze

*Artikel 1*

Die Volksrepublik China ist ein sozialistischer Staat der Diktatur des Proletariats, der von der Arbeiterklasse geführt wird und auf dem Bündnis der Arbeiter und Bauern beruht.

*Artikel 2*

Die Kommunistische Partei Chinas ist der führende Kern des ganzen chinesischen Volkes. Die Arbeiterklasse führt den Staat durch ihre Vorhut, die Kommunistische Partei Chinas.
Marxismus-Leninismus und Maotsetungideen sind die Ideologie, von der sich die Volksrepublik China leiten läßt.

*Artikel 3*

Alle Macht in der Volksrepublik China gehört dem Volk. Die Organe, durch die das Volk die Staatsmacht ausübt, sind der Nationale Volkskongreß und die örtlichen Volkskongresse aller Ebenen.
Der Nationale Volkskongreß, die örtlichen Volkskongresse aller Ebenen und die anderen Staatsorgane praktizieren den demokratischen Zentralismus.

*Artikel 4*

Die Volksrepublik China ist ein einheitlicher Nationalitätenstaat.
Alle Nationalitäten sind gleichberechtigt. Die Nationalitäten müssen ihre Einheit und Brüderlichkeit wahren, sich gegenseitig helfen und voneinander lernen. Die Diskriminierung oder Unterdrückung jedweder Nationalität ist verboten, desgleichen jede Handlung, welche die

Einheit der Nationalitäten untergräbt. Der Großnationalitäten-Chauvinismus und der Lokalnationalismus müssen bekämpft werden.
Jede Nationalität genießt die Freiheit, ihre eigene Sprache und Schrift zu gebrauchen, sowie die Freiheit, ihre Sitten und Gebräuche zu bewahren oder zu reformieren.
In geschlossenen Siedlungsgebieten nationaler Minderheiten gilt Gebietsautonomie. Alle Regionen mit nationaler Autonomie sind unabtrennbare Bestandteile der Volksrepublik China.

*Artikel 5*

Im gegenwärtigen Stadium bestehen in der Volksrepublik China hauptsächlich zwei Formen des Eigentums an den Produktionsmitteln: das sozialistische Volkseigentum und das sozialistische Kollektiveigentum und das sozialistische Kollektiveigentum der werktätigen Massen.
Der Staat erlaubt den nicht in der Landwirtschaft tätigen Einzelwerktätigen, im Rahmen der Gesetze individuell zu arbeiten ohne andere auszubeuten, wobei diese Arbeit der einheitlichen Regelung und Administration durch die Grundorganisationen der Städte und Kleinstädte bzw. der ländlichen Gebiete unterliegt. Zugleich sollen diese Werktätigen Schritt für Schritt auf den Weg der sozialistischen Kollektivierung geleitet werden.

*Artikel 6*

Der staatliche Sektor der Wirtschaft, d.h. das sozialistische Volkseigentum, ist die führende Kraft in der Volkswirtschaft.
Die Bodenschätze, die Gewässer und die dem Staat gehörenden Waldungen, unerschlossenen Ländereien und anderen maritimen und kontinentalen Naturreichtümer sind Volkseigentum.
Der Staat kann in Übereinstimmung mit den gesetzlichen Bestimmungen Grund und Boden durch Ankauf enteignen, zur Nutzung in Anspruch nehmen oder verstaatlichen.

*Artikel 7*

Die Wirtschaft der ländlichen Volkskommunen ist eine Wirtschaft des sozialistischen Kollektiveigentums der werktätigen Massen. Sie hat gegenwärtig im allgemeinen die Form eines in drei Stufen – Kommune, Produktionsbrigade und Produktionsgruppe – gegliederten Eigentums, wobei die Produktionsgruppe Grundeinheit für die Rechnungsführung ist. Wo die Bedingungen dafür herangereift sind, kann die Produktionsbrigade zur Grundeinheit für die Rechnungsführung werden.
Unter der Voraussetzung, daß der absolute Vorrang der Kollektivwirtschaft der Volkskommune gewährleistet ist, dürfen die Mitglieder der Volkskommune kleine Privatparzellen bewirtschaften und häusliches Nebengewerbe in geringem Umfang ausüben, in Viehzuchtgebieten darüber hinaus einen geringen Viehbestand für ihre private Nutzung besitzen.

*Artikel 8*

Das sozialistische Gemeineigentum ist unantastbar. Der Staat sichert die Konsolidierung und Entwicklung der Wirtschaft des sozialistischen Volkseigentums und der Wirtschaft des sozialistischen Kollektiveigentums der werktätigen Massen.
Er verbietet jedem, mit gleich welchen Mitteln die Wirtschaftsordnung der Gesellschaft zu stören, den staatlichen Wirtschaftsplan zu sabotieren, sich staatliches oder kollektives Eigentum widerrechtlich anzueignen oder dieses zu vergeuden und den Gemeininteressen zu schaden.

*Artikel 9*

Der Staat schützt das Eigentumsrecht der Bürger auf ihre legal erworbenen Einkommen, Ersparnisse, Häuser und anderen Verbrauchsgüter.

*Artikel 10*

Der Staat verwirklicht das sozialistische Prinzip »Wer nicht arbeitet, soll auch nicht essen« und »Jeder nach seinen Fähigkeiten, jedem nach seiner Leistung«.
Die Arbeit ist für jeden arbeitsfähigen Bürger eine Ehrenpflicht. Um die sozialistische Initiative und Schöpferkraft der Bürger bei der Arbeit zu beflügeln, fördert der Staat den sozialistischen Arbeitswettbewerb und befolgt unter der Bedingung des absoluten Vorrangs der proletarischen Politik die Richtlinie der Verbindung von moralischem und materiellem Ansporn, wobei der moralische Ansporn die dominierende Rolle spielt.

*Artikel 11*

Der Staat hält an der Generallinie »Unter Anspannung aller Kräfte, immer vorwärtsstrebend, nach dem Prinzip ›mehr, schneller, besser und wirtschaftlicher‹ den Sozialismus aufbauen« fest, entwickelt die Volkswirtschaft planmäßig, proportional und mit hohem Tempo und steigert beständig die gesellschaftlichen Produktivkräfte, um die Unabhängigkeit und Sicherheit des Staates zu festigen und das materielle und kulturelle Leben des Volkes Schritt für Schritt zu verbessern.
Bei der Entwicklung der Volkswirtschaft beharrt der Staat auf den Prinzipien »Das Land unabhängig und selbständig, im Vertrauen auf die eigene Kraft, durch harten Kampf und mit Fleiß und Sparsamkeit aufbauen«, »Die Landwirtschaft als Grundlage und die Industrie als führenden Faktor betrachten« sowie »Unter einheitlicher zentraler Führung die Initiative sowohl der zentralen Ebene als auch der lokalen Ebenen zur vollen Geltung bringen«.
Der Staat schützt die Umwelt und die Naturressourcen; er verhütet bzw. beseitigt die Umweltverschmutzung und andere Umweltschäden.

*Artikel 12*

Der Staat fördert nach Kräften Wissenschaft und Forschung, die technische Erneuerung und die technische Revolution, und er führt in den einzelnen Bereichen der Volkswirtschaft, wo immer möglich, moderne Techniken ein; in Wissenschaft und Technik wendet er die Prinzipien der Verbindung der Fachleute mit den breiten Volksmassen und der Verbindung des Lernens von anderen mit den eigenen schöpferischen Anstrengungen an.

*Artikel 13*

Der Staat entwickelt energisch das Bildungswesen, um das kulturelle und wissenschaftliche Niveau des ganzen Volkes zu erhöhen. Das Bildungswesen muß der proletarischen Politik dienen und ist mit der Produktionsarbeit zu verbinden; es muß jedem, der eine Ausbildung erhält, ermöglichen, sich moralisch, geistig und körperlich zu entwikkeln und ein gebildeter Werktätiger mit sozialistischem Bewußtsein zu werden.

*Artikel 14*

Der Staat garantiert die führende Stellung des Marxismus-Leninismus und der Maotsetungideen in allen Bereichen von Ideologie und Kultur. Alle kulturellen Unternehmungen müssen den Arbeitern, Bauern und Soldaten und dem Sozialismus dienen.
Der Staat führt die Richtlinie »Laßt hundert Blumen blühen, laßt hundert Schulen miteinander wetteifern« durch, um die Entwicklung der Kunst und den Fortschritt der Wissenschaft voranzutreiben und die sozialistische Kultur zum Aufblühen zu führen.

*Artikel 15*

Die Staatsorgane müssen stets eng mit den Volksmassen verbunden sein, sich auf sie stützen, ihre Meinungen einholen, sich um ihr Wohlergehen kümmern, die Verwaltung vereinfachen, strikte Sparsamkeit üben, die Effektivität erhöhen und den Bürokratismus bekämpfen.
Die Führungsgremien der Staatsorgane aller Ebenen müssen in ihrer personellen Zusammensetzung den Anforderungen an die Fortsetzer der proletarischen Revolution sowie dem Prinzip der Dreierverbindung von Älteren, Mittelaltrigen und Jüngeren entsprechen.

*Artikel 16*

Die Mitarbeiter der Staatsorgane müssen den Marxismus-Leninismus und die Maotsetungideen gewissenhaft studieren, von ganzem Herzen dem Volk dienen, sich um die Verbesserung ihrer Fachkenntnisse bemühen, aktiv an der kollektiven Produktionsarbeit teilnehmen, sich unter die Kontrolle der Massen stellen, vorbildlich die Verfassung und die Gesetze einhalten, die politischen Richtlinien des Staates korrekt durchführen und die Wahrheit in den Tatsachen suchen; sie dürfen nicht betrügen oder ihre Machtposition für die Erlangung persönlicher Vorteile ausnutzen.

*Artikel 17*

Der Staat hält am Prinzip der sozialistischen Demokratie fest und gewährleistet, daß die Volksmassen an der Leitung des Staates sowie aller wirtschaftlichen und kulturellen Unternehmungen teilnehmen und die Staatsorgane und ihre Mitarbeiter kontrollieren können.

*Artikel 18*

Der Staat schützt das sozialistische System, unterdrückt jede landesverräterische und konterrevolutionäre Tätigkeit, bestraft alle Landesverräter und Konterrevolutionäre, die neu entstandenen bürgerlichen und die anderen üblen Elemente.
Der Staat entzieht, dem Gesetz entsprechend, den noch nicht umerzogenen Grundherren, Großbauern und reaktionären Kapitalisten die politischen Rechte, ermöglicht ihnen aber zugleich die weitere Existenz, damit sie sich durch Arbeit zu Bürgern wandeln, die die Gesetze einhalten und von ihrer Hände Arbeit leben.

*Artikel 19*

Der Vorsitzende des Zentralkomitees der Kommunistischen Partei Chinas befehligt die Streitkräfte der Volksrepublik China.
Die Chinesische Volksbefreiungsarmee ist die von der Kommunistischen Partei Chinas geführte bewaffnete Streitmacht der Arbeiter und Bauern und die Stütze der Diktatur des Proletariats. Der Staat betreibt aktiv die Revolutionierung und Modernisierung der Chinesischen Volksbefreiungsarmee, verstärkt den Aufbau der Volksmiliz und praktiziert hinsichtlich der Struktur der Streitkräfte die Dreierverbindung von Feldarmeen, örtlichen Verbänden und Volksmiliz.
Die grundlegenden Aufgaben der bewaffneten Kräfte der Volksrepublik China sind der Schutz der sozialistischen Revolution und des sozialistischen Aufbaus, die Verteidigung der Souveränität, der territorialen Integrität und der Sicherheit des Staates sowie der Schutz vor Subversion und Aggression durch den Sozialimperialismus, den Imperialismus und deren Lakaien.

## Kapitel II: Staatsaufbau

### Abschnitt I: Der Nationale Volkskongreß

*Artikel 20*

Der Nationale Volkskongreß ist das höchste Organ der Staatsmacht.

*Artikel 21*

Der Nationale Volkskongreß setzt sich aus Abgeordneten zusammen, die von den Volkskongressen der Provinzen, der autonomen Gebiete, der regierungsunmittelbaren Städte und von der Volksbefreiungsarmee gewählt werden. Die Abgeordneten müssen nach demokratischen Beratungen in geheimer Abstimmung gewählt werden.
Der Nationale Volkskongreß wird für die Dauer von fünf Jahren gewählt. Unter besonderen Umständen kann seine Legislaturperiode verlängert oder der nächste Nationale Volkskongreß vorfristig einberufen werden.
Der Nationale Volkskongreß tritt jährlich einmal zur Tagung zusammen; diese kann nötigenfalls vorverlegt oder verschoben werden.

*Artikel 22*

Der Nationale Volkskongreß hat folgende Befugnisse:

1. Abänderung der Verfassung;
2. Gesetzgebung;
3. Überwachung der Durchführung der Verfassung und der Gesetze;
4. Entscheidung über die Ernennung des Ministerpräsidenten des Staatsrates auf Vorschlag des Zentralkomitees der Kommunistischen Partei Chinas;
5. Entscheidung über die Ernennung der anderen Mitglieder des Staatsrates auf Vorschlag des Ministerpräsidenten des Staatsrates;
6. Wahl des Präsidenten des Obersten Volksgerichts und des Generalstaatsanwalts der Obersten Volks-Staatsanwaltschaft;
7. Prüfung und Bestätigung des Volkswirtschaftsplans, des Staatshaushaltsplans und der Haushaltsrechnung des Staates;
8. Genehmigung der Grenzziehung der Provinzen, autonomen Gebiete und regierungsunmittelbaren Städte;
9. Entscheidung über die Frage von Krieg oder Frieden;
10. Alle anderen Befugnisse, die der Nationale Volkskongreß für erforderlich erachtet.

*Artikel 23*

Der Nationale Volkskongreß hat das Recht, die Mitglieder des Staatsrates, den Präsidenten des Obersten Volksgerichts und den Generalstaatsanwalt der Obersten Volks-Staatsanwaltschaft ihres Amtes zu entheben.

*Artikel 24*

Der Ständige Ausschuß des Nationalen Volkskongresses ist das ständige Organ des Nationalen Volkskongresses. Er ist dem Nationalen Volkskongreß verantwortlich und rechenschaftspflichtig.
Der Ständige Ausschuß setzt sich aus folgenden Mitgliedern zusammen:

dem Vorsitzenden,
den stellvertretenden Vorsitzenden,
dem Generalsekretär,
den anderen Mitgliedern.
Der Nationale Volkskongreß wählt den Ständigen Ausschuß des Nationalen Volkskongresses und hat das Recht, seine Mitglieder des Amtes zu entheben.

*Artikel 25*

Der Ständige Ausschuß des Nationalen Volkskongresses hat folgende Befugnisse:

1. Leitung der Wahl der Abgeordneten zum Nationalen Volkskongreß;
2. Einberufung der Tagungen des Nationalen Volkskongresses;
3. Auslegung der Verfassung und der Gesetze und Erlassen von Verordnungen;
4. Überwachung der Arbeit des Staatsrates, des Obersten Volksgerichts und der Obersten Volks-Staatsanwaltschaft;
5. Änderung oder Aufhebung nicht angemessener Beschlüsse der staatlichen Machtorgane der Provinzen, autonomen Gebiete und regierungsunmittelbaren Städte;
6. Entscheidung über die Ernennung und Abberufung von einzelnen Mitgliedern des Staatsrates auf Vorschlag des Ministerpräsidenten des Staatsrates in der Zeit zwischen den Tagungen des Nationalen Volkskongresses;
7. Ernennung und Abberufung der stellvertretenden Präsidenten des Obersten Volksgerichts und der stellvertretenden Generalstaatsanwälte der Obersten Volks-Staatsanwaltschaft;
8. Entscheidung über die Ernennung und Abberufung von diplomatischen Bevollmächtigten im Ausland;
9. Entscheidung über die Ratifizierung und Kündigung von Verträgen mit anderen Ländern;
10. Schaffung von staatlichen Ehrentiteln und Entscheidung über deren Verleihung;
11. Entscheidung über Sonderamnestien;
12. Entscheidung über die Verkündung des Kriegszustandes im Falle eines bewaffneten Angriffs auf den Staat in der Zeit zwischen den Tagungen des Nationalen Volkskongresses;
13. Alle anderen ihm vom Nationalen Volkskongreß übertragenen Befugnisse.

*Artikel 26*

Der Vorsitzende des Ständigen Ausschusses des Nationalen Volkskongresses leitet die Arbeit des Ständigen Ausschusses des Nationalen Volkskongresses; er empfängt die diplomatischen Vertreter anderer Länder; in Übereinstimmung mit den Beschlüssen des Nationalen

Volkskongresses oder des Ständigen Ausschusses des Nationalen Volkskongresses erläßt er Gesetze und Verordnungen, entsendet er diplomatische Bevollmächtigte ins Ausland und beruft sie ab, bestätigt er die mit anderen Ländern abgeschlossenen Verträge und verleiht er die staatlichen Ehrentitel.
Die stellvertretenden Vorsitzenden des Ständigen Ausschusses des Nationalen Volkskongresses unterstützen den Vorsitzenden bei seiner Arbeit und können einen Teil der Befugnisse des Vorsitzenden in dessen Vertretung ausüben.

*Artikel 27*

Der Nationale Volkskongreß und sein Ständiger Ausschuß können, wenn sie dies für erforderlich halten, Sonderkomitees einrichten.

*Artikel 28*

Die Abgeordneten des Nationalen Volkskongresses haben das Recht, Anfragen an den Staatsrat, das Oberste Volksgericht, die Oberste Volks-Staatsanwaltschaft, die Ministerien und Kommissionen des Staatsrates zu richten. Diese sind zur Antwort verpflichtet.

*Artikel 29*

Die Abgeordneten des Nationalen Volkskongresses unterliegen der Kontrolle durch die Einheiten, die sie gewählt haben. Diese Wahleinheiten haben das Recht, die von ihnen gewählten Abgeordneten jederzeit gemäß dem gesetzlich dafür vorgesehenen Verfahren abzuwählen und zu ersetzen.

## Abschnitt 2: Der Staatsrat

*Artikel 30*

Der Staatsrat ist die Zentrale Volksregierung. Er ist die ausführende Körperschaft des höchsten Organs der Staatsmacht und das höchste Verwaltungsorgan des Staates.
Der Staatsrat ist dem Nationalen Volkskongreß und zwischen dessen Tagungen dessen Ständigem Ausschuß verantwortlich und rechenschaftspflichtig.

*Artikel 31*

Der Staatsrat setzt sich aus folgenden Mitgliedern zusammen:
dem Ministerpräsidenten,
den stellvertretenden Ministerpräsidenten,
den Ministern,
den Vorsitzenden der Kommissionen.
Der Ministerpräsident leitet die Arbeit des Staatsrates; die stellvertretenden Ministerpräsidenten unterstützen den Ministerpräsidenten bei seiner Arbeit.

*Artikel 32*

Der Staatsrat hat folgende Befugnisse:

1. Festlegung von Verwaltungsmaßnahmen und Verkündung von Beschlüssen und Erlassen in Übereinstimmung mit der Verfassung, den Gesetzen und Verordnungen sowie Überprüfung der Durchführung dieser Beschlüsse und Erlasse;
2. Unterbreitung von Vorlagen im Nationalen Volkskongreß oder in seinem Ständigen Ausschuß;
3. Einheitliche Leitung der Arbeit der Ministerien, der Kommissionen und der anderen ihm unterstellten Organe;
4. Einheitliche Leitung der Arbeit der örtlichen Organe der staatlichen Verwaltung aller Ebenen des Landes;
5. Ausarbeitung und Durchführung des Volkswirtschaftsplans und des Staatshaushaltsplans;
6. Schutz der Interessen des Staates, Aufrechterhaltung der öffentlichen Ordnung und Schutz der Rechte der Bürger;
7. Genehmigung der Grenzziehung der autonomen Bezirke, Kreise, autonomen Kreise und der Städte;
8. Ernennung und Abberufung des staatlichen Verwaltungspersonals entsprechend den gesetzlichen Bestimmungen;
9. Alle anderen ihm von dem Nationalen Volkskongreß und dessen Ständigem Ausschuß übertragenen Befugnisse.

## Abschnitt 3: Die örtlichen Volkskongresse und die örtlichen Revolutionskomitees aller Ebenen

*Artikel 33*

Die Volksrepublik China hat die folgende Verwaltungseinteilung:

1. Das Land ist in Provinzen, autonome Gebiete und regierungsunmittelbare Städte unterteilt;
2. Die Provinzen und autonomen Gebiete sind in autonome Bezirke, Kreise, autonome Kreise und in Städte unterteilt;
3. Die Kreise und autonomen Kreise sind in Volkskommunen und Kleinstädte unterteilt.

Die regierungsunmittelbaren Städte und anderen Großstädte sind in Stadtbezirke und Kreise unterteilt. Die autonomen Bezirke sind in Kreise, autonome Kreise und in Städte unterteilt.
Die autonomen Gebiete, autonomen Bezirke und autonomen Kreise sind Regionen mit nationaler Autonomie.

*Artikel 34*

In den Provinzen, regierungsunmittelbaren Städten, Kreisen, Städten, Stadtbezirken, Volkskommunen und Kleinstädten bestehen Volkskongresse und Revolutionskomitees.
Die Volkskongresse und Revolutionskomitees der Volkskommunen

sind Grundorgane der Staatsmacht und zugleich Leitungsorgane der Kollektivwirtschaft.
Die Revolutionskomitees der Provinzen können in den Provinzbezirken Verwaltungsbüros als Außenstellen errichten.
Die autonomen Gebiete, autonomen Bezirke und autonomen Kreise haben Organe der Selbstverwaltung.

*Artikel 35*

Die örtlichen Volkskongresse aller Ebenen sind die örtlichen Organe der Staatsmacht.
Die Abgeordneten der Volkskongresse der Provinzen, der regierungsunmittelbaren Städte, der Kreise und jener Städte, die in Stadtbezirke unterteilt sind, werden durch die Volkskongresse der jeweils nächstniedrigeren Ebene nach demokratischen Beratungen in geheimer Abstimmung gewählt; die Abgeordneten der Volkskongresse der Städte ohne Stadtbezirke, der Stadtbezirke, der Volkskommunen und der Kleinstädte werden von den Wählern nach demokratischen Beratungen in geheimer Abstimmung direkt gewählt.
Die Amtszeit der Volkskongresse der Provinzen und regierungsunmittelbaren Städte beträgt fünf Jahre. Die Amtszeit der Volkskongresse der Kreise, Städte und Stadtbezirke beträgt drei Jahre. Die Amtszeit der Volkskongresse der Volkskommunen und Kleinstädte beträgt zwei Jahre.
Die örtlichen Volkskongresse aller Ebenen tagen mindestens einmal im Jahr; die Tagungen werden von den Revolutionskomitees der jeweils entsprechenden Ebene einberufen.
Die Wahleinheiten und Wähler, die die Abgeordneten der örtlichen Volkskongresse der verschiedenen Ebenen wählen, haben das Recht, ihre Abgeordneten zu kontrollieren und entsprechend den gesetzlichen Bestimmungen jederzeit abzuwählen und zu ersetzen.

*Artikel 36*

In ihren Verwaltungsgebieten sind die örtlichen Volkskongresse aller Ebenen für die Einhaltung und Durchführung der Verfassung, der Gesetze und Verordnungen verantwortlich, sie gewährleisten die Durchführung der Staatspläne, arbeiten Pläne für die örtliche wirtschaftliche und kulturelle Entwicklung und für die öffentlichen Einrichtungen aus, prüfen und bestätigen die örtlichen Wirtschaftspläne, Haushaltspläne und Haushaltsrechnungen, schützen das öffentliche Eigentum, sorgen für die Aufrechterhaltung der öffentlichen Ordnung, schützen die Rechte der Bürger, sichern die Gleichberechtigung der nationalen Minderheiten und fördern die Entwicklung der sozialistischen Revolution und des sozialistischen Aufbaus.
Die örtlichen Volkskongresse aller Ebenen können im Rahmen ihrer gesetzlich festgelegten Befugnisse Beschlüsse fassen und verkünden.
Die örtlichen Volkskongresse aller Ebenen wählen die Mitglieder der

Revolutionskomitees der jeweils entsprechenden Ebenen und haben das Recht, sie abzusetzen. Die Volkskongresse von der Kreisebene aufwärts wählen die Präsidenten der Volksgerichte sowie die Staatsanwälte der Volks-Staatsanwaltschaften der jeweils entsprechenden Ebenen und haben das Recht, sie abzusetzen.
Die Abgeordneten der örtlichen Volkskongresse aller Ebenen haben das Recht, Anfragen an die Revolutionskomitees, die Volksgerichte, die Volks-Staatsanwaltschaften und die den Revolutionskomitees unterstellten Abteilungen der jeweils entsprechenden Ebenen zu richten. Diese sind zur Antwort verpflichtet.

*Artikel 37*

Die örtlichen Revolutionskomitees der verschiedenen Ebenen, d. h. die örtlichen Volksregierungen, sind die ausführenden Organe der örtlichen Volkskongresse der jeweils entsprechenden Ebenen und zugleich die örtlichen staatlichen Verwaltungsorgane.
Ein örtliches Revolutionskomitee setzt sich aus dem Vorsitzenden, den stellvertretenden Vorsitzenden und den anderen Mitgliedern zusammen.
Die örtlichen Revolutionskomitees führen die Beschlüsse der Volkskongresse der entsprechenden Ebenen und die Beschlüsse und Anordnungen der übergeordneten staatlichen Verwaltungsorgane aus, leiten die administrative Arbeit in ihren Verwaltungsgebieten an und verkünden im Rahmen ihrer gesetzlich festgelegten Befugnisse Beschlüsse und Anordnungen. Die Revolutionskomitees von der Kreisebene aufwärts entscheiden entsprechend den gesetzlichen Bestimmungen über Einstellung oder Abberufung der Mitarbeiter der Staatsorgane.
Die örtlichen Revolutionskomitees sind den Volkskongressen der jeweiligen Ebene und den staatlichen Verwaltungsorganen der nächsthöheren Ebene verantwortlich und rechenschaftspflichtig und stehen unter der einheitlichen Führung des Staatsrates.

## Abschnitt 4: Die Organe der Selbstverwaltung der Regionen mit nationaler Autonomie

*Artikel 38*

Die Organe der Selbstverwaltung der autonomen Gebiete, autonomen Bezirke und autonomen Kreise sind deren Volkskongresse und Revolutionskomitees.
Wahl, Amtszeit, Funktionen und Befugnisse sowie Errichtung von Außenstellen der Volkskongresse und Revolutionskomitees der Regionen mit nationaler Autonomie richten sich nach den in Kapitel II, Abschnitt 3 der Verfassung festgelegten Grundprinzipien für den Aufbau der örtlichen Staatsorgane.
In allen Regionen mit nationaler Autonomie, in denen mehrere Nationalitäten zusammenleben, hat jede dieser Nationalitäten das

Recht auf eine entsprechende Anzahl von Vertretern in den Organen der Selbstverwaltung.

*Artikel 39*

Über die in der Verfassung festgelegten Befugnisse örtlicher Staatsorgane hinaus üben die Selbstverwaltungsorgane der Regionen mit nationaler Autonomie im Rahmen der ihnen gesetzlich zugestandenen Befugnisse die Autonomie aus.
Die Selbstverwaltungsorgane der Regionen mit nationaler Autonomie können entsprechend den politischen, wirtschaftlichen und kulturellen Besonderheiten der dortigen Nationalitäten Regeln für die Ausübung der Autonomie und sonstige Sonderregelungen ausarbeiten und dem Ständigen Ausschuß des Nationalen Volkskongresses zur Genehmigung unterbreiten.
In Ausübung ihrer Funktionen bedienen sich die Selbstverwaltungsorgane der Regionen mit nationaler Autonomie in Wort und Schrift der unter den dortigen Nationalitäten gebräuchlichen Sprache bzw. Sprachen.

*Artikel 40*

Die übergeordneten Staatsorgane müssen den Selbstverwaltungsorganen der Regionen mit nationaler Autonomie die Ausübung dieser Autonomie in vollem Maße garantieren, die Besonderheiten und Bedürfnisse der nationalen Minderheiten voll berücksichtigen, sich tatkräftig der Ausbildung von Kadern aus den nationalen Minderheiten widmen und den nationalen Minderheiten in der sozialistischen Revolution und beim sozialistischen Aufbau sowie bei der Entwicklung ihrer sozialistischen Wirtschaft und Kultur aktive Unterstützung und Hilfe erweisen.

## Abschnitt 5: Die Volksgerichte und die Volks-Staatsanwaltschaften

*Artikel 41*

Die Rechtsprechung wird durch das Oberste Volksgericht, die örtlichen Volksgerichte aller Ebenen und die besonderen Volksgerichte ausgeübt. Die Zusammensetzung der Volksgerichte ist durch gesetzliche Bestimmungen geregelt.
Bei der Verhandlung von Rechtsfällen durch die Volksgerichte wirken entsprechend den gesetzlich festgelegten Vorschriften Vertreter der Volksmassen als Beisitzer mit. Bei schwerwiegenden konterrevolutionären und kriminellen Delikten müssen die Massen mobilisiert werden, damit sie diese Fälle diskutieren und Vorschläge zu ihrer Behandlung machen.
Mit Ausnahme der gesetzlich definierten Sonderfälle sind alle Verhandlungen der Volksgerichte öffentlich. Der Angeklagte hat das Recht auf Verteidigung.

*Artikel 42*

Das Oberste Volksgericht ist das höchste Organ der Rechtsprechung.
Das Oberste Volksgericht überwacht die Arbeit der örtlichen Volksgerichte aller Ebenen und der besonderen Volksgerichte; das jeweils übergeordnete Volksgericht beaufsichtigt die Arbeit der ihm untergeordneten Volksgerichte.
Das Oberste Volksgericht ist dem Nationalen Volkskongreß und dem Ständigen Ausschuß des Nationalen Volkskongresses verantwortlich und rechenschaftspflichtig. Die örtlichen Volksgerichte aller Ebenen sind den Volkskongressen ihrer jeweiligen Ebene verantwortlich und rechenschaftspflichtig.

*Artikel 43*

Die Oberste Volks-Staatsanwaltschaft wacht mittels ihrer Amtsgewalt über die Einhaltung der Verfassung und der Gesetze durch die dem Staatsrat unterstehenden Dienststellen, die örtlichen Staatsorgane aller Ebenen, die Mitarbeiter der Staatsorgane und durch die Bürger.
Die örtlichen Volks-Staatsanwaltschaften aller Ebenen und die besonderen Volks-Staatsanwaltschaften üben ihre Amtsgewalt im vom Gesetz vorgesehenen Rahmen aus. Die Zusammensetzung der Volks-Staatsanwaltschaften ist durch gesetzliche Bestimmungen geregelt.
Die Oberste Volks-Staatsanwaltschaft überwacht die Tätigkeit der örtlichen Volks-Staatsanwaltschaften aller Ebenen und der besonderen Volks-Staatsanwaltschaften, die Volks-Staatsanwaltschaft der jeweils übergeordneten Ebene beaufsichtigt die Tätigkeit der Volks-Staatsanwaltschaften der nächstniedrigeren Ebene.
Die Oberste Volks-Staatsanwaltschaft ist dem Nationalen Volkskongreß und dem Ständigen Ausschuß des Nationalen Volkskongresses verantwortlich und rechenschaftspflichtig. Die örtlichen Volks-Staatsanwaltschaften aller Ebenen sind den Volkskongressen ihrer jeweiligen Ebene verantwortlich und rechenschaftspflichtig.

## Kapitel III: Grundrechte und Grundpflichten der Bürger

*Artikel 44*

Alle Bürger, die das 18. Lebensjahr vollendet haben, besitzen das aktive und das passive Wahlrecht. Davon ausgenommen sind Personen, denen diese Rechte gesetzlich aberkannt sind.

*Artikel 45*

Die Bürger genießen Freiheit der Rede, der Korrespondenz, der Publikation, der Versammlung, der Koalition, von Straßenumzügen und Protestdemonstrationen sowie des Streiks und haben das Recht auf

»Freie Meinungsäußerung, freie Aussprache, große Debatten und das Anschlagen von Wandzeitungen«.

*Artikel 46*

Die Bürger haben Religionsfreiheit sowie die Freiheit, sich zu keiner Religion zu bekennen und den Atheismus zu propagieren.

*Artikel 47*

Die Freiheit der Person und die Wohnung der Bürger sind unverletzlich.
Kein Bürger darf ohne Beschluß eines Volksgerichts oder Genehmigung durch eine Volks-Staatsanwaltschaft verhaftet werden; Verhaftungen müssen durch die Sicherheitsorgane vorgenommen werden.

*Artikel 48*

Die Bürger haben das Recht auf Arbeit. Um ihnen dieses Recht zu sichern, regelt der Staat nach dem Prinzip der einheitlichen Planung und der Berücksichtigung aller Seiten die Beschäftigung der Arbeitskräfte, erhöht auf der Grundlage der Entwicklung der Produktion schrittweise die Arbeitseinkommen, verbessert die Arbeitsbedingungen und den Arbeitsschutz und weitet die kollektive Wohlfahrt aus.

*Artikel 49*

Die Werktätigen haben das Recht auf Erholung. Um ihnen dieses Recht zu sichern, legt der Staat die Arbeitszeit und die Urlaubsregelung fest und verbessert schrittweise die materiellen Bedingungen für die Erholung und für die Wiederherstellung der Gesundheit der Werktätigen.

*Artikel 50*

Die Werktätigen haben das Recht auf materielle Unterstützung im Alter, im Krankheitsfall oder bei Arbeitsunfähigkeit. Um ihnen dieses Recht zu sichern, sorgt der Staat für die schrittweise Ausweitung der Sozialversicherung, der Sozialunterstützung, der staatlichen und der kollektiven medizinischen Betreuung sowie ähnlicher Einrichtungen.
Der Staat kümmert sich um das Leben der invaliden revolutionären Armeeangehörigen sowie der Familienangehörigen von Märtyrern der Revolution und sichert ihren Lebensunterhalt.

*Artikel 51*

Die Bürger haben das Recht auf Bildung. Um ihnen dieses Recht zu sichern, erhöht der Staat schrittweise die Zahl der Lehranstalten verschiedener Art und der anderen Kultur- und Bildungseinrichtungen und sorgt für die allgemeine Verbreitung von Bildung.
Der Staat widmet dem gesunden Heranwachsen der Jugendlichen und der Kinder besondere Aufmerksamkeit.

*Artikel 52*

Die Bürger haben die Freiheit der wissenschaftlichen Forschung, des literarischen und künstlerischen Schaffens und anderer kultureller Betätigung. Der Staat fördert und unterstützt die schöpferische Tätigkeit der Bürger in Wissenschaft, Bildungswesen, Literatur, Kunst, Pressewesen, Verlagswesen, Gesundheitswesen, Sport und anderen Bereichen der Kultur.

*Artikel 53*

Die Frauen haben in allen Bereichen des politischen, wirtschaftlichen, kulturellen und gesellschaftlichen Lebens sowie im Familienleben die gleichen Rechte wie die Männer. Männer und Frauen erhalten gleichen Lohn für gleiche Arbeit.
Die Eheschließung soll auf dem freien Willen von Mann und Frau beruhen. Ehe und Familie, Mutter und Kind stehen unter dem Schutz des Staates.
Der Staat befürwortet und fördert die Familienplanung.

*Artikel 54*

Der Staat schützt die legitimen Rechte und Interessen der im Ausland lebenden chinesischen Staatsangehörigen und ihrer Familien.

*Artikel 55*

Die Bürger haben das Recht, vor jedem Staatsorgan beliebiger Ebene gegen jeden Mitarbeiter der Staatsorgane, der Betriebe und Institutionen wegen Rechtsbruch oder Vernachlässigung seiner Pflichten Klage zu führen; bei Verletzung ihrer Rechte haben sie das Recht, vor jedem Staatsorgan beliebiger Ebene Beschwerde zu führen. Niemand darf eine solche Klage oder eine solche Beschwerde unterdrücken oder dafür Vergeltung üben.

*Artikel 56*

Die Bürger müssen die Führung durch die Kommunistische Partei Chinas unterstützen, die sozialistische Gesellschaftsordnung unterstützen, die Vereinigung des Vaterlandes und die Einheit aller Nationalitäten sichern helfen sowie die Verfassung und die Gesetze einhalten.

*Artikel 57*

Die Bürger müssen das öffentliche Eigentum achten und schützen, die Arbeitsdisziplin einhalten, die öffentliche Ordnung wahren, die moralischen Verpflichtungen der Gesellschaft gegenüber respektieren und die Staatsgeheimnisse hüten.

*Artikel 58*

Es ist die erhabene Pflicht eines jeden Bürgers, das Vaterland zu schützen und jeder Aggression Widerstand zu leisten.

Es ist die Ehrenpflicht der Bürger, entsprechend dem Gesetz Militärdienst zu leisten und an der Volksmiliz teilzunehmen.

*Artikel 59*

Die Volksrepublik China gewährt jedem Ausländer das Aufenthaltsrecht, der wegen der Unterstützung einer gerechten Sache, wegen der Teilnahme an einer revolutionären Bewegung oder wegen seiner wissenschaftlichen Tätigkeit verfolgt wird.

## Kapitel IV: Staatsflagge, Staatswappen und Hauptstadt

*Artikel 60*

Die Staatsflagge der Volksrepublik China ist eine rote Fahne mit fünf Sternen.
Das Staatswappen der Volksrepublik China zeigt in der Mitte das von fünf Sternen überstrahlte Tiänanmen, umgeben von einem Ährenkranz, darunter ein Zahnrad.
Die Hauptstadt der Volksrepublik China ist Peking.

# »Resolution über einige Fragen in unserer Parteigeschichte seit Gründung der Volksrepublik China« (1981)

*Vorbemerkung*
Die Resolution wurde am 27. Juni 1981 vom Sechsten Plenum des XI. Zentralkomitees der KPCh angenommen. Ihre 38 Punkte behandeln die Nahe Geschichte Chinas vor Gründung der Volksrepublik, schätzen die zweiunddreißig Jahre seit 1949 grundsätzlich ein, konzentrieren sich auf die sieben Jahre »der wesentlichen Vollendung der sozialistischen Umgestaltung« (1949–1956) und erörtern die ersten zehn Jahre »des allseitigen sozialistischen Aufbaus« (1957–1966). Daran schließen die nachstehend abgedruckten Punkte 19–24 an: »Die zehn Jahre ›Kulturrevolution‹«, die nunmehr und fortan ohne die Epitheta »groß« wie »proletarisch« auskommen soll; vielmehr werden ihr »innere Unruhe«, »verheerende Konsequenzen« attestiert, und sogar das Prädikat »Revolution« wird ihr abgesprochen. Die weiterhin diskutierten Themen der Resolution seit 1976, z. B. die Entmachtung der Viererbande oder die Beurteilung des Genossen, weiland Vorsitzenden Mao sind Gegenstand von Teil I dieses Buches: Kommentare.

**(19)** Die »Kulturrevolution« von Mai 1966 bis zum Oktober 1976 hat Partei, Land und Volk die schwerstwiegenden Rückschläge und Verluste seit Gründung unserer Volksrepublik gebracht. Sie wurde von Genossen Mao Zedong initiiert und geführt. Sein wichtigstes Argument dafür war, eine große Anzahl von Repräsentanten der Bourgeoisie und konterrevolutionären Revisionisten habe sich bereits in Partei, Regierung und Armee sowie alle kulturellen Bereiche eingeschlichen, in einer beträchtlichen Mehrheit aller Einheiten liege die Führungsmacht nicht mehr in den Händen der Marxisten und der Massen. Die Machthaber in der Partei, die den kapitalistischen Weg gingen, hätten sich im Zentralkomitee zu einem bürgerlichen Hauptquartier vereinigt, dieses Hauptquartier verfolge politisch und organisatorisch eine revisionistische Linie und habe Agenten in allen Provinzen, regierungsunmittelbaren Städten, autonomen Gebieten und zentralen Abteilungen. Alle bisherigen Kämpfe hätten nicht zu einer Lösung dieser Probleme geführt, und nur durch eine Kulturrevolution, in der die Massen öffentlich, umfassend und von unten nach oben mobilisiert würden, die erwähnten Schattenseiten bloßzulegen, könne jener Teil der Macht, der von den Machthabern auf dem kapitalistischen Weg usurpiert worden sei, zurückerobert werden. Es handle sich dem Wesen nach um eine große politische Revolution, in der eine Klasse eine andere stürzen werde, und es gebe in Zukunft noch mehrere solcher Revolutionen. Diese Thesen wurden hauptsächlich in dem »Rundschreiben vom 16. Mai« vertreten, das als ein programmatisches Dokument der »Kulturrevolution« galt, sowie in dem Politischen Bericht auf dem IX. Parteitag im April 1969. Sie wurden dann zur sogenannten »Theorie von der Weiterführung der Revolution unter der Diktatur des Proletariats« zusammengefaßt, womit die Formulierung »Weiterführung der Revolution unter der Diktatur des Proletariats« eine spezifische Bedeutung erhielt. Diese falschen »linken« Thesen des Genossen Mao Zedong, die dann zur Initiierung der »Kulturrevolution« führten, wichen merklich von den Maozedongideen als Verbindung der allgemeinen Prinzipien des Marxismus-Leninismus mit der konkreten Praxis der chinesischen Revolution ab und müssen von den Maozedongideen unterschieden werden. Einen ganz anderen Charakter besitzen allerdings die unzähligen, verheerenden Verbrechen an Volk und Land, die Lin Piao, Jiang Qing und ihre Komplizen – denen Genosse Mao Zedong wichtige Posten anvertraut hatte – hinter seinem Rücken begangen haben, indem sie sich zu zwei konterrevolutionären Cliquen zwecks konspirativer Usurpierung der Führungsmacht zusammenschlossen und die Fehler des Genossen Mao Zedong zu nutzen versuchten. Ihre konterrevolutionären Verbrechen sind bereits geklärt, so daß in diesem Beschluß darauf nicht näher eingegangen wird.

**(20)** Die Geschichte der »Kulturrevolution« hat belegt, daß die Hauptargumente des Genossen Mao Zedong zur Einleitung der »Kulturrevolution« weder dem Marxismus-Leninismus noch der chinesischen Realität entsprachen, sondern auf einer falschen Einschätzung der Klassenlage in unserem Land und der politischen Situation in Partei und Staat in jener Zeit beruhten.
1. Die »Kulturrevolution« wurde als Kampf gegen die revisionistische Linie oder gegen den kapitalistischen Weg bezeichnet, aber diese Behauptung entbehrte nicht nur jeder Grundlage, sondern hier wurde in einer Reihe wichtiger theoretischer und politischer Fragen Richtiges mit Falschem vermengt. Viele Dinge, die in der »Kulturrevolution« als revisionistisch oder kapitalistisch kritisiert wurden, sind in Wirklichkeit marxistische Grundsätze und sozialistische Prinzipien, zudem Dinge, die Genosse Mao Zedong zuvor selbst vorgeschlagen oder unterstützt hatte. Die »Kulturrevolution« leugnete zahlreiche korrekte Prinzipien, Richtlinien und Erfolge in den ersten 17 Jahren seit Gründung der Volksrepublik, verneinte somit auch in großem Maße die Arbeit des Zentralkomitees der Partei und der Volksregierung einschließlich der Arbeit des Genossen Mao Zedong sowie die aufopferungsvollen Anstrengungen all unserer Nationalitäten beim sozialistischen Aufbau.
2. Die erwähnte Vermengung von Richtigem mit Falschem führte notwendig zu einer Verwechslung von Volk und Feind. Die in der »Kulturrevolution« gestürzten »Machthaber auf dem kapitalistischen Weg« waren leitende Kader aller Ebenen in den Organisationen von Partei und Staat, d.h., gerade das Rückgrat unserer sozialistischen Sache. Und in der Partei gab es kein sogenanntes »bürgerliches Hauptquartier« mit Liu Shaoqi und Deng Xiaoping an der Spitze. Stichhaltiges Tatsachenmaterial belegt, daß die falschen Anschuldigungen »Renegat, versteckter Kollaborateur und Arbeiterverräter« gegenüber Genossen Liu Shaoqi auf das Konto von Lin Piao und Jiang

Qing gehen. Die auf der 12. Plenartagung des VIII. Zentralkomitees vorgenommene abschließende politische Beurteilung und organisatorische Maßregelung des Genossen Liu Shaoqi war grundfalsch. Mit der Kritik an sogenannten »reaktionären, akademischen Autoritäten« während der »Kulturrevolution« wurden viele fähige Intellektuelle, die zahlreiche Erfolge erzielt hatten, angegriffen und verfolgt, wobei ebenfalls kein Unterschied zwischen Volk und Feind gemacht wurde.

3. Die »Kulturrevolution« stützte sich nominell direkt auf die Massen, aber in Wirklichkeit wirkte sie losgelöst sowohl von den Parteiorganisationen wie auch von den Massen. Im Anfangsstadium dieser Bewegung wurden die Parteiorganisationen auf allen Ebenen allgemein angegriffen, wodurch sie gelähmt bzw. teilweise gelähmt wurden. Die meisten Führungskader der Partei auf allen Ebenen wurden kritisiert und bekämpft, das organisatorische Leben der Parteimitglieder wurde eingestellt. Eine große Zahl von Aktivisten und Kräften, auf die die Partei sich lange Zeit gestützt hatte, wurden kaltgestellt. Der Ausgangspunkt für die Mehrheit derjenigen, die im Anfangsstadium der »Kulturrevolution« in die Bewegung verwickelt waren, war ihr Vertrauen in den Genossen Mao Zedong und in die Partei. Aber bis auf einige wenige Extremisten waren sie alle gegen eine brutale Bekämpfung der leitenden Kader der Partei auf allen Ebenen. Nachdem sie später auf verschiedenen Umwegen zu mehr Klarheit gelangt waren, verhielten sie sich allmählich nur mehr passiv gegenüber der »Kulturrevolution«, leisteten Widerstand oder gingen in Opposition, weswegen viele von ihnen in verschiedenem Grad angegriffen wurden. Dies schuf eine günstige Situation für Opportunisten, Karrieristen und Verschwörer, von denen nicht wenige auf wichtige oder gar sehr wichtige leitende Posten befördert wurden.

4. Die Praxis hat bewiesen, daß die »Kulturrevolution« keine Revolution war und sein konnte und daß sie keinerlei gesellschaftlichen Fortschritt gebracht hat, daß sie nicht »den Feind durcheinandergebracht« hat, sondern nur uns selbst, und nicht von »landesweitem Chaos« zu »landesweiter Ordnung« führte oder führen konnte. Nach der Errichtung der Staatsmacht in der Form der demokratischen Diktatur des Volkes in unserem Land, und insbesondere nach der grundlegenden Vollendung der sozialistischen Umgestaltung, d. h., nachdem die Ausbeuterklassen als Klassen vernichtet waren, waren die Aufgaben der sozialistischen Revolution zwar noch nicht vollendet, doch von Inhalt und Methoden her unterschied sich die weitere Revolution nun völlig von der vorhergegangenen. Die in Partei und Staat existierenden Schattenseiten müssen selbstverständlich entsprechend eingeschätzt und mittels korrekter Methoden, die Verfassung, Gesetz und Parteistatut entsprechen, beseitigt werden. Aber dies darf nicht mittels der Theorie und der Methoden der »Kulturrevolution« erfolgen. Im Sozialismus besitzt eine große politische Revolution, in der »eine Klasse eine andere stürzt«, weder eine wirtschaftliche noch eine

politische Basis. Sie vermag kein konstruktives Programm zu bieten, sondern lediglich zu ernster Unordnung, Zerstörung und Rückschritt zu führen. Die Geschichte hat bereits das Urteil gefällt: Die »Kulturrevolution« war eine innere Unruhe, die von ihrem Führer fälschlicherweise initiiert und von konterrevolutionären Cliquen ausgenutzt wurde und für Partei, Staat und alle unsere Nationalitäten verheerende Konsequenzen hatte.

**(21)** Die »Kulturrevolution« läßt sich in drei Stufen unterteilen:
1. Vom Beginn der »Kulturrevolution« bis zum IX. Parteitag im April 1969. Die Tagung des Politbüros des Zentralkomitees der Partei im Mai 1966 und die 11. Plenartagung des VIII. Zentralkomitees im August desselben Jahres markierten den Beginn der totalen »Kulturrevolution«. Auf diesen beiden Tagungen wurden das »Rundschreiben vom 16. Mai« bzw. der »Beschluß über die Große Proletarische Kulturrevolution« verabschiedet, zu Unrecht ein Kampf gegen die sogenannte »parteifeindliche Clique von Peng Zhen, Luo Ruiqing, Lu Dingyi und Yang Shangkun« sowie gegen das »Hauptquartier um Liu Shaoqi und Deng Xiaoping« geführt, fälschlicherweise das zentrale Führungsorgan der Partei umgebildet, eine sogenannte »Gruppe für die Kulturrevolution beim ZK« geschaffen und dieser Gruppe ein beträchtlicher Teil der Machtbefugnisse des Zentralkomitees übertragen. Die fehlerhafte »linke« persönliche Führung durch den Genossen Mao Zedong trat faktisch an die Stelle der kollektiven Führung des Zentralkomitees der Partei, und der Personenkult um den Genossen Mao Zedong wurde bis zum Exzeß getrieben. Lin Piao, Jiang Qing, Kang Sheng, Zhang Chunqiao u. a. nutzten im Namen der »Gruppe für die Kulturrevolution beim ZK« jede Gelegenheit, um »alles zu stürzen« und »einen allgemeinen Bürgerkrieg« zu schüren. Im Februar 1967 haben führende Genossen des Politbüros und der Militärkommission beim Zentralkomitee, so Tan Zhenlin, Chen Yi, Ye Jianying, Li Fuchun, Li Xiannian, Xu Xiangqian und Nie Rongzhen, auf verschiedenen Konferenzen scharfe Kritik an der falschen Vorgehensweise der »Kulturrevolution« geübt, was dann aber zu einer sogenannten »Februar-Gegenströmung« erklärt wurde. Sie wurden sodann angegriffen und unterdrückt. Die Genossen Zhu De und Chen Yun wurden ebenfalls fälschlicherweise kritisiert. Die Parteileitungen und administrativen Verwaltungen in fast allen Abteilungen und örtlichen Behörden wurden entmachtet oder umgebildet. Daß die Volksbefreiungsarmee zur Unterstützung der Linken, der Industrie und Landwirtschaft sowie zur Ausführung von Militärkontrolle und militärisch-politischer Ausbildung abkommandiert wurde, war unter den damaligen chaotischen Verhältnissen notwendig, spielte eine positive Rolle bei der Stabilisierung der Lage, brachte aber zugleich auch einige negative Konsequenzen mit sich. Der IX. Parteitag hat die falsche Theorie und Praxis der »Kulturrevolution« dann legitimiert und die Positionen Lin

Piaos, Jiang Qings, Kang Shengs u. a. im Zentralkomitee gestärkt. Die ideologische, politische und organisatorische Richtlinie des IX. Parteitages war falsch.

2. Vom IX. Parteitag bis zum X. Parteitag im August 1973. Zwischen 1970 und 1971 kam es zum konterrevolutionären bewaffneten Putschversuch der konterrevolutionären Clique um Lin Piao zwecks konspirativer Usurpierung der Führungsmacht. Dieser Zwischenfall war notwendiges Ergebnis der »Kulturrevolution«, die eine Reihe grundlegender Prinzipien der Partei außer Kraft gesetzt hatte, war objektiv Ausdruck des Bankrotts der Theorie und Praxis der »Kulturrevolution«. Die Genossen Mao Zedong und Zhou Enlai haben diesen Putschversuch mit großem Geschick vereitelt. Damals führte Genosse Zhou Enlai mit Unterstützung des Genossen Mao Zedong die Geschäfte des Zentralkomitees, so daß die Arbeit auf allen Gebieten wieder einen Aufschwung nahm. 1972 schlug Genosse Zhou Enlai bei der Kritik an Lin Piao zu Recht eine Kritik der ultralinken ideologischen Strömung vor, anknüpfend an die richtige Ansicht vieler führender Genossen des Zentralkomitees, die im Februar 1967 die Korrektur der Fehler der »Kulturrevolution« gefordert hatten. Aber Genosse Mao Zedong meinte fälschlicherweise, daß die damalige Aufgabe nach wie vor im Kampf gegen »ultrarechts« bestünde. Der X. Parteitag setzte das Linksabweichlertum des IX. Parteitages fort und beförderte Wang Hongwen zum stellvertretenden Vorsitzenden des Zentralkomitees. Jiang Qing, Zhang Chunqiao, Yao Wenyuan und Wang Hongwen schlossen sich im Politbüro des Zentralkomitees zu einer Viererbande zusammen, und der Einfluß der konterrevolutionären Clique um Jiang Qing wuchs beträchtlich.

3. Vom X. Parteitag bis zum Oktober 1976. Anfang 1974 initiierten Jiang Qing, Wang Hongwen u. a. die sogenannte »Bewegung zur Kritik an Lin Piao und Konfuzius«, die nicht, wie in manchen Gebieten und Einheiten geschehen, die Aufdeckung der im Zusammenhang mit den konspirativen Aktivitäten der konterrevolutionären Clique um Lin Piao stehenden Personen und Begebenheiten zum Ziel hatte, sondern sich maßgeblich gegen Genossen Zhou Enlai richtete. Genosse Mao Zedong stimmte zunächst der Entfaltung dieser Bewegung zu, aber als er bemerkte, daß Jiang Qing und ihre Anhänger versuchten, mit Hilfe dieser Kampagne die Macht an sich zu reißen, wandte er sich scharf gegen sie und warf ihnen vor, eine Viererbande gebildet zu haben. Er erklärte, Jiang Qing versuchte durch politische Manipulation ein »Kabinett zu bilden« und Vorsitzende des Zentralkomitees der Partei zu werden. 1975, Genosse Zhou Enlai war damals schwerkrank, übernahm Genosse Deng Xiaoping mit Unterstützung des Genossen Mao Zedong die Verantwortung für die tägliche Arbeit des Zentralkomitees. Er berief eine erweiterte Sitzung der Militärkommission beim ZK sowie eine Reihe wichtiger Konferenzen ein, um die Probleme in Industrie, Landwirtschaft, Verkehrswesen sowie Wissenschaft und

Technik zu lösen, und begann mit der Ausrichtung der Arbeit in vielen Bereichen, was zu einer merklichen Verbesserung der Lage führte. Aber Genosse Mao Zedong widersetzte sich dem Versuch des Genossen Deng Xiaoping, systematisch die Fehler der »Kulturrevolution« zu korrigieren, und leitete 1976 die sogenannte Kampagne zur »Kritik an Deng und zum Kampf gegen den Wind von rechts zur Revision der gefällten richtigen Urteile« ein. Das Land wurde erneut ins Chaos gestürzt. Im Januar 1976 verstarb dann Genosse Zhou Enlai. Genosse Zhou Enlai, der Partei und Volk absolut ergeben war, hatte sich bis zum letzten Atemzug der Arbeit gewidmet. Während der »Kulturrevolution« befand er sich in einer sehr schwierigen Lage. Mit Rücksicht auf die Gesamtlage hatte er mit unermüdlichem Einsatz gearbeitet und keine Mühen und Anstrengungen gescheut, um ein reibungsloses Funktionieren von Partei und Staat sicherzustellen, die von der »Kulturrevolution« verursachten Schäden nach Möglichkeiten zu mildern und eine große Anzahl von Kadern in und außerhalb der Partei zu schützen. Die Sabotagetätigkeit der konterrevolutionären Cliquen um Lin Piao und Jiang Qing hatte er mit verschiedenen Mitteln zu bekämpfen versucht. Sein Tod rief in der ganzen Partei und bei allen Nationalitäten unseres Landes grenzenlose Trauer hervor. Im April desselben Jahres entstand im ganzen Land eine starke Bewegung zur Trauer um den verstorbenen Ministerpräsidenten Zhou Enlai und zum Protest gegen die Viererbande, was sich schwerpunktmäßig in dem Zwischenfall auf dem Tiananmen-Platz ausdrückte. Diese Bewegung, dem Wesen nach Ausdruck der Unterstützung der korrekten Führung, die von Genossen Deng Xiaoping repräsentiert wurde, schuf die Massenbasis für die spätere Zerschlagung der konterrevolutionären Clique um Jiang Qing. Damals schätzten das Politbüro des Zentralkomitees und Genosse Mao Zedong das Wesen des Tiananmen-Zwischenfalls falsch ein und enthoben Genossen Deng Xiaoping fälschlicherweise aller Posten in und außerhalb der Partei. Nach dem Tod des Genossen Mao Zedong im September 1976 intensivierte die konterrevolutionäre Clique um Jiang Qing ihre verschwörerische Tätigkeit, um die Führungsmacht in Partei und Staat an sich zu reißen. Anfang Oktober desselben Jahres zerschlug das Politbüro des Zentralkomitees der Partei gemäß dem Willen von Partei und Volk die konterrevolutionäre Clique um Jiang Qing und setzte der Katastrophe der »Kulturrevolution« ein Ende. Dies war ein großer Sieg, den die gesamte Partei, die gesamte Armee und das ganze Volk nach einem langen Kampf errungen haben. Bei der Zerschlagung der konterrevolutionären Clique um Jiang Qing spielten Hua Guofeng, Ye Jianying, Li Xiannian und andere Genossen eine wichtige Rolle.

**(22)** Für diesen ernsten »linken« Fehler der »Kulturrevolution«, ein Fehler von beträchtlichem Ausmaß und langer Dauer, trägt Genosse Mao Zedong die Hauptverantwortung. Aber letzten Endes sind die Fehler des Genossen Mao Zedong Fehler eines großen proletarischen

Revolutionärs. Genosse Mao Zedong war zwar stets darauf bedacht, die Unzulänglichkeiten im Leben von Partei und Staat zu überwinden, aber viele Probleme vermochte er in späteren Jahren nicht richtig zu analysieren, in der »Kulturrevolution« vermengte er Richtiges mit Falschem und verwechselte Volk und Feind. Er beging zwar ernste Fehler, forderte dann aber immer wieder die gesamte Partei auf, gewissenhaft die Werke von Marx, Engels und Lenin zu studieren, und seine Theorie und Praxis hielt er stets für marxistisch und unabdingbar für die Konsolidierung der Diktatur des Proletariats. Eben hierin liegt die Tragik seiner Person. Insgesamt gesehen beharrte er zwar auf seinem Fehler der »Kulturrevolution«, aber er verhinderte und korrigierte auch gewisse konkrete Fehler und schützte eine Anzahl von leitenden Parteikadern und prominenten Persönlichkeiten außerhalb der Partei, so daß manche verantwortliche Kader wieder auf wichtigen leitenden Posten eingesetzt wurden. Er leitete die Zerschlagung der konterrevolutionären Clique um Lin Piao, kritisierte scharf und entlarvte Jiang Qing, Zhang Chunqiao u. a. und hinderte sie an der Verwirklichung ihrer Ambitionen zur Ergreifung der Führungsmacht. All dies war für die spätere reibungslose Zerschlagung der Viererbande durch unsere Partei zweifelsohne wichtig. In seinen späteren Jahren kümmerte er sich sehr um die Erhaltung der Sicherheit unseres Landes, widerstand dem Druck des Sozialimperialismus, verfolgte eine korrekte Außenpolitik und unterstützte entschlossen die gerechten Kämpfe der Völker verschiedener Länder; zudem arbeitete er die korrekte Strategie von der Dreiteilung der Welt aus und trug die wichtige Auffassung vor, daß China nie nach Hegemonie trachten werde. In der »Kulturrevolution« wurde unsere Partei allerdings nicht zerstört, sondern konnte ihre Einheit wahren, und Staatsrat und Volksbefreiungsarmee waren in der Lage, ihre notwendige Arbeit fortzuführen. Der IV. Nationale Volkskongreß, der sich aus Vertretern aller Nationalitäten und aller Schichten Chinas zusammensetzte und die Zusammensetzung des Staatsrats mit Genossen Zhou Enlai und Deng Xiaoping als Führungskern festlegte, konnte noch einberufen werden, das Fundament unseres sozialistischen Systems blieb erhalten, der sozialistische Wirtschaftsaufbau wurde fortgesetzt, unser Land blieb geeint und übte international einen wichtigen Einfluß aus. All diese wichtigen Tatsachen sind untrennbar mit der großen Rolle des Genossen Mao Zedong verbunden. Eben von daher und insbesondere wegen seiner langjährigen großen Beiträge zur revolutionären Sache, bleibt Genosse Mao Zedong der geliebte und große Führer und Lehrer des chinesischen Volkes.

**(23)** In der »Kulturrevolution« führten Partei und Volk einen schwierigen und verwickelten Kampf gegen die »linken« Fehler und die konterrevolutionären Cliquen um Lin Piao und Jiang Qing, ein Kampf, der niemals aufhörte. Die zweifelsohne schweren Prüfungen während der »Kulturrevolution« bewiesen, daß die überwältigende Mehrheit der Mitglieder des VIII. Zentralkomitees der KP Chinas, des von ihm gewählten Politbüros, des Ständigen Ausschusses des Politbüros und des Sekretariats auf der richtigen Seite des Kampfes standen. Der größte Teil der Parteikader blieben Partei und Volk ergeben und zeigten feste Zuversicht in den Sozialismus und Kommunismus. Dies betrifft die Kader, die zu Unrecht niedergeschlagen wurden, wie diejenigen, die weiterarbeiteten oder erst später wieder ihre Arbeit aufnahmen. Auch die überwältigende Mehrheit der angegriffenen und drangsalierten Intellektuellen, Arbeitshelden, patriotischen demokratischen Persönlichkeiten, patriotischen Auslandschinesen sowie die Kader und Massen aller Nationalitäten und Schichten schwankten nicht in ihrem Patriotismus und ihrer Unterstützung der Partei und des Sozialismus. Die aufgrund der Verfolgungen in der »Kulturrevolution« ums Leben gekommenen Partei- und Staatsführer Liu Shaoqi, Peng Dehuai, He Long, Tao Zhu und andere Genossen inner- und außerhalb der Partei werden im ganzen Volk unvergessen bleiben. Dank dem gemeinsamen Kampf der gesamten Partei und der breiten Massen der Arbeiter und Bauern, der Kommandeure und Kämpfer der Volksbefreiungsarmee sowie der Intellektuellen, Jugendlichen mit Schulbildung und Kader wurden die Zerstörungen in der »Kulturrevolution« in gewissem Maße in Grenzen gehalten. Obwohl unser Land in volkswirtschaftlicher Hinsicht enorme Schäden davontrug, machte es dennoch Fortschritte. Die Getreideerzeugung hatte weiter einen relativ stabilen Zuwachs zu verzeichnen, in der Industrie, im Verkehrswesen, im Investbau und im wissenschaftlich-technischen Bereich gab es eine Reihe wichtiger Erfolge wie beim Bau neuer Eisenbahnlinien oder der Changjiang(Jangtse)-Brücke bei Nanjing, die Inbetriebnahme von Großbetrieben mit moderner Technologie, erfolgreiche Wasserstoffbombenversuche, Start und Rückholung künstlicher Satelliten, erfolgreiche Züchtung und Verbreitung von nichtklebrigen und schnellwachsenden Reishybriden usw. Trotz der Wirren im Land verteidigte die Volksbefreiungsarmee weiter heldenhaft die Sicherheit des Landes. Auch in außenpolitischer Hinsicht entstand eine neue Lage. All dies sind natürlich keinesfalls Erfolge der »Kulturrevolution«. Ohne die letztere hätten wir zweifellos noch weitaus größere Erfolge erzielt. Obwohl wir in der »Kulturrevolution« der Sabotagepolitik der zwei konterrevolutionären Cliquen um Lin Piao und Jiang Qing ausgesetzt waren, wurden diese schließlich besiegt. Am Charakter der Partei, der Volksmacht, der Volksarmee und der Gesellschaft insgesamt hat sich dadurch nichts geändert. Die Geschichte hat erneut bewiesen, daß unser Volk ein großartiges Volk ist, unsere Partei und unser sozialistisches System eine große und starke Lebenskraft besitzen.

**(24)** Neben den oben analysierten Fehlern des Genossen Mao Zedong hinsichtlich der Führung hat die Entstehung und zehnjährige Dauer der

»Kulturrevolution« zweifelsohne komplizierte gesellschaftliche und historische Ursachen:

1. Die sozialistische Bewegung hat keine lange Geschichte, die sozialistischen Länder haben gar eine noch kürzere Geschichte; manche Entwicklungsgesetze der sozialistischen Gesellschaft sind bereits verhältnismäßig klar, viele andere dagegen bedürfen weiterer Untersuchung. Früher arbeitete unsere Partei lange Zeit unter Bedingungen des Krieges und scharfer Klassenkämpfe, für den raschen Eintritt in die neue sozialistische Gesellschaft und für den landesweiten sozialistischen Aufbau; dagegen fehlten ihr eine ausreichende ideologische Vorbereitung und wissenschaftliche Analysen. Die wissenschaftlichen Werke von Marx, Engels, Lenin und Stalin sind für uns zwar Leitfäden, aber sie vermögen nicht alle Fragen des sozialistischen Aufbaus in unserem Land zu beantworten. Von der führenden Ideologie her läßt sich sagen, daß wir infolge gewisser Besonderheiten unsere Parteigeschichte nach der grundlegenden Vollendung der sozialistischen Umgestaltung bei der Feststellung und Behandlung der neuen Widersprüche und Probleme auf politischem, wirtschaftlichem und kulturellem Gebiet, die im Verlauf der Entwicklung der sozialistischen Gesellschaft auftraten, Probleme, die zweifellos nicht dem Klassenkampf zuzurechnen waren, leichtfertig zu Problemen des Klassenkampfes erklärten. Obwohl der Klassenkampf nun unter völlig neuen Bedingungen wirkte, bedienten wir uns weiter der früheren vertrauten Methoden und Erfahrungen des umfassenden stürmischen Massenkampfes, die allerdings unter diesen Bedingungen nicht mehr angebracht waren. Dies führte zu einer ernsten Übertreibung des Klassenkampfes. Ferner schien diese von der Realität losgelöste subjektive Ideologie und Praxis eine »theoretische Grundlage« in den Schriften Marx, Engels, Lenin und Stalin zu haben, weil manche Auffassungen und Argumente in diesen Schriften mißverstanden oder dogmatisch ausgelegt wurden. Zum Beispiel vertrat man, das gleiche Recht des Austausches gleicher Arbeitsquanten bei der Verteilung der Konsumtionsmittel in der sozialistischen Gesellschaft, was Marx als »bürgerliches Recht« bezeichnete, müsse eingeschränkt und kritisiert werden; eben von daher müßten auch das Prinzip »Jedem nach seiner Leistung« und das Prinzip der materiellen Interessiertheit eingeschränkt und kritisiert werden; man meinte ferner, nach der grundlegenden Vollendung der sozialistischen Umgestaltung könne die Kleinproduktion täglich und stündlich in großem Umfang Kapitalismus und Bourgeoisie erzeugen; von daher wurde eine Reihe von »linken« politischen Richtlinien hinsichtlich Wirtschaft und Klassenkampf in Stadt und Land formuliert; man erklärte weiter, die ideologischen Meinungsverschiedenheiten innerhalb der Partei seien eine Widerspiegelung des Klassenkampfes in der Gesellschaft, dadurch werde ein beständiger heftiger innerparteilicher Kampf hervorgerufen usw. Die Übertreibung des Klassenkampfes hielten wir für eine Verteidigung der Reinheit des Marxismus. Dazu

kam, daß die sowjetischen Führer eine Auseinandersetzung zwischen China und der Sowjetunion provozierten, die Differenzen in prinzipiellen Fragen zwischen beiden Parteien auf die staatliche Ebene übertrugen und auf politischem, wirtschaftlichem und militärischem Gebiet enormen Druck auf China ausübten, wodurch wir uns gezwungen sahen, einen, wenn auch gerechten, Kampf gegen den sowjetischen Großmachtchauvinismus zu führen. Von daher bewirkte die im inländischen Rahmen entfaltete Bewegung zur Bekämpfung und Verhütung des Revisionismus eine zunehmende Übertreibung des Klassenkampfes in der Partei, so daß durchaus normale Meinungsverschiedenheiten zwischen Parteigenossen als Ausdruck der sogenannten revisionistischen Linie oder als Ausdruck des sogenannten Linienkampfes betrachtet wurden, was die Beziehungen in der Partei in wachsendem Maße vergiftete. Und so fiel es unserer Partei sehr schwer, sich manchen von Genossen Mao Zedong u.a. aufgestellten »linken« Thesen entgegenzustemmen. Der Ausbau dieser »linken« Thesen führte dann direkt zur »Kulturrevolution«.

2. Als die Partei sich dann der neuen Aufgabe gegenübersah, den Arbeitsschwerpunkt auf den sozialistischen Aufbau zu verlagern, was besondere Umsicht erforderte, erreichte das Prestige des Genossen Mao Zedong seinen Höhepunkt. Er wurde allmählich eingebildet und löste sich von der Wirklichkeit und von den Massen, und Subjektivismus und persönliche Willkür bestimmten in ernstem Maße seinen Arbeitsstil; er stellte sich über das Zentralkomitee der Partei, wodurch die Prinzipien der kollektiven Führung und der demokratische Zentralismus im politischen Leben von Partei und Staat ständig geschwächt und untergraben wurden. Diese Erscheinung hat sich nach und nach herausgebildet, und das Zentralkomitee trägt dafür ebenfalls eine bestimmte Verantwortung. Vom marxistischen Standpunkt aus muß diese komplizierte Erscheinung als Produkt bestimmter historischer Bedingungen verstanden werden. Schreibt man dieses Phänomen einem Einzelnen oder einigen Personen zu, dann vermag die Partei daraus nicht die Lehren zu ziehen, wird sie keine wirksamen Reformmaßnahmen einleiten können. In der kommunistischen Bewegung spielten die Führer stets eine sehr wichtige Rolle, dies ist eine historische Tatsache. Schwere Fehler in der Frage der Beziehungen zwischen Partei und Führer in der Geschichte der internationalen kommunistischen Bewegung, die nie korrigiert wurden, übten ebenfalls einen negativen Einfluß auf unsere Partei aus. China besitzt eine lange Geschichte des Feudalismus. Unsere Partei bekämpfte konsequent und gründlich den Feudalismus, besonders das feudale Bodensystem, sowie die Feudalherren und Despoten auf dem Land. Im Kampf gegen den Feudalismus haben sich unsere hervorragenden demokratischen Traditionen herausgebildet. Aber die Überreste der langen feudalen und despotischen Herrschaft auf ideologischem und politischem Gebiet lassen sich nicht einfach über Nacht abschaffen. Verschiedene histo-

rische Gründe verhinderten eine rechtliche Instrumentalisierung der innerparteilichen Demokratie sowie der Demokratie im politischen und gesellschaftlichen Leben unseres Landes, wo aber Gesetze verabschiedet wurden, da besaßen sie oft nur wenig Autorität. Unter diesen Bedingungen war die Macht der Partei auf Einzelpersonen konzentriert, und in der Partei machten sich persönliche Willkür und Personenkult breit. Dies erschwerte ebenfalls die Verhinderung bzw. Eindämmung der »Kulturrevolution« durch Partei und Staat.

# Hinweise

## Allgemeine

1. *Umschrift:* In den Kommentaren wird durchweg die international verbreitete englische Transkription *(Wade-Giles)* benutzt, in den Dokumenten im allgemeinen die chinesisch offizielle (*pin-yin* oder »New Latin« romanization) belassen.
2. *Publikationsort der Kommentare:* Alle wurden zwischen Frühjahr 1977 und Frühjahr 1982 vom Bayerischen Rundfunk, einzelne auch vom WDR Köln bzw. (chinesisch) von der Deutschen Welle gesendet. Die Kommentare aus 1977 und 1978 sind bereits gedruckt in: J. Schickel, »Große Unordnung, große Ordnung. Annäherungen an China«, Berlin 1978, S. 147 ff. bzw. S. 169 ff. [Die Dokumente werden unten nachgewiesen.]
3. *Literatur:* Vgl. die entsprechenden Jahrgänge der »Peking [Beijing] Rundschau«, des Parteiorgans *Hung Ch'i* (»Rote Fahne«), der *Hsin-[Xin]-hua News Agency* (Nachrichtenagentur »Neues China«) sowie von *»Scientia Sinica«* und *»Chinese Literature«*. Andere Periodica werden im Text der Kommentare genannt.

## Besondere

1. *Motto:*

Vgl. J. Schickel, Übersetzung und Erläuterung von: Mao Tse-tung, »39 Gedichte«, Frankfurt a.M. 1978; ders., Übersetzung und Erläuterung von: Mao Tse-tung, Gedicht 40 (ohne Titel), in *»Neue Rundschau«* (S. Fischer), 3/1982; ders., Übersetzung und Erläuterung von: Mao Tse-tung, »Totenehrung für Genossen Lo Jung-huan« (Gedicht 41), in *»Die Zeit«*, Nr. 8/1979. Den in seinem Gedicht »Zu lernen: Geschichte« (42) erwähnten Fünf Herrschern (Fu Hsi etc.) und Drei Kaisern (des Himmels, der Erde, der Menschen), die mythologisch als Urheber der Geschichte Chinas gelten, stellt Mao drei politische Repräsentanten des Volkes, das eigentlich Geschichte macht, gegenüber: den Räuber Tao Chih, einen frühchinesischen Spartakus, den aufständischen General Chuang Ch'iao (4. Jh. ante) und den Bauernrebellen Ch'en Sheng, der 209 ante den Sturz der Ch'in-Dynastie einleitete. Das Gedicht datiert von Frühjahr 1964; es wurde zusammen mit Nr. 40 u. 41 postum am 9. September 1978, zum zweiten Todestag von Mao Tse-tung, auf den Titelseiten der Pekinger Zeitungen veröffentlicht.

*2. Vorwort*

Vgl. C. Broyelle, »Die Hälfte des Himmels. Frauenemanzipation und Kindererziehung in China«, Berlin 1973; C. u. J. Broyelle, »Zweite Rückkehr aus China. Ein neuer Bericht über den chinesischen Alltag«, Berlin 1977; C. u. J. Broyelle, »Mao ohne Maske. China nach dem Tod des Großen Vorsitzenden«, Wien 1982; Ch. Bettelheim u. a., »China-Analysen«, München 1975; Ch. Bettelheim in »Le Monde« vom 5. Juli 1977 (s. meinen Kommentar von 1978 »Ideologie und Pragmatismus«).

*3. Kommentare:*

*Große Unordnung und große Ordnung:* Vgl. Chi Hsin, »Die Viererbande in China. Revolutionäre oder Ultrarechte«, Köln 1977; P. Kuntze, »China nach Mao. Rechtsputsch in der Volksrepublik?«, München 1978; Mao Tse-tung, »Ausgewählte Werke«, Bd. V, Peking 1977; C.F. von Weizsäcker, »Reflexionen über China«, in: »Wege in der Gefahr. Eine Studie über Wirtschaft, Gesellschaft und Kriegsverhütung«, München 1976, S. 90 ff.

*Ideologie und Pragmatismus:* (Bereits erwähnte Bücher, hier z. B. Ch. Bettelheim, »China-Analysen«, und C. u. J. Broyelle, »Zweite Rückkehr aus China«, werden weiterhin nicht nachgewiesen.) Vgl. aber J. Myrdal, »China nach Mao Tse-tung und Dritter Bericht aus einem chinesischen Dorf«, Berlin 1978.

*China im Jahre Drei nach Mao Tse-tung:* S. de Beauvoir, »China. Das weitgesteckte Ziel. Jahrtausende – Jahrzehnte«, Reinbek b. Hamburg 1960; Lao She, »Das Teehaus«, mit Materialien hrg. v. U. Kräuter u. Huo Yong, Frankfurt a. M. 1980; Lu Hsin-hua, »Wunden [Narben]«, Hörspielfassung in »*Neue Rundschau*« (S. Fischer) 3/1982; K. Marx, »Der 18te Brumaire des Louis Napoleon«, MEW 8; Pa Chin in: W.M. Schwiedrzik, »Literaturfrühling in China? Gespräche mit chinesischen Schriftstellern«, Köln 1980, S. 92 ff.; J. Prušek, »Die Literatur des befreiten China und ihre Volkstraditionen«, Prag 1955; G. Ruge, »Begegnung mit China. Eine Weltmacht im Aufbruch«, Düsseldorf–Wien 1978; J. Schickel, »Die Mobilisierung der Massen. Chinas ununterbrochene Revolution«, München 1971; ders. »Jen-min chensien. Volksfront oder Einheitsfront?«, in »Große Unordnung, große Ordnung«, Berlin 1978, S. 107 ff.; ders. »Frostwetter oder Frühlingsnd. Alte und neue Widersprüche in China«, in »*Neue Rundschau*« Fischer) 3/1982; E. Snow, »Gast am anderen Ufer. Rotchina ite«, München 1964.

*na und die Kultur der Technik:* M. Biehl, »Die chinesische Volksmune im ›Großen Sprung‹ und danach«, Hamburg 1965; A. Bouc, rles Bettelheim: Chinesische Fragen oder Korrektur als Verrat«, Befreiung. Zeitschrift für Politik und Wissenschaft« 14/1978;

J. Domes, »Von der Volkskommune zur Krise in China«, Duisdorf b. Bonn 1964; »Handbuch der Dritten Welt«, hrg. v. D. Nohlen u. F. Nuscheler, Bd. 4/1, Hamburg 1978; W. Kraus, »Wirtschaftliche Entwicklung u. sozialer Wandel in der Volksrepublik China«, Berlin–Heidelberg–New York 1979; J. Needham, »Science and Civilisation in China«, vol. II, Cambridge 1956, vol. III, Cambridge 1959; ders. »Wissenschaftlicher Universismus. Über Bedeutung und Besonderheit der chinesischen Wissenschaft«, Frankfurt a. M. 1977; ders., »Chinas Bedeutung für die Zukunft der westlichen Welt«, Köln 1977; B. Nelson, »Der Ursprung der Moderne. Vergleichende Studien zum Zivilisationsprozeß«, Frankfurt a. M. 1977; J. Schickel (Hrg.), »Mao Tse-tung, ›Der Große Strategische Plan‹. Dokumente zur Kulturrevolution«, Berlin 1969; Th. Sommer, »Die chinesische Karte. Neunhundert Millionen auf dem Weg zum Jahr 2000«, München–Zürich 1979; M. Weber, »Gesammelte Aufsätze zur Religionssoziologie«, Bd. I, 2. Aufl. Tübingen 1922; R. Wilhelm, »Chinesische Wirtschaftspsychologie«, Leipzig 1930; K. A. Wittfogel, »Wirtschaft und Gesellschaft Chinas. Versuch der wissenschaftlichen Analyse einer großen asiatischen Agrargesellschaft«, Leipzig 1931.

*Der Trotzki und der Chruschtschew Chinas:* Chen Yung-ping, »Chinese Political Thought. Mao Tse-tung and Liu Shao-chi«, 2. Aufl., Den Haag 1971; Liu Shao-ch'i, »How to Be a Good Communist«, Peking 1951; E. Snow, »Roter Stern über China. Mao Tse-tung und die chinesische Revolution«, Frankfurt a. M. (S. Fischer) 1974.

*Die Verhandlung gegen die Vier:* J. S. Horn, »Arzt in China. Medizin und Menschlichkeit nach der Revolution«, Reinbek b. Hamburg 1975; E. E. Kisch, »China geheim«, Neuaufl. Berlin (DDR) 1950; Th. Scharping, »Mao Chronik«, München 1976; R. Witke, »Genossin Tschiang Tsching. Die Gefährtin Maos erzählt ihr Leben«, München–Zürich 1977.

*Schattenlinien der Chinesen:* H. Martin, »China ohne Maoismus? Wandlungen einer Staatsideologie«, Reinbek b. Hamburg 1980; A. Miller/I. Morath, »In China«, Luzern 1979; R. Terrill, »Mao. Eine Biographie«, Hamburg 1981.

*Zu Zeiten des kleinen Wohlstands:* D. Senghaas, »China 1979«, in: »Stichworte zur ›Geistigen Situation der Zeit‹« (hrg. v. J. Habermas), Bd. I, Frankfurt a. M. 1979; E. Wickert, »China von innen gesehen«, Stuttgart 1982.

*4. Dokumente:*

*Mao Tse-tung, »Über die zehn großen Beziehungen«.* In: »Mao Tse-tung, Ausgewählte Werke«, Bd. V, Peking 1978, S. 320 ff.

*Chou En-lai, »Bericht über die Tätigkeit der Regierung«.* In: »Dokumente der 1. Tagung des IV. Nationalen Volkskongresses der Volksrepublik China«, Peking 1975; vgl. auch Tschou En-lai, »Reden und Schriften 1949–1976«, Köln 1976, S. 319 ff.

*Die zweite Verfassung der VR China.* In: »Die Verfassung der Volksrepublik China«, Peking 1975, S. 3 ff.

*Die dritte Verfassung der VR China.* In: »Dokumente der 1. Tagung des V. Nationalen Volkskongresses der Volksrepublik China«, Peking 1978, S. 159 ff.; vgl. dazu K. Mäding, »Strafrecht und Massenerziehung in der Volksrepublik China«, Frankfurt a. M. 1979.

*Punkt 19–24 der »Resolution über einige Fragen...«* In: »Beijing Rundschau« 27/1981.

**Klassiker**

»Frühling und Herbst des Lü Bu We«, üb. u. erl. v. R. Wilhelm, Neuausg. Düsseldorf–Köln 1971; K'ang Yu-wei, »Ta-t'ung shu«, engl. als »The One World Philosophy of K'ang Yu-wei«, London 1958; »Li Gi. Das Buch der Sitte ... Aufzeichnungen über Kultur und Religion des alten China«, üb. u. erl. v. R. Wilhelm, Jena 1930; »Traum der roten Kammer. Ein Roman aus der frühen Tsing-Zeit«, üb. v. F. Kuhn, Leipzig o. J.

*Über dieses Buch:*

Das Jahrfünft, das seit Mao Tse-tungs Tod vergangen ist, hat China gründlich verändert. Statt Revolution nun Evolution, sagen die einen, statt Reform nun Restauration, sagen die andern. Joachim Schickel hat die Windungen und Wendungen der Volksrepublik, einem real existierenden einen existentiell zu realisierenden Sozialismus entgegenzusetzen, über fünfzehn Jahre verfolgt: interpretierend, sich engagierend, kommentierend. Das Thema seines neuesten Buches ist die Rechenschaft, die China sich über das Dezennium der Kulturrevolution ablegt; seine Behandlung des Themas zeigt, wie ein Autor, der gelegentlich selber des ›Maoismus‹ verdächtigt wurde, dem Anspruch einer von Mao Tse-tung nur noch überschatteten, nicht mehr wetterleuchtenden Zeit begegnet.
Den acht 1977–1982 geschriebenen Kommentaren hat Schickel fünf Dokumente beigegeben, die ein genaueres Urteil über Chinas Nahe Geschichte ermöglichen. Das eigens für dieses Buch von ihm übersetzte und erläuterte Gedicht »Zu lernen: Geschichte« (von Mao verfaßt 1964, veröffentlicht 1978) ist als Motto vorangestellt.

*Der Autor:*

Joachim Schickel, geboren 1924, studierte Philosophie, Mathematik, Sinologie und Indologie. 1952–1982 Redakteur beim Dritten Programm des NDR Hamburg. Bisher elf (von insgesamt zweiundzwanzig) China betreffende Publikationen: »Sieben Tage Chinesisch« (1963); »Mao Tse-tung, ›37 Gedichte‹« (1965; 2. Aufl. ›39 Gedichte‹ 1978); »Große Mauer, Große Methode. Annäherungen an China« (1968 bzw. 1976); »Mao Tse-tung, ›Der Große Strategische Plan. Dokumente zur Kulturrevolution‹« (1969); »China: Die Revolution der Literatur. Ein Dossier« (1969); »Die Mobilisierung der Massen. Chinas ununterbrochene Revolution« (1971); »China in der Welt. Ein außenpolitisches Dossier« (1973); »China – Deutschlands Partner? Politik Kultur Wirtschaft« (1974, S. Fischer); »Konfuzius. Materialien zu einer Jahrhundert-Debatte« (1976); »Erziehung in China. Die Einheit von Lernen und Produktion« (1977; zusammen mit Carlos Castillo Rios); »Große Unordnung, große Ordnung. Annäherungen an China« (1978). Übersetzungen ins Chinesische, Französische, Italienische, Japanische und Spanische.